Ein Frankfurter Lehrer hat zusammen mit seinen Schülerinnen und Schülern aus Schulkellern bislang unbekannte Akten gehoben, die Einblick in die Wirklichkeit des Schulalltags während der NS-Zeit geben. Zugleich wurden vor allem jüdische ehemalige Schüler als Zeitzeugen über ihre Erfahrungen befragt. Der Autor rekonstruiert anhand dieser Dokumente die »Schulzeit unterm Hitlerbild« aus der Sicht der Opfer und zeigt, daß die Schule von Anfang an ein zentrales Instrument bei der Erziehung zum deutschen »Herrenmenschen« war.

Außerdem geht es in diesem Buch um die unterbliebene, allenfalls notdürftig vorgenommene Aufarbeitung dieser Zeit an den Schulen. Besonders deutlich wird die »zweite Schuld« (R. Giordano) an den sogenannten Entschädigungsakten, die zeigen, wie unter fadenscheinigen Vorwänden berechtigte Ansprüche der Überlebenden infolge der durch die NS-Schule erfahrenen »Ausbildungsschäden« abgelehnt wurden.

Zuletzt schildert der Autor die konkreten Erfahrungen jener schulischen Arbeitsgemeinschaften in Köln, Hamburg, Kassel, Darmstadt, Frankfurt am Main und anderswo, die heute diese Zusammenhänge erforschen und denen dabei aus durchsichtigen Gründen oft erhebliche Hindernisse in den Weg gelegt werden.

Benjamin Ortmeyer, geboren 1952, Haupt- und Realschullehrer in Frankfurt am Main, leitet seit 1983 das Schülerprojekt »Arbeitsgemeinschaft gegen den Antisemitismus«, im Rahmen dessen er bereits zahlreiche Broschüren und Bücher publiziert hat. Weitere Veröffentlichungen in der Zeitschrift »TRIBÜNE – Zeitschrift zum Verständnis des Judentums«, Frankfurt am Main.

Benjamin Ortmeyer
Schulzeit unterm Hitlerbild

Analysen, Berichte, Dokumente

Fischer Taschenbuch Verlag

Die Zeit des Nationalsozialismus
Eine Buchreihe
Herausgegeben von Walter H. Pehle

Originalausgabe
Veröffentlicht im Fischer Taschenbuch Verlag GmbH,
Frankfurt am Main, April 1996

Alle Rechte vorbehalten
Redaktion: Tino Heeg
© 1996 by Fischer Taschenbuch Verlag GmbH, Frankfurt am Main
Gesamtherstellung: Clausen & Bosse, Leck
Printed in Germany
ISBN 3-596-12967-2

Gedruckt auf chlor- und säurefreiem Papier

Gedruckt mit freundlicher Unterstützung
der Max-Traeger-Stiftung in Frankfurt am Main
und des Institutes für Stadtgeschichte Frankfurt am Main

Für Sarah und Nicolas

Inhalt

Vorbemerkung 9

Erster Teil
**NS-Ideologie damals und
aufschlußreiche Akten in den Kellern heute**
  »Schulzeit unterm Hitlerbild« und NS-Ideologie 15
  Erlasse, Richtlinien und Schulbücher 28
  Dokumente im Keller: Wie die NS-Ideologie
  im Schulalltag durchgesetzt wurde 55

Zweiter Teil
»Der Weg zur Schule war eine tägliche Qual«
  Zweierlei Zeitzeugen 77
  Berichte jüdischer Schülerinnen und Schüler 79
  Der letzte Weg: Von der Schulbank
  nach Auschwitz-Birkenau 111
  Die Schulkinder der Sinti und Roma 130

Dritter Teil
Die NS-Schule und die »zweite Schuld«
  Nach 1945: »Als wäre nichts gewesen...« 141
  Entschädigungsakten und Schule 150

Vierter Teil
Das Passau-Syndrom:
  Hindernisse bei der Erforschung der NS-Zeit an den Schulen 165

Schluß 184

Anmerkungen 185
Literaturempfehlungen 211
Verzeichnis der verwendeten Literatur 213

Vorbemerkung

1. Als im November 1977 eine Schule in Hamburg ihr Schulfest feierte, ergriff plötzlich, mitten im Trubel eine ältere Dame das Wort und erklärte einer anwesenden Lehrerin: »Stellen Sie sich vor, [...] dies ist meine alte Schule. Ich habe sie von 1909 bis 1918 besucht. – Wissen Sie, daß dies eine jüdische Mädchenschule gewesen ist? [...] Wissen es auch die Kinder? [...] Wissen Sie, was mit den Kindern geschehen ist, für die dieses Haus einmal erbaut wurde? Wissen Sie es? [...] Ich bin durch alle Stockwerke gegangen. Ich habe gedacht, irgendwo wäre vielleicht ein Hinweis zu finden, eine kleine Tafel mit ihren Namen, irgendein Zeichen der Erinnerung. Nichts. Wir sind ausgelöscht.«[1]

Im Talmud heißt es: Ein Mensch ist erst dann tot, wenn die Kinder ihn vergessen haben.

Genau dies haben die Worte der älteren Dame eindringlich klargemacht. Aber an wie vielen Schulen in Deutschland gibt es eigentlich heute, in den neunziger Jahren, eine »Tafel des Erinnerns« an die ermordeten jüdischen Schülerinnen und Schüler – auch oder *gerade*, wenn es keine jüdische Schule war? Und wo gibt es eine »Tafel des Erinnerns« an die ermordeten Kinder der Sinti und Roma? Vergessen und Verdrängen, endlich einen »Schlußstrich« ziehen – dieser vorherrschenden Tendenz der bundesrepublikanischen Wirklichkeit darf auch 50 Jahre nach dem 8. Mai 1945 nicht nachgegeben werden.

2. Dieses Buch ist parteiisch. Es ist in erster Linie geschrieben aus der Sicht der Opfer der rassistischen NS-Schulpolitik, also aus der Sicht der jüdischen Schülerinnen und Schüler sowie der Schülerinnen und Schüler der Sinti und Roma. Ihre Diskriminierung, Vertreibung und schließliche Deportation in die Vernichtungslager stehen im Mittelpunkt. Die Überlebenden des Völkermordes sollen ihre Sicht der Dinge darstellen können. Damit bildet dieses Buch einen Kontrast zu den Schulerinnerungen all jener ehemaligen HJ-Jungen und BDM-Mädchen, die im nachhinein die alltägliche antisemitische Hetze und Nazi-Indoktrination verdrängen, verharmlosen oder gar verherrlichen wollen.

Viele Schulen haben nach 1945 ihre Dokumente – Schulchroniken, Konferenzprotokolle und jährliche Revisionsberichte – nicht ausgewertet. Das hat seinen Grund. Denn diese Dokumente beweisen, daß die NS-Ideen auch im Schulalltag gewirkt haben. Und es werden Namen genannt. Kein Wunder also, daß es auch 50 Jahre nach dem Ende der NS-Diktatur Bemühungen gibt, diese Akten unter Verschluß zu halten. Dieses Buch soll über die »Schulzeit unterm Hitlerbild« informieren, und zwar so konkret wie möglich. Eine intensive Vorarbeit mußte geleistet werden. Die Arbeitsgemeinschaft gegen den Antisemitismus – ein Zusammenschluß von derzeitigen sowie ehemaligen Schülerinnen und Schülern der Frankfurter Holbeinschule – hat umfangreiches Aktenmaterial der eigenen Schule gesichtet und zusammengestellt. Berichte jüdischer Überlebender des Völkermordes aus Frankfurt am Main über ihre Schulzeit und die Analyse der vollständigen Akten einer einzelnen Schule mußten in Beziehung gesetzt werden zu den Berichten und Dokumenten aus anderen Schulen und anderen Städten. Daher wurden auch die Ergebnisse anderer Forschungsprojekte über die NS-Schulzeit, vor allem aus Hamburg, Berlin, Kassel, Darmstadt und Köln ausgewertet. Beginnend mit einer Skizze der Ansichten Hitlers über Erziehung und der Darstellung wesentlicher Erlasse und Richtlinien über die Nazi-Schule geht dieses Buch der Frage nach, wie im Alltag der einzelnen Schulen die Indoktrinierung realisiert wurde.

3. Das vorliegende Buch hätte nicht geschrieben werden können ohne die umfangreiche Hilfe der aus Deutschland vertriebenen jüdischen Emigrantinnen und Emigranten, die auf Bitten der Arbeitsgemeinschaft in einem umfangreichen Briefwechsel ihre Sicht der »Schulzeit unterm Hitlerbild« dargestellt haben. Ihnen sei ausdrücklich gedankt.

Wer die NS-Zeit so konkret wie möglich erforschen will, bekommt immer wieder Hindernisse in den Weg gelegt. Daher sei nachdrücklich all jenen gedankt, die es ermöglicht haben, daß die AG gegen den Antisemitismus/Holbeinschule trotz dieser Hindernisse erfolgreich forschen und ihre Ergebnisse publizieren konnte. Bei der Erschließung archivalischer Quellen, insbesondere bei der Auswertung der Entschädigungsakten, half der Leiter des Instituts für Stadtgeschichte der Stadt Frankfurt am Main, Dieter Rebentisch. Ihm gilt unser besonderer Dank.

Gerade weil die Schulbürokratie – vor allem das Hessische Kultusministerium und der Leiter der Holbeinschule – während der Vorarbeiten zu diesem Buch zwischen 1988 und 1994 eine sehr unrühmliche Rolle spielte, muß erwähnt werden, daß der Leiter des Staatlichen Schulamtes in Frankfurt am Main, Dr. Bleienstein, unsere Arbeit seinen Möglichkeiten entsprechend gefördert und unterstützt hat.

Gedankt werden soll auch den vielen Institutionen und Einzelpersonen, die konsequent hinter dem Projekt »Die Nazi-Zeit an den Schulen erforschen« gestanden haben: dem DGB, der GEW, der Gesellschaft für Christlich-Jüdische Zusammenarbeit in Frankfurt am Main e. V., der Jüdischen Gemeinde in Frankfurt am Main, dem Landesverband Hessen und dem Zentralrat der Juden in Deutschland, dem Zentralrat und dem Landesverband Hessen der deutschen Sinti und Roma – um nur die wichtigsten Organisationen zu nennen. Herzlichen Dank auch für die Unterstützung an Dr. Lißmann und Prof. Dr. Lingelbach (beide Universität Frankfurt am Main), die durch Beratung und Gespräche wichtige Impulse gaben, an Prof. Dr. Brumlik (Universität Heidelberg) und Dr. Brozik, die das Manuskript dieses Buches gelesen und wertvolle Hinweise gegeben haben, sowie an Frau Gisela Klemt-Kozinowski und Andreas Bauer für ihre Hilfe bei der Überarbeitung des Manuskriptes.

Es muß hervorgehoben werden, daß die Arbeit auf vielen Schultern ruhte, ganz besonders auf denen all jener Schülerinnen und Schüler, die in jahrelanger, intensiver Arbeit umfangreiches und eindrucksvolles Material zusammengetragen haben. Sie haben Briefkontakte und persönliche Kontakte mit den vertriebenen ehemaligen Frankfurter Schülerinnen und Schülern hergestellt. Sie haben für das Gedenken der ermordeten Schulkinder gekämpft und sich gegen heutige neonazistische Aktivitäten gestellt. Und genau darum geht es in diesem Buch:

- den ermordeten jüdischen Schülerinnen und Schüler, der ermordeten Schülerinnen und Schüler der Sinti und Roma gemeinsam mit den Überlebenden zu gedenken,
- die Ursachen und Wurzeln der NS-Völkermordpolitik im Alltag der Schulen aufzuspüren,
- wachsam allen heutigen Tendenzen zum Nationalismus und Rassismus und den Aktivitäten neonazistischer Kräfte entgegenzutreten, wo und bei wem sie auch auftreten.

Frankfurt, im Juli 1995

Erster Teil

NS-Ideologie damals und aufschlußreiche Akten in den Kellern heute

»Schulzeit unterm Hitlerbild« und NS-Ideologie

Schon immer wurde die Schule dazu genutzt, um eine bestehende Gesellschaftsordnung zu festigen. Schülerinnen und Schüler wurden ausgebildet, damit die Wirtschaft funktionierte, Eliten wurden geschaffen, damit der Staat und die Administration funktionierten. Anpassung, Gehorsam und sogar die Vorbereitung auf den Militärdienst waren schließlich seit der Einführung der allgemeinen Schulpflicht in Preußen tragende Säulen der schulischen Erziehung. In Deutschland gab es erst in der Weimarer Republik vorsichtige Ansätze, die Ideen der Aufklärung und der Emanzipation in die Schulen zu tragen. In der Verfassung der Weimarer Republik (Art. 148, Abs. 1) wurden diesbezüglich folgende Erziehungsziele formuliert: »In allen Schulen ist sittliche Bildung, staatsbürgerliche Gesinnung, persönliche und berufliche Tüchtigkeit im Geiste des deutschen Volkstums und der Völkerverständigung zu erstreben.«[2]

Es ist bekannt, daß die Nazis die Forderung nach Völkerverständigung aus der deutschen Realität sehr rasch und gründlich in die Konzentrationslager verbannten. Sicherlich war auch während der Weimarer Republik bei der Mehrheit der Bevölkerung der »Geist der Völkerverständigung« eher Verfassungs*ziel* als Verfassungs*wirklichkeit* – auch wenn es eine starke, internationalistisch orientierte Arbeiterbewegung gab. Die Völkerverständigung war ein Ziel der Verfassung, bis sie mit dem Ermächtigungsgesetz von 1933 faktisch außer Kraft gesetzt wurde. Das zweite Erziehungsziel hingegen, die Beschwörung des »Geistes des deutschen Volkstums«, entsprach den Absichten der Nazis.[3] Hier gibt es zweifellos Hinweise einer Kontinuität von der Weimarer Republik zur NS-Diktatur. Die Kennzeichnung »deutsch« war in der damaligen Zeit nicht allein die sachliche Beschreibung einer Nationalität, sondern »deutsch« beinhaltete Eigenschaften wie hervorragend, ausgezeichnet und erstklassig.[4] Ähnlich wie die Obrigkeitshörigkeit führte dieser deutsche Nationalismus zu einer gewissen Überschneidung zwischen den Richtlinien und Realitäten der Schule der Weimarer Republik und der Schule unter der NS-Diktatur.

Zwar gab es in der Weimarer Republik sowohl bei den Erziehungswissenschaftlern als auch unter den Lehrerinnen und Lehrern einige, die die Prinzipien einer aufklärerischen Bildung auch im Schulalltag verwirklichen wollten. So wurde z. B. – wenn auch nur von einer Minderheit – die Entwicklung des jugendlichen Selbstbewußtseins in einem demokratischen Schulsystem gefordert und in diesem oder jenem Schulprojekt auch zu verwirklichen gesucht. In der Mehrheit der Schulen jedoch herrschte nach wie vor die preußisch-autoritäre Mentalität des vergangenen Kaiserreichs. Ruhe, Ordnung, Sauberkeit, Pünktlichkeit und Gehorsam – diese sogenannten preußischen Sekundärtugenden mußten also nicht erst von den Nationalsozialisten erfunden und in den Schulalltag eingeführt werden. Natürlich gab es auch noch andere, unpolitische Gemeinsamkeiten. Im Fach Mathematik wurden weiterhin der Dreisatz und im Fach Deutsch weiterhin die nicht gerade an der Logik orientierten Rechtschreibregeln gelehrt.

Zweifellos erleichterte all dies die Umwandlung der Schulen der Weimarer Republik zu denen der NS-Diktatur. Dennoch blieben die Schulen nach dem 30. Januar 1933 bei aller Kontinuität nicht dieselben. Und der wesentliche Unterschied zeigte sich nicht nur darin, daß nun in allen Schulen das Hitlerbild aufgehängt wurde. Um die Besonderheiten der »Schulzeit unterm Hitlerbild« verstehen zu können, ist es also notwendig, einige zentrale Aspekte der Diskussion über die Ursachen der NS-Diktatur zu erwähnen, die mit der Indoktrinierung der Lehrerschaft und der Schülerschaft zusammenhängen.

NS-Diktatur, deutscher Nationalismus und deutsche Geschichte

Die NS-Diktatur ist nicht vom Himmel gefallen. Der Streit und die Diskussionen über die Ursachen, die zur Einsetzung des Regimes geführt haben, gehen quer durch alle Wissenschaften und politischen Lager. Unleugbar ist, daß es nicht nur ein oder zwei, sondern ein ganzes Bündel von Ursachen und Wurzeln gibt.[5] Was sind die Gründe für die staatliche Diktatur, die Kriegs- und Völkermordpolitik des Nazi-Regimes gewesen? Woher kam die Kraft? Welchen Einfluß hatten all jene Wurzeln, die zweifelsfrei konstatiert werden können: das

Großkapital, das deutsche Spießertum, der deutsche Nationalismus, die Tradition des Antisemitismus, autoritäre Grundeinstellungen, Untertanengeist und preußischer Militarismus?

Der Erziehungswissenschaftler Gamm, der sich bereits 1964 mit seinem Buch »Führung und Verführung« um Aufklärung über die nazistische Ausrichtung der Pädagogik bemüht hat, betonte als nicht zu unterschätzende Ursache der NS-Diktatur den Zusammenhang mit der beginnenden Weltwirtschaftskrise. Er schrieb: »Damals begannen sich auch die reichen finanziellen Quellen der Schwerindustrie für den ›Trommler‹ Hitler zu öffnen; Industriekapital und Großgrundbesitz wurden sich in Deutschland einig, daß Hitler als ihr bezahlter Helfer gegen den Kommunismus auftreten solle.« (H.-J. Gamm, *Führung und Verführung. Pädagogik des Nationalsozialismus*, München 1964, S. 9)

Auch wenn diese Einschätzung sicherlich richtig ist, sind damit bei weitem nicht alle Fragen geklärt. Wirtschaftskrisen gab es schließlich auch in anderen Ländern. Welche Besonderheiten in der Geschichte Deutschlands machten es möglich, daß die große Mehrheit des deutschen Volkes die Diktatur begrüßte?

Fritz Bauer, der Ankläger im Frankfurter Auschwitz-Prozeß, schrieb 1965 eine leider in Vergessenheit geratene Broschüre über »Die Wurzeln faschistischen und nationalsozialistischen Handelns«. Offensichtlich legte er mit dieser Abhandlung den Finger auf die Wunde, denn mehrere anonyme Gutachter wurden von einem der damaligen Kultusminister mit Erfolg bemüht, die Verbreitung dieser Broschüre an den Schulen zu verhindern. Fritz Bauer legt die Besonderheiten des NS-Faschismus gegenüber dem italienischen und spanischen Faschismus dar und weist auf, daß ersterer mehr war als »nur« Faschismus. Er schrieb:

»Faschismus und Nazismus haben die Tradition einer aufklärerisch-humanistischen Bildung abgebrochen [...]. Was ist demgegenüber (dem Faschismus, A. d. V.) Nazismus? Im Nazismus haben wir gleichfalls das Führerprinzip, das Ein-Parteien-System, die Tötung menschlicher Freiheit. Aber der Nazismus ist mehr [...]. Der Unterschied zwischen Faschismus und Nazismus zeigte sich vor allem in der Wirklichkeit Italiens und Deutschlands. In Italien gab es zweifellos einen Duce, und alle Parteien, mit Ausnahme der faschistischen, waren verboten [...]. Mussolini beseitigte Demokratie und Parlamentarismus und ersetzte das demokratische Gepräge durch autoritäre Formen [...]. Es gab trotz der Bündnisse mit Hitler nie einen Antisemitismus. Gegen die Juden ist in Italien und den von ihm besetzen Gebieten nichts geschehen. Man kannte im Gegensatz zu Deutschland keinen rassischen Feind, den man systematisch tötete [...]. Es besteht gewiß kein Grund, den italienischen Faschismus zu verharmlosen. Er war im Prinzip gekennzeichnet durch die gleiche Konzentration der Gewalt, die gleiche Machtvollkommenheit einer kleinen Clique, die fähig und gewillt war, durch ihre quasi-militärischen Parteiorganisationen ein ganzes Volk zu manipulieren und notfalls zu unterdrücken; es gab die gleiche Abschaffung der Rechte des einzelnen, kurz, auch dieses System war antidemokratisch und durch die Auslöschung des Gedankens der Freiheit und Gleichheit aller politisch inhuman [...]. Ihr Ziel war nicht jene Versklavung oder gar Vernichtung fremder Völker, die Hitler im Osten plante und begonnen hatte.« (F. Bauer, *Die Wurzeln faschistischen und nationalsozialistischen Handelns*, Frankfurt 1965, S. 8–11)

Vor allem aber verwies Bauer auf wesentliche Wurzeln des unseligen Untertanengeistes in der deutschen Geistesgeschichte.

»Deutschland war das einzige Land von Bedeutung in Westeuropa, das in seiner späteren Entwicklung sich den demokratischen und liberalen Ideen verschloß. Deutschland dachte diese Gedanken nicht, es gab ihnen im politischen, sozialen und rechtlichen Leben keinen Raum; so wuchs aus den vereinzelten Gedanken auch keine lebendige Tat. Deutschland hatte keine Revolution. Es war und blieb ein absoluter Staat.« (Ebda., S. 19)

Für eine Analyse der »Schulzeit unterm Hitlerbild« ist dabei von besonderer Bedeutung, was die Diktatur ideologisch an Werten und Normen aus der deutschen Geschichte übernehmen konnte. Das Besondere der NS-Ideologie ist schwer zu fassen. Wer sich bemüht, Neues und Eigenes in Hitlers »Mein Kampf« zu finden, wird scheitern. Es zeigte sich jedoch, daß hierin nicht eine Schwäche, sondern eine Stärke der NS-Ideologie bestand. Hitler konnte seine rassistischen, nationalistischen und antisemitischen Theorien auf den Grundlagen aufbauen, die in den vergangenen Jahrhunderten bereits u. a. von deutschen Schriftstellern gelegt worden waren. Parolen wie »Die Juden sind unser Unglück«, »Deutschland, erwache« usw. waren ebenso wie das Hakenkreuz nichts Neues. Die Besonderheit der NS-Ideologie bestand zunächst aus der Kombination und Konzentration sämtlicher reaktionärer Traditionen Deutschlands. So verwies die NS-Propaganda bei jeder Kritik an der herrschenden Ideologie auf die Ahnenreihe der »Großen Deutschen«. Und in der Tat finden sich Versatzstücke bei Luther, Turnvater Jahn, Fichte und Hoffmann von Fallersleben.[6] Geschickt wurden die entsprechenden Passagen aus deren Texten damals in die tägliche Propaganda und in die Lesebücher der Schulen eingebaut.

Hier liegt also eine der ideologischen Wurzeln für das so erfolgreiche Bündnis zwischen der NSDAP einerseits und den Deutschnationalen andererseits – ein politisches Bündnis, das man verstehen muß, wenn man die Schulrealität in der NS-Zeit richtig einschätzen will. Hindenburg und Hitler reichten sich 1933 am »Tag von Potsdam« demonstrativ die Hände. Ein weitverbreitetes Plakat mit dem Foto der beiden trug die Unterschrift: »Das alte und das neue Deutschland geben sich die Hand.« Das nationalsozialistische Deutschland basierte also auf dem Bündnis der reaktionären Deutschnationalen, der Generäle, deutschnationalen Professoren und militaristischen Studienräte mit den Nazis. Dieses Bündnis überdauerte die Ausschaltung aller anderen Parteien außer der NSDAP, es hielt bis in den Krieg und bröckelte erst mit der sich abzeichnenden Niederlage.

Kernpunkte der NS-Ideologie

Das Buch *Mein Kampf* enthält ebenso wie eine Reihe von Hitlers Reden prägnante Kernpunkte der NS-Ideologie. Vieles von dem, was Hitler und die Propaganda versprachen, waren Lügen. Aber gerade im Hinblick auf Erziehungsziele und -methoden hat Hitler sehr offen und menschenverachtend ausgesprochen, welche Ziele er verfolgte. Er formulierte seine Thesen nicht in Geheimreden, sondern in hunderttausendfach verbreiteten Publikationen, die Wirkung zeigten. Seine Ansichten wurden Richtlinien für die Schulbürokratie – vom Ministerium bis zur Schulleitung –, sie wurden zu Leitsätzen für die Reden der Funktionäre des Nationalsozialistischen Lehrerbundes (NSLB), und sie wurden Grundlage für die NS-Schulung der Lehrerschaft. Sie waren auch wichtige Bestandteile des »nationalpolitischen« Unterrichts und der »Rassenkunde«. Somit spielten sie im

Schulalltag eine wesentlich größere Rolle als die akademisch gehaltenen Werke der NS-Pädagogikprofessoren, deren Streitereien über Details meist gar nicht bis in die Schulen gelangten. Die folgenden vier Kernpunkte sind durchgehend in Richtlinien, Erlassen, vor allem aber in der Schulwirklichkeit wiederzufinden. Man kann sie ohne Zweifel als Wesensmerkmale der NS-Ideologie bezeichnen.

a) Der deutsche Untertan: »nicht mehr frei..., aber glücklich«

Wenn Hitler über Erziehung spricht, fällt zunächst auf, daß er dazu Begriffe benutzt wie »hineinhämmern«, »hineinbrennen« oder »heranzüchten«. Auch vom »gegebenen Menschenmaterial« ist die Rede. Die Entwicklung der Persönlichkeit des einzelnen als Maxime jeder aufklärerischen Pädagogik wird hier in aller Deutlichkeit abgelehnt.[7] Hitlers Ideal ist vielmehr der widerspruchslos Gehorchende. Ohne Umschweife erklärt er, was ein Jugendlicher können muß: »Er soll lernen, zu schweigen, nicht nur, wenn er mit Recht getadelt wird, sondern soll auch lernen, wenn nötig, Unrecht schweigend zu ertragen.«[8] Was Hitler unter »Erziehung« versteht, skizziert er in einem in sich geschlossenen Abschnitt von »Mein Kampf«, dem Abschnitt »Erziehungsgrundsätze des völkischen Staates«. Die entscheidende Passage lautet: »Der Völkische Staat hat [...] seine gesamte Erziehungsarbeit in erster Linie [...] einzustellen [...] auf das Heranzüchten kerngesunder Körper. Erst in zweiter Linie kommt dann die Ausbildung der geistigen Fähigkeiten. Hier aber wieder an der Spitze die Entwicklung des Charakters, besonders die Förderung der Willens- und Entschlußkraft, verbunden mit der Erziehung zur Verantwortungsfreudigkeit, und erst als letztes die wissenschaftliche Schulung.«[9]

Das »Heranzüchten kerngesunder Körper« war für Hitler bei den Jungen Erziehung zum Soldaten. Die Mädchen sollten zu Frauen erzogen werden, die »wieder Männer zur Welt zu bringen vermögen«.[10] »Charakter und Willensbildung« bezog sich in Hitlers »völkischer Erziehung« nicht auf das Individuum, sondern auf das zentral geführte »völkische Ganze«. Dies stellt das Gegenteil einer emanzipatorischen Pädagogik dar, die das individuelle Selbstbewußtsein und das individuelle Verantwortungsbewußtsein der Schülerinnen und

Schüler stärken will. Die wissenschaftliche Schulung stand dabei an letzter Stelle. Die Volksschüler, die 90 % der Gesamtschülerzahl darstellten, bekamen selbst Grundwissen nur in grob verkürzter Form vermittelt. Die Verachtung der »Bildung« bei Hitler und der NS-Erziehung fand erst da ihre Grenzen, wo die notwendigen Eliten des NS-Staates auf fundiertes Fachwissen nicht verzichten konnten.

> »Diese Jugend, die lernt ja nichts anderes als deutsch denken, deutsch handeln, und wenn diese Knaben mit zehn Jahren in unsere Organisation hineinkommen und dort oft zum ersten Male überhaupt eine frische Luft bekommen und fühlen, dann kommen sie vier Jahre später vom Jungvolk in die Hitlerjugend, und dort behalten wir sie wieder vier Jahre. Und dann geben wir sie erst recht nicht zurück in die Hände unserer alten Klasse und Standeserzeuger, sondern dann nehmen wir sie sofort in die Partei, in die Arbeitsfront, in die SA oder in das NSKK und so weiter. Und wenn sie dort zwei Jahre oder anderthalb Jahre sind, und noch nicht ganze Nationalsozialisten geworden sein sollten, dann kommen sie in den Arbeitsdienst und werden dort wieder sechs Monate geschliffen [...] und was dann nach sechs oder sieben Monaten noch an Klassen- und Standesdünkel da oder dort vorhanden sein sollte, das übernimmt die Wehrmacht zur weiteren Behandlung auf zwei Jahre. Und wenn sie nach zwei, drei oder vier Jahren zurückkehren, dann nehmen wir sie, damit sie auf keinen Fall rückfällig werden, sofort wieder in die SA, SS und so weiter, und sie werden nicht mehr frei ihr ganzes Leben.«[11]

Hitler fährt fort: »[...] und sie sind glücklich dabei.«[12]

In dieser Passage wird deutlich, daß die Schule nur eine von mehreren Institutionen war, die der Indoktrination der Jugendlichen dienten. Auch das Gewicht der außerschulischen NS-Organisationen wird hier gut sichtbar. Das Ziel sämtlicher Einrichtungen der Erziehung war es, »gegebenes Menschenmaterial« zu »schleifen«. Von besonderer Bedeutung ist dabei Hitlers Aussage, daß die Jugendlichen ihr ganzes Leben nicht mehr frei würden, und sein Zusatz, sie seien jedoch glücklich dabei. Die Erzeugung dieses Glücksgefühls, das mit einer völligen Entmündigung der Jugendlichen einherging, war in der Tat ein Schlüssel für den Erfolg bei der Heranzüchtung von Soldaten, die freudig in den Tod gehen sollten.

b) Der Sozialdarwinismus: »wie bei den Tieren...«

Hitler berief sich bei der Untermauerung seiner Theorien häufig direkt auf die Natur als eine angeblich unangreifbare Autorität. Diese Autorität, das »aristokratische Prinzip der Natur«[13], verlangte den »Sieg des Stärkeren und die Vernichtung des Schwachen oder seine bedingungslose Unterwerfung«.[14] Diese sozialdarwinistische Übertragung der Gesetzmäßigkeiten aus der Tierwelt auf die Menschen als Richtlinien für die menschlichen Beziehungen, die in ihren Grundlagen nicht nur der NS-Ideologie eigen ist, birgt eine gefährliche Anziehungskraft. Jegliches moralisches Denken wird überflüssig, wenn sich der Stärkere naturgegeben durchsetzt und somit recht hat. Ein Wirtschaftssystem aber, das nach dem Prinzip »Große Fische fressen kleine Fische« funktioniert, demonstriert täglich, daß dieses Prinzip auch heute noch auf die menschliche Gesellschaft angewendet wird. Hitler übertrug dieses »Wolfsgesetz« – die »Wolfsmetapher« war ein beliebtes Bild der NS-Propaganda zur Veranschaulichung des »Führerprinzips«, des »Rudels« und der Mentalität des ungezähmten Raubtieres – auf alle Teile der menschlichen Gesellschaft.

Auch die haarsträubende »Rassentheorie« versuchte Hitler mit der primitiven Übernahme jenes Gesetzes zu begründen, welches besagt, daß sich »jedes Tier nur mit einem Genossen der gleichen Art« paare. »Meise geht zur Meise, Fink zu Fink, der Storch zur Storchin.« Als Konsequenz dieses »in der Natur allgemein gültigen Triebes zur Rassenreinheit« sah Hitler »die scharfe Abgrenzung der einzelnen Rassen nach außen«.[15] Der von ihm angestrengte Vergleich zwischen den von ihm pseudowissenschaftlich definierten menschlichen »Rassen« und dem Tierreich ist dabei so absurd wie die pseudowissenschaftlichen Schädelmessungen, mit denen man angeblich die »außereuropäischen Rassen« erkennen wollte.

Die These von der angeblich biologisch angelegten und angeborenen Fähigkeit und Fertigkeit der Menschen drückte sich auch deutlich in Hitlers rassistischen Anschauungen über farbige Menschen aus. Als ein Beispiel dafür, daß »alles schon ursprünglich angeboren« sei, nennt er folgendes:

»Von Zeit zu Zeit wird in illustrierten Blättern dem deutschen Spießer vor Augen geführt, daß da oder dort zum erstenmal ein Neger Advokat, Lehrer, gar Pastor, ja Heldentenor oder dergleichen geworden ist. Während das blödseelige Bürgertum eine solche Wunderdressur staunend zur Kenntnis nimmt, voll von Respekt für dieses fabelhafte Resultat heutiger Erziehungskunst, versteht der Jude sehr schlau, daraus einen neuen Beweis für die Richtigkeit seiner den Völkern einzutrichternden Theorie von der *Gleichheit der Menschen* [Hervorh. im Orig.] zu konstruieren. Es dämmert dieser verkommenen bürgerlichen Welt nicht auf, daß es sich hier wahrhaftig um eine Sünde an jeder Vernunft handelt; daß es ein verbrecherischer Wahnwitz ist, einen geborenen Halbaffen so lange zu dressieren, bis man glaubt, aus ihm einen Advokaten gemacht zu haben [...].«[16]

Die »Theorie von der Gleichheit der Menschen« erklärte Hitler verächtlich zum Angriffsziel. Er machte sich gar nicht erst die Mühe, diese angeblich »jüdisch-bolschewistische« Erfindung zu widerlegen, sondern diffamierte sie einfach.

c) Der deutsche Nationalismus: »Unbedingt überlegen...«

Während Hitler einerseits die völlige Unfreiheit, Entwürdigung und Knechtung seiner Untertanen forderte und realisierte, verstand die NS-Propaganda es gleichzeitig, diesen Untertanen das Gefühl zu vermitteln, sie seien die wahren Herren der Welt oder würden es zumindest bald werden. Hitler gab folgende Anweisung zur Erziehung des Jugendlichen: »Seine gesamte Erziehung und Ausbildung muß darauf angelegt werden, ihm die Überzeugung zu geben, anderen unbedingt überlegen zu sein.«[17] Mit Hilfe dieser nationalistisch-rassistischen Schmeicheleien lernten die sogenannten arisch-deutschen Herrenmenschen, auf etwas stolz zu sein, für das sie nichts konnten: Sie erfuhren, daß ihnen ihre angebliche »Überlegenheit« von Geburt an im »Blut« gelegen habe.

An den Nationalisten der Weimarer Republik kritisierte Hitler, daß sie nicht konsequent genug den Stolz auf die sogenannten großen Deutschen propagiert hätten: »Man hat es nicht verstanden, die wirklich bedeutsamen Männer unseres Volkes in den Augen der Gegenwart als überragende Heroen erscheinen zu lassen, die allgemeine Aufmerksamkeit auf sie zu konzentrieren und dadurch eine geschlossene Stimmung zu erzeugen.«[18] Schließlich sollte die Schule den Unterrichtsstoff so ausrichten, daß »Säulen eines unerschütterlichen Nationalgefühles« entstehen konnten. Hitler schrieb:

> »Planmäßig ist der Lehrstoff nach diesen Gesichtspunkten aufzubauen, planmäßig die Erziehung so zu gestalten, daß der junge Mensch beim Verlassen seiner Schule nicht ein halber Pazifist, Demokrat oder sonst was ist, sondern ein ganzer Deutscher. [...] Dann wird dereinst ein Volk von Staatsbürgern erstehen, miteinander verbunden und zusammengeschmiedet durch eine gemeinsame Liebe und einen gemeinsamen Stolz, unerschütterlich und unbesiegbar für immer.«[19]

Die Erziehung zum Gefühl der Überlegenheit war nicht nur ein psychologisch gut durchdachter Schachzug. Zusammen mit der soldatischen Erziehung stellte sie die Vorbereitung auf den folgenden Vernichtungskrieg dar. Unverhüllt sprach Hitler aus, daß Deutschland gestärkt werden solle durch »Gewinnung neuen Grundes und Bodens in Europa«.[20] Mit der Parole vom »Volk ohne Raum« forderte er den Krieg, um »dem deutschen Volk den ihm gebührenden Grund und Boden auf dieser Erde zu sichern«.[21] Offen sprach er außerdem von der »Vernichtung Frankreichs«[22] sowie der Unterwerfung Rußlands und der »ihm untertanen Randstaaten«.[23]

d) Die Erziehung zur »Blutreinheit« gegen die »außereuropäischen Rassen«

Um die Mehrheit der deutschen Jugendlichen in dem falschen Glauben zu stärken, sie seien durch ihre Geburt, aufgrund ihrer angeblichen »Rasse« und Nationalität besser als andere Menschen, mußte ihnen auch etwas Schlechtes, Verachtungswürdiges vorgeführt werden. Der von Hitler angestrebte »Rassensinn« hatte immer diese zwei Seiten: »Die gesamte Bildungs- und Erziehungsarbeit des völkischen Staates muß ihre Krönung darin finden, daß sie den ›Rassesinn‹ und das ›Rassegefühl‹ instinkt- und verstandesmäßig in Herz und Gehirn der ihr anvertrauten Jugend hineinbrennt. Es soll kein Knabe und kein Mädchen die Schule verlassen, ohne zur letzten Erkenntnis über die Notwendigkeit und das Wesen der Blutreinheit geführt worden zu sein.«[24] Hier wird deutlich, daß Hitler nicht nur den außerschulischen Institutionen, sondern gerade auch der Schule die Aufgabe erteilt, »Rassensinn« und »Rassengefühl« in die Jugend »hineinzubrennen«. Die Vorstellung einer angeblich »nordisch-arischen Rasse«, mit der die NS-Ideologie den deutschen Nationalismus zu untermauern suchte, benötigt den Widerpart. Und so stehen auf der einen Seite die »nordischen Herrenmenschen« und auf der anderen Seite, wie es heißt, die »außereuropäischen Rassen«.

Hitler und das Progamm der NSDAP richteten ihren Rassismus in der Propaganda vor allem gegen die jüdische Bevölkerung. Aber die grundlegende These von den »außereuropäischen Rassen« schloß bereits von vornherein nach den Juden die »Zigeuner« als zweite angebliche »außereuropäische Rasse« ein. Schon im Kommentar von Globke zu den Nürnberger Gesetzen von 1935 heißt es: »In Europa sind regelmäßig nur Juden und Zigeuner artfremden Blutes.«[25] In einem Runderlaß des Innenministers über das »Verbot von Rassenmischehen« vom 26. November 1935 wurde ausdrücklich aufmerksam gemacht auf die »Gefahren für das deutsche Blut« bei »Eheschließung von deutschblütigen Personen mit Zigeunern, Negern oder ihren Bastarden«.[26] In einem Schüleraufsatz fand sich offensichtlich nach Diktat eines Lehrers folgende Schilderung: »Zwei Völker, die nirgends einen geschlossenen Lebensraum besitzen – Juden und Zigeuner, deren rassischer Ursprung außerhalb Europas liegt.«[27]

Die Vorurteile der überwiegenden Bevölkerungsmehrheit gegen »Zigeuner«, aber auch die schon in der Weimarer Republik beschlossene staatliche Diskriminierung waren so groß, der Boden schon derart bereitet, daß auf eine umfangreiche NS-Propaganda gegen die »Zigeuner« weitgehend verzichtet werden konnte. Es gab keinen »Stürmer« gegen die »Zigeuner«, weil dies nicht nötig war. Die Hetze gegen die Sinti und Roma wurde nebenbei und wie selbstverständlich im »Völkischen Beobachter« in kleineren Meldungen und Kommentaren abgehandelt. Erbarmungsloser jedoch waren die Verbrechen der Nazis. Erlasse und Rundbriefe dokumentieren die systematische Erfassung, Deportation und Ermordung. Der Völkermord an den Sinti und Roma ist eine der Konsequenzen der rassistischen NS-Ideologie.

In weitaus größerem Umfang mußte gerade auch an den Schulen der Haß gegen die Juden als »außereuropäische Rasse« forciert werden.

Im Mittelpunkt der rassistischen »Erziehungsarbeit« stand zweifellos der Antisemitismus im »Rassenkundeunterricht« sowie im Biologieunterricht. Er war seit 1933 fester Bestandteil des Schulalltags. Schon sehr früh hatte Hitler zwei »Arten« des Antisemitismus definiert: »Der Antisemitismus aus rein gefühlsmäßigen Gründen wird seinen letzten Ausdruck finden in der Form von Pogromen. Der Antisemitismus der Vernunft jedoch muß führen zur planmäßigen gesetzlichen Bekämpfung und Beseitigung der Vorrechte des Juden, die er zum Unterschied der anderen zwischen uns lebenden Fremden besitzt (Fremdengesetzgebung). Sein letztes Ziel aber muß unverrückbar die Entfernung der Juden überhaupt sein.«[28] Die NS-Diktatur setzte beide »Formen« des Antisemitismus ein, wenngleich in letzter Konsequenz vor allem der »Antisemitismus der Vernunft«, das heißt der staatlich organisierte, bürokratisch perfektionierte, mit industriellen Methoden betriebene, mörderische Antisemitismus durchgeführt wurde. Das Pogrom im November 1938 stellte dabei nur den Auftakt dar.

Was mit »Entfernung« gemeint war, wurde in den Schulbüchern dieser Zeit durch Zitate von Luther und anderen Dichtern und Denkern erläutert, die zur Brandstiftung und zum Mord an der jüdischen Bevölkerung aufriefen. Aber auch Hitler spricht in »Mein Kampf« deutlich aus, daß es gelte, gegen die »jüdischen Volksvergifter« vorzugehen und sie »unbarmherzig auszurotten«. Man müsse »die gesamten militärischen Machtmittel einsetzen zur Ausrottung dieser Pestilenz.«[29] Und nebenbei schlägt er noch vor, »zwölf- oder fünfzehntausend dieser hebräischen Volksverderber [...] unter Giftgas zu halten«.[30] Am 30. Januar 1939, knapp drei Jahre, bevor die mörderischen Gaskammern in Gang gesetzt wurden, erklärte Adolf Hitler öffentlich in einer im Rundfunk übertragenen Rede, die auch in den Schulen gehört wurde: »Ich will heute wieder ein Prophet sein: Wenn es dem internationalen Finanzjudentum inner- und außerhalb Europas gelingen sollte, die Völker noch einmal in einen Weltkrieg zu stürzen, dann wird das Ergebnis nicht die Bolschewisierung der Erde und damit der Sieg des Judentums sein, sondern die Vernichtung der jüdischen Rasse in Europa.«[31] Hitler bezog sich in den folgenden Jahren noch öfter auf diese »Prophezeiung«. Das Mordprogramm gegen die jüdische Bevölkerung Europas war in aller Öffentlichkeit verkündet worden.

Die Grundzüge der nazistischen Ideologie, die hier nur knapp skizziert werden konnten, bildeten die Grundlage der direkt nach dem 30. Januar 1933 verbindlichen schulischen Erlasse und Richtlinien, von denen im folgenden die Rede sein wird.

Erlasse, Richtlinien
und Schulbücher

Die Vorstellung von einer klar gegliederten, systematisch und Schritt für Schritt vorangetriebenen Ideologisierung der Schulen ist falsch. Erst 1934 wurde ein zentralstaatliches Erziehungsministerium gebildet. Eine Vielfalt von Behörden, umgeben von einem wahren Dschungel von Vorschriften, Anweisungen, Erlassen und Richtlinien, setzte formal die bürokratische Tradition der Weimarer Republik fort. Die NS-Führung wußte um das Kompetenzgerangel unter den höheren Beamten und griff nur sehr gezielt an einigen Punkten ein. Ihr war zudem nicht jedes Detail im Lehrplan, in der Schulorganisation und in den Schulbüchern wichtig. Im Gegenteil, manchmal wurden sogar einige übereifrige NS-Anhänger im Schulbereich in die Schranken gewiesen, wenn sie »Unruhe« provozierten. Und ganz bewußt erhielten die »nur« deutschnationalen Kräfte in der Schulbürokratie oftmals den Vorzug. Manche dieser deutschnationalen Beamten, die in Konflikt mit irgendeinem HJ-Unterscharführer oder uniformierten Funktionsträger der NSDAP geraten waren, glaubten sogar, sie wären damit »gegen die Nazis« vorgegangen. Tatsächlich schliffen sie jedoch nur Ecken und Kanten ab für das reibungslose Funktionieren des NS-Systems.

Auch die übereifrigen Nazis leisteten ihren Beitrag, auch sie hatten in den einzelnen Institutionen ihre Funktion. Sie erzeugten durch ihre Anwesenheit und ihr Verhalten Druck, sie stellten eine ständige Bedrohung dar. Auf lange Sicht war aber nicht der alkoholisierte SA-Schläger, sondern der skrupellos mordende SS-Offizier mit Monokel wesentlich für die umfassende Völkermordpolitik, für die Deportation und die Errichtung der Ghettos, für das Funktionieren von Auschwitz-Birkenau und der anderen Vernichtungslager. Erst vor diesem Hintergrund ist verständlich, warum immer wieder Maßnahmen getroffen wurden, die für den Augenblick so manchen grölenden antisemitischen Sadisten zurechtstutzten. Goebbels erklärte am 16. September 1935 vor den Gau- und Kreispropagandaleitern mit zynischer Offenheit die Funktion dieses verwirrenden Hin und Her der Anordnungen und Verfügungen sowie der sich teilweise widersprechenden Gesetze und Verordnungen. Er sagte:

> »Wenn ich in der Propaganda zum Ausdruck bringe: Die Juden haben überhaupt nichts mehr zu verlieren! – Ja, dann dürfen Sie sich nicht wundern, wenn sie kämpfen [...] Nein, man muß das immer offenlassen. Wie zum Beispiel gestern in meisterhafter Weise der Führer das in seiner Rede getan hat: Wir hoffen, daß – äh, mit diesen Judengesetzen nun die Möglichkeit besteht, ein erträgliches Verhältnis zwischen dem deutschen und dem jüdischen Volk herbeizuführen und – (Heiterkeit). Das nenne ich Geschick! Das ist gekonnt! Wenn man aber gleich dahinter gesagt hätte: So, das sind die heutigen Judengesetze; Ihr sollt nun nicht glauben, daß das alles ist. Im nächsten Monat – da ist gar nichts mehr dran zu ändern –, nächsten Monat kommen die nächsten, und zwar so, bis Ihr bettelarm wieder im Getto sitzt –, ja, dann dürfen Sie sich nicht wundern, wenn die Juden die ganze Welt gegen uns mobilmachen. Wenn Sie ihnen aber eine Chance geben, eine geringe Lebensmöglichkeit, dann sagen sich die Juden: Ha, wenn die jetzt im Ausland wieder anfangen zu hetzen, dann wird's noch schlimmer; also Kinder, seid doch mal still, vielleicht geht's doch! (Heiterkeit, Beifall.) [...]«[32]

Vor diesem Hintergrund wird verständlich, warum zum Beispiel folgender Brief des NS-Lehrerbundes vom 30. März 1933, also unmittelbar vor dem 1. April, dem ersten Boykottag gegen die jüdischen Geschäfte, geschrieben wurde – nur scheinbar zum »Schutz der jüdischen Kinder«. Dort heißt es: »Die am 1. April ds. Js. einsetzenden Abwehrmaßnahmen gegen die Greuelhetze des Auslandes könnte(n) auch Unruhen in den Schulen verursachen. Wir sehen uns daher verpflichtet, entsprechend den Anweisungen der NSDAP zur Verhütung von Einzelaktionen, auf den Ernst der Lage hinzuweisen und bitten, die jüdischen Schüler vom Schulbesuch zu beurlauben, um sie vor etwaigen Beleidigungen oder Angriffen zu bewahren.«[33]

Die Kreisleitung der NSDAP in Frankfurt/Main hatte am 29. März 1933 zum Boykottag gegen die Juden eine ähnliche Anweisung herausgegeben, in der es unter Punkt 14 heißt: »Darüber wachen, daß strengste Disziplin gewahrt wird. Es darf nirgends zu Pogromen und sonstigen Gewalttätigkeiten kommen. Wer Richtlinien überschreitet, wird aus der Partei ausgeschlossen.«[34] So zynisch es klingt: Der NSLB schwang sich hier zum »Schutzpatron« der jüdischen Kinder auf. In

Nationalsozialistischer Lehrerbund

Gau   Düsseldorf

Geschäftsstelle:
Düsseldorf,
Haroldstraße Nr. 26

Postscheck-Konto: Köln 75091
Heinrich Hartmann
Düsseldorf-Eshausen,
Richthofenstraße Nr. 44

Dr.G./Kn.

Düsseldorf, am 30.3.33.
Adolf Hitlerstrasse 26.

An das

Städtische Schulverwaltung,

Düsseldorf,
Bahnstr.5.

Die am 1. April ds. Js. einsetzenden Abwehrmassnahmen gegen die Greuelhetze des Auslandes könnte auch Unruhen in den Schulen verursachen. Wir sehen uns daher verpflichtet, entsprechend den Anweisungen der NSDAP zur Verhütung von Einzelaktionen, auf den Ernst der Lage hinzuweisen und bitten, die jüdischen Schüler vom Schulbesuch zu beurlauben, um sie vor etwaigen Beleidigungen oder Angriffen zu bewahren.

NS-Lehrerbund,
Kreisleitung Düsseldorf.

Abb. 1: Mitteilung des Nationalsozialistischen Lehrerbundes an die Städtische Schulverwaltung Düsseldorf, 30. März 1933 (Stadtarchiv Düsseldorf)

Wirklichkeit war dies nur eine Maßnahme gegenüber dem »Radau-Antisemitismus«, die den organisierten staatlichen Boykottaufruf gegen jüdische Geschäfte am 1. April vor »Einzelaktionen« behüten sollte. Denn diese Aktion war, anders als später das November-Pogrom 1938, auch ein Test dafür, wie weit antisemitische Maßnahmen im Inland und im Ausland zustimmend oder ablehnend aufgenommen werden würden.

In diesem Zusammenhang muß ebenfalls die Aufforderung des NS-Lehrerbundes gesehen werden, die jüdischen Kinder am 1. April 1933 nicht am Schulunterricht teilnehmen zu lassen. Viele jüdische Kinder verstanden die entsprechenden Hinweise ihrer Lehrerinnen und Lehrer als Fürsorge und behielten sie positiv in Erinnerung. Es ist die tragische Wahrheit, daß hinter manch positiver Erinnerung an angeblich fürsorgliche Lehrerinnen und Lehrer eine ganz andere Realität steht, jene nämlich, daß die NSDAP zu diesem Zeitpunkt lediglich noch ganz bewußt die Konfrontation zwischen jüdischen und nichtjüdischen Kindern verhindern wollte. Nicht die Eigeninitiative fürsorglicher Lehrer war die Ursache für diese Aufforderung, sondern die weitergehenden Interessen der NSDAP und des NS-Lehrerbundes.

Erlasse gegen die jüdische Lehrer- und Schülerschaft

Das Gesetz zur »Wiederherstellung des Berufsbeamtentums« (1933)

Für die Schulen besonders wichtig war das 1933 formulierte Gesetz zur »Wiederherstellung des Berufsbeamtentums«, das sich gegen alle antifaschistischen Parteien und Organisationen (vor allem gegen die KPD, später auch gegen die SPD) und gegen die jüdische Beamtenschaft richtete. Selma Spier schreibt völlig zu Recht: »Der Nationalsozialismus suchte zunächst seine wahren Ziele zu verschleiern. Er gab sich am Anfang der Machtergreifung gern konservativ. Wiederherstellung des Berufsbeamtentums klang alt-preußisch, erinnerte an den Alten Fritzen, den ersten Diener des Staats, appellierte an alle, die mit dem Eindringen von Weimarer Demokraten und Sozialdemokraten in die einstmals auf den König vereidigte Beamtenschaft sich nicht hatten abfinden können.«[35]

Sie weist des weiteren darauf hin, daß das Gesetz zur Wiederherstellung des Berufsbeamtentums zu den ersten Gesetzen gehört, die nach dem »Ermächtigungsgesetz« nicht mehr vom Reichstag, sondern von der Regierung selbst erlassen wurden. Über die »Ermächtigungsgesetze« schrieb sie: »An diesem 23. Februar 1933 hatte Hitler von seinen 288 Braunhemden im Reichstag, seinen 53 deutschnationalen Bundesgenossen sowie den terrorisierten oder betrogenen Mittelparteien (105 Abgeordnete im ganzen), jedoch gegen die 94 Stimmen der noch anwesenden Sozialdemokraten für vier Jahre die Ermächtigung erhalten, Gesetze durch die Reichsregierung beschließen zu lassen, ohne dabei – was noch hinzukam – inhaltlich an die Reichsverfassung gebunden zu sein. 26 Sozialdemokraten waren bereits verhaftet oder emigriert, die 81 kommunistischen Mandate kassiert.«[36]

So wurde also im Schulamtsblatt das »Gesetz zur Wiederherstellung des Berufsbeamtentums vom 7. April 1933« veröffentlicht, in den Schulen bekanntgegeben und durchgesetzt. Dieses Gesetz schloß mit Paragraph 3 alle »nichtarischen Lehrerinnen und Lehrer«[37] und mit Paragraph 4 alle, die »nicht Gewähr dafür bieten, daß sie jederzeit rückhaltlos für den nationalen Staat eintreten«, aus dem Schuldienst bzw. aus der Beamtenschaft aus. Davon betroffen waren ca. 3000 Lehrerinnen und Lehrer, die vor allem der KPD, aber auch SPD und DDP nahestanden.[38] Mit Hilfe von besonderen Ausschüssen, Fragebögen und Denunziationslisten wurden die Entlassungen vorangetrieben, wobei besonders bei der Absetzung von Rektoren nicht selten die Tatsache eine Rolle spielte, daß die Denunzianten auf die eigene Beförderung schielten.[39]

Die Demagogie der »1,5-Prozent-Regelung« (1933)

Knapp drei Wochen später ging man erstmals gegen die jüdische Schülerschaft vor, wiederum im Zusammenhang mit anderen Maßnahmen, in diesem Fall gegen die nach Ansicht der NS-Führung zu große Zahl der Abiturienten und Studenten allgemein. Im sogenannten 1,5-Prozent-Gesetz hieß es: »Bei den Neuaufnahmen ist darauf zu achten, daß die Zahl der Reichsdeutschen, die im Sinne des Gesetzes zur Wiederherstellung des Berufsbeamtentums vom 7. April 1933 (Reichsgesetzbl. I, S. 175) nichtarischer Abstammung sind, unter der

Gesamtheit der Besucher jeder Schule und jeder Fakultät den Anteil der Nichtarier an der reichsdeutschen Bevölkerung nicht übersteigt. Die Anteilszahl wird einheitlich für das ganze Reichsgebiet festgesetzt.«[40] Dies war ein erster Einschnitt, ein erstes Signal – bis 1938 endgültig geregelt wurde, daß kein jüdisches Kind mehr auf eine »deutsche« Schule gehen durfte. Für die jüdischen Schülerinnen und Schüler spielte das »Gesetz gegen die Überfüllung deutscher Schulen und Hochschulen« vom 25. April 1933[41] mit der »1,5-Prozent-Klausel« eine wichtige Rolle: Bei der Neuaufnahme durften nicht mehr als 1,5 Prozent jüdische Schülerinnen und Schüler – das sollte dem Anteil der jüdischen Bevölkerung an der Gesamtbevölkerung entsprechen – aufgenommen werden. Insgesamt erlaubte man höchstens fünf Prozent jüdischen Schülerinnen und Schülern den Besuch von Gymnasien. Nicht berücksichtigt wurden zunächst Kinder von »Frontkämpfern« oder »Mischlinge ersten Grades«, wenn die Ehe der Eltern vor Verabschiedung dieses Gesetzes geschlossen worden war.

In Frankfurt betrug der Anteil der jüdischen Bürger an der Gesamtbevölkerung 5,5 Prozent. Dies stellte den höchsten Bevölkerungsanteil in einer Großstadt dar. Die Schulleiter mußten durch Reduzierung der Neuaufnahme jüdischer Kinder ihre Quote Schritt für Schritt erfüllen. Statistiken über den jährlich zu meldenden Anteil jüdischer Kinder an den Schulen dienten zur Überprüfung der Schulleiter. Die Reaktionen der Schulleiter auf dieses Gesetz waren unterschiedlich. Herr Schramm, der Schulleiter der Frankfurter Wöhlerschule, verweigerte offiziell die Durchführung solcher Maßnahmen. Er wurde zunächst strafversetzt und später pensioniert. Fälle wie dieser waren jedoch die Ausnahme. Anders reagierte z. B. Herr Bär, der Schulleiter des Elisabethengymnasiums, einer weiteren Frankfurter Schule. Er vertrieb innerhalb von zwei Jahren 46 jüdische Schülerinnen und Schüler von der Schule und verkündete stolz: »Um jedem Irrtum und Mißverständnis zu begegnen, fühle ich mich als Schulleiter verpflichtet, hiermit amtlich festzustellen, daß die Elisabethen-Schule seit Ostern 1937 *vollkommen judenfrei* [Hervorh. im Orig.] ist und zur Zeit nur noch von 10 Mischlingen besucht wird.«[42]

Tab.: Entwicklung des Anteils der »Nichtarier«, der Ausländer sowie der Auswärtigen an der Gesamtzahl der Schüler 1935–37 (Quelle: Institut für Stadtgeschichte Frankfurt am Main)

B. Mädchenanstalten

Lfd.	Anstalten: (Art, Bezeichnung)	Nichtarier			Ausländer			Auswärtige		
		1935	1936	1937	1935	1936	1937	1935	1936	1937
1	2	3	4	5	6	7	8	9	10	11
	A. Öffentliche Anstalten									
1	Elisabethen-Schule	8,6	4,3	2,4	—	0,6	—	1,4	7,0	0,7
2	Schiller-Schule	6,4	3,1	4,2	2,3	2,4	1,1	4,7	4,5	5,7
3	Viktoria-Schule	14,8	5,4	1,4	2,1	2,6	2,3	2,1	4,8	7,2
4	Herder-Schule**	2,5	1,2	1,3	1,4	1,7	1,4	3,9	3,3	13,2
5	Israel. Philanthropin	89,7	92,1	O	10,3	7,9	O	7,1	5,2	O
6	Stift. Samson Raph.-Hirsch	81,4	79,3	O	18,6	20,7	O	3,7	5,2	O
7	Humboldt-Schule**	5,9	6,3	—	—	0,8	—	23,8	23,6	—
8	Lyzeum Ffm.-Höchst	1,5	0,7	1,1	—	1,1	—	14,4	13,4	14,4
a)	Öffentl. Anstalten insg.	22,3	19,6	O	3,5	3,7	O	5,5	7,1	O
b)	Öffentl. Anstalten (ohne die rein jüdischen)	7,1	3,4	O	1,2	1,6	O	5,5	7,5	O
	B. Private Anstalten									
9	Stud. Anst. Anna Schmidt	20,1	23,5	O	4,9	4,4	O	9,8	6,6	O
10	Lyzeum Steimer	1,7	3,9	O	1,7	0,9	O	7,7	1,4	O
11	Oberlyzeum d. Ursulinen	1,1	1,4	O	1,4	1,4	O	6,6	6,3	O
	Private Anstalten insgesamt	5,7	7,6	O	2,3	2,0	O	7,7	5,0	O
	C. Öffentl. u. Priv. Anstalten in Frankfurt a.M. insgesamt	18,5	16,8	O	3,2	3,3	O	6,0	6,6	O
	Dagegen: öffentl. u. private Anstalten insgesamt Hessen-Nassau	9,3	7,3	O	1,7	1,7	O	15,4	16,9	O
	Preussen	3,0	2,2	O	0,8	0,8	O	17,2	18,3	O
	Deutsches Reich	3,0	2,2	O	0,8	0,8	O	18,3	19,6	O

* Für 1937 vorläufige Zahlen nach den Fragebogen für die städt. höheren Lehranstalten.
** Die Humboldtschule ist vom Schuljahr 1937 ab mit der Herderschule vereinigt.

A. Knabenanstalten

Lfd.	Anstalten: (Art, Bezeichnung)	Nichtarier			Ausländer			Auswärtige		
		1935	1936	1937	1935	1936	1937	1935	1936	1937
1	2	3	4	5	6	7	8	9	10	11
	A. Öffentliche Anstalten									
1	Kaiser Friedrich Gymnasium	0,4	1,1	○	1,4	1,4	○	9,7	8,7	○
2	Kaiser Wilhelm Gymnasium	5,8	2,9	○	1,5	0,9	○	4,0	5,4	○
3	Goethe-Gymnasium	18,2	6,8	2,3	1,7	1,5	0,8	10,2	12,8	10,9
4	Lessing-Gymnasium	11,7	7,3	7,5	1,7	1,2	1,8	1,9	1,5	1,5
5	Muster-Schule	11,6	9,3	5,3	2,0	—	0,5	1,8	2,6	2,3
6	Wöhler-Realgymnasium	5,9	1,9	0,9	0,6	0,2	0,4	5,3	5,6	3,8
7	Adolf Hitler-Schule	1,3	0,5	0,8	1,2	1,0	1,0	4,3	4,7	5,4
8	Liebig Oberrealschule	0,4	0,7	0,7	0,4	—	0,7	2,5	3,6	4,7
9	Sachsenhäuser Oberrealschule	2,6	0,7	0,5	1,1	0,9	0,9	3,3	3,9	2,5
10	Helmholtz-Oberrealschule	1,5	1,6	0,9	0,3	0,6	0,6	6,7	4,9	6,7
11	Ziehen-Oberrealschule	1,6	1,8	2,2	1,4	2,2	1,7	3,3	3,4	7,6
12	Kath. Selektenschule	0,5	—	—	—	—	0,5	1,6	1,7	1,5
13	Stift. isr. Philanthropin	88,0	90,6	○	12,0	9,4	○	14,0	15,1	○
14	Stift. Samson-Raph.-Hirsch	80,8	82,0	○	19,2	18,0	○	14,1	24,0	○
15	Reformgymn. Ffm.-Höchst	0,3	—	0,2	—	—	—	23,0	24,2	25,0
a)	Öffentl. Anstalten insg.	12,6	11,7	○	2,3	2,0	○	7,3	8,3	○
b)	Öffentl. Anstalten (ohne die rein jüdischen)	4,6	2,5	○	1,0	0,8	○	6,6	7,1	○
	B. Private Anstalten									
16	Hassel Realschule	6,6	4,9	○	1,8	2,6	○	6,1	6,7	○
	C. Öffentl. u. Priv. Anstalten in Frankfurt a.M. insgesamt	12,3	11,4	○	2,3	2,0	○	7,3	8,2	○
	Dagegen: öffentl. u. private Anstalten insgesamt Hessen-Nassau	5,0	4,2	○	1,0	0,9	○	27,6	28,2	○
	Preussen	2,2	1,7	○	0,8	0,7	○	24,8	25,9	○
	Deutsches Reich	1,9	1,5	○	0,7	0,7	○	28,0	29,4	○

* Für 1937 vorläufige Zahlen nach den Fragebogen für die städt. höheren Lehranstalten.

Tabellen 33 + 33a nach Originalen aus Mag.Akte 5330/2.

— bedeutet „Null", ○ bedeutet „liegt nicht vor"

Die Schaffung einer Atmosphäre der vollständigen Vertreibung

Ab 1933 begann also der Terror gegen die jüdische Schülerschaft, der fünf Jahre lang mit sich ständig ändernden, formalen und informellen Methoden betrieben wurde, bis 1938 offiziell der letzte jüdische Schüler von den regulären »deutschen Schulen« vertrieben worden war. Da existiert zum Beispiel die Eingabe der NSDAP-Ortsgruppe Bogenhausen in München vom 3. Mai 1933, in der es heißt, daß man »Einspruch [dagegen] erhebt, daß in den für den Ortsgruppenbezirk in Betracht kommenden Volksschulen [...] auch in dem neuen Schuljahr 1933/34 Judenkinder mit deutschen Kindern gemeinsam unterrichtet werden sollen«.[43] Die Stadtschulbehörde Münchens antwortete damals, daß sie ohnehin schon beim Kultusminister um eine generelle Entscheidung in dieser Frage gebeten habe. In der Tat ist ein Brief erhalten, in dem ein Rechtsgutachten darüber angefordert wird, »ob überhaupt die Stadt und der Staat verpflichtet sind, für den Unterricht und die Erziehung der jüdischen Kinder zu sorgen«.[44]

Auch in Frankfurt forderte der damalige Oberbürgermeister sehr rasch den Ausschluß aller jüdischen Schülerinnen und Schüler. In einer Anfrage an das Schulamt vom 14. Mai 1933 heißt es: »Nach der Umstellung muß auch die Frage der Beschulung jüdischer Schüler bearbeitet werden. Insbesondere ist die Frage zu klären, ob eine Einweisung aller jüdischen Schüler in eine Schule durchzuführen ist.«[45] Wie die tagtägliche antisemitische Indoktrinierung auf jüdische Schülerinnen und Schüler wirkte, geht deutlich aus einem Brief eines mutigen jüdischen Vaters hervor, der sich darüber beschwerte, daß die Studienrätin Ahlborn an der Helene-Lange-Schule in Hamburg am 12. April 1934 die Darstellung der Judenfrage aus Hitlers »Mein Kampf« im Unterricht verlesen ließ, wo u. a. jene Frage gestellt wird: »Gab es denn da einen Unrat, eine Schamlosigkeit in irgendeiner Form, vor allem des kulturellen Lebens, an der nicht wenigstens ein Jude beteiligt gewesen wäre!« Der Vater schildert:

> »Meine Tochter kam sehr erregt nach Hause. Ich habe am selben Tag mit Frau Studienrat Ahlborn und am nächsten Tag mit Herr Schulleiter Grüber über die Angelegenheit Rücksprache genommen. Frau Ahlborn sagte mir, sie sei vom Herrn Schulleiter beauftragt, dieses Kapitel lesen zu lassen. Sie sei sich der schwierigen Situation der jüdischen Schülerinnen bewußt. Es sei aber ihre Aufgabe, durch Erörterung der

Judenfrage der nationalsozialistischen Erziehung der Schülerinnen zu dienen.«[46]

Angesichts dieser Beschwerde antwortete die Lehrerin:

»Schon durch die Anwesenheit *einer* [Hervorh. im Orig.] Jüdin in der Klasse besonders der Oberstufe ist jeder Gesinnungsunterricht außerordentlich erschwert. Selbst wenn die Jüdinnen in ihren Äußerungen zurückhaltend sind, stellen sie, wenn sie sich überhaupt am Unterricht beteiligen, fast in jeder Stunde irgendwelche Fragen, die oft ganz unbewußt jede Stimmung zerstören. Gerade heute kann man auf die Kinder und jungen Mädchen nur aus einer starken Gemeinschaftsstimmung heraus wirken, da sie sonst viele Dinge nicht erleben können. Wir wollen sie ja nicht zum Diskutieren abrichten, sondern auf ihr Gemüt und ihren Willen einwirken. [...] Kommt man, wie ja häufig im Deutschunterricht, auf die Rasse- oder Judenfrage zu sprechen, melden sich die Jüdinnen sofort, und man hat dann die Wahl, die Finger zu übersehen oder die Einwürfe anzuhören und zurückzuweisen. Tut man das erstere, gewinnen die übrigen den Eindruck, man fürchte den Einwurf, tut man das letztere, so bleibt die Wirkung des Einwurfs auf einige Schülerinnen selten aus.«[47]

Und nachdem sie die Gefahr der Freundschaft zwischen jüdischen und nichtjüdischen Kindern geschildert hat, folgerte die Lehrerin: »Diese Kinderfreundschaften würden sich nicht annähernd in der Zahl und in dem Maße zwischen Juden und Nichtjuden bilden, wenn die Juden eine eigene Schule besuchten. Mir persönlich scheint nach meinen Erfahrungen dieser Ausweg als der einzig mögliche, sollen unsere Kinder zu ihrem Recht kommen und wir Lehrer zu unserer vollen Einwirkungsmöglichkeit.«[48]

»Mit deutschem Gruß« richtete die Elternschaft der Schule Binderstraße am 5. Juli 1935 ein Gesuch an den Hohen Senat in Hamburg: »Es ist doch wohl nicht ganz richtig, daß jüdische Kinder in deutschen Schulen unterrichtet werden.«[49] Die Unterzeichner hofften, mit dieser Eingabe als erste Schule Deutschlands die Entfernung der jüdischen Schülerinnen und Schüler zu erreichen. Es heißt in diesem Brief weiter:

»Gründe sind ferner:
1. Die Gegenwart der Juden verletzt das germanische Empfinden.
2. Die unmittelbare Nähe der Talmud Thora-Schule gestattet den Juden, ihre Kinder dort hinzuschicken.

Hamburg, den 5. Juli 1935

An den
Hohen Senat
Hamburg

G e s u c h

Am 3. 7. 1935, abends 9 Uhr, beschloß die Elternschaft der Schule Binderstraße, die vom Schulvorstand geladen war, der betreffenden Behörde folgendes Gesuch vorzulegen:
In den verschiedenen Klassen obiger Schule befinden sich sehr viele jüdische Kinder. Wir bitten höflich, diese Kinder den jüdischen Schulen zu überweisen, die sich ja in der nächsten Nähe befinden, wie z. B. Talmud Thora-Schule. Es ist doch wohl nicht ganz richtig, daß jüdische Kinder in deutschen Schulen unterrichtet werden. Unter Beobachtung der Satzungen unserer Partei Par. 2 und der 25 Punkte unter Par. 4 und 5 a) Staatspolitischer Grundsatz 5, 6 und 7 und der von uns gesammelten Lebenserfahrungen handeln wir sicher im Sinne unseres Führers und Reichskanzlers.
Die Meinung des Hohen Senats in Betracht ziehend, denkt die Elternschaft diese Eingabe als erste Schule in Deutschland mit E r f o l g einreichen zu dürfen.
Gründe sind ferner:
1. Die Gegenwart der Juden verletzt das germanische Empfinden.
2. Die unmittelbare Nähe der Talmud Thora-Schule gestattet die Juden, ihre Kinder dort hinzuschicken.
3. Es besteht die Ansicht, daß 40 % Grundbesitz in Groß-Hamburg jüdisch ist. Dort findet sich Platz, daß Juden sich jüdische Schulen bauen.
4. Der Deutsche baut die Schulen und Schulheime, der Jude macht sich breit, oft sogar in unverschämter Weise.
Mit der Bitte um gründliche Prüfung der Angelegenheit und in der Hoffnung

mit deutschem Gruß
die Eltern von oben genannter
Versammlung

gez. Wilhelm Schmidt
Hbg. 13, Beneckestr. 20
Oscar Lorenz

Abb. 2: Brief der Eltern, in dem die Entfernung der jüdischen Kinder gefordert wird (aus: Joseph Walk, Die Erziehung des jüdischen Kindes in Nazi-Deutschland [hebr.], Bd. III, Jerusalem 1971)

3. Es besteht die Ansicht, daß 40% Grundbesitz in Groß-Hamburg jüdisch ist. Dort findet sich Platz, daß Juden sich jüdische Schulen bauen.
4. Der Deutsche baut die Schulen und Schulheime, der Jude macht sich breit, oft sogar in unverschämter Weise.

Mit der Bitte um gründliche Prüfung der Angelegenheit und in der Hoffnung
mit deutschem Gruß
die Eltern von oben genannter Versammlung.«[50]

Das Bayerische Staatsministerium für Unterricht und Kultur griff solche Initiative auf und wandte sich am 29. Januar 1935 mit einer Eingabe an das Reichserziehungsministerium:

»Die Anwesenheit jüdischer Kinder im Unterricht macht die Durchführung des Lehrplanes, insbesondere des gesinnungsmäßigen Unterrichts, namentlich in Deutschkunde, Geschichte und Rassenkunde im Geiste des Nationalsozialismus unmöglich. Die Anwesenheit nichtarischer Schüler stört, verursacht bei der Lehrkraft innere Hemmungen und läßt sie nicht frei und ungebunden über die heute unerläßlichen Fragen sprechen [...] Es ist ausgeschlossen, daß ein Angehöriger des Jungvolkes, der Hitlerjugend oder eine Angehörige des BDM sich neben einen jüdischen Schüler setzt. Wie die Beschwerde des nationalsozialistischen Stadtrates beweist, dulden auch nationalsozialistische Eltern nicht, daß ihr Kind neben einem jüdischen Schüler Platz nimmt.«[51]

So wurde Erziehungsminister Rust von vielen Seiten mit Berichten und Eingaben eingedeckt, »endlich« die jüdischen Kinder auszusondern. Fünf Tage vor der Verkündigung der »Nürnberger Gesetze« versprach er, »die Erfüllung einer alten nationalsozialistischen Forderung tatkräftig in Angriff zu nehmen«,[52] nämlich die jüdischen Schülerinnen und Schüler systematisch aus den nichtjüdischen Schulen zu entfernen. In einer Begründung im Erlaß des Reichserziehungsministers heißt es: »Kinder jüdischer Abstammung bilden für die Einheitlichkeit der Klassengemeinschaft und die ungestörte Durchführung der nationalsozialistischen Jugenderziehung auf den allgemeinen öffentlichen Schulen *ein starkes Hindernis* [Hervorh. im Orig.]. [...] Ich beabsichtige daher, vom Schuljahr 1936 ab für die reichsangehörigen Schüler aller Schularten eine möglichst vollständige Rassentrennung durchzuführen.«[53] In einem Artikel des »Völkischen Beobachters« vom 11. September 1935 wird dies wie folgt kommentiert:

»Der Aufklärungsgrundsatz, daß alle Menschen gleich seien, hat vor gut hundert Jahren auch dem deutsche Volke die sogenannte *Judenbefreiung* (Herv. i. Orig.) gebracht. Seitdem konnten Juden an allen Bildungsmitteln des Volkes teilnehmen und gewannen in führenden Berufen mehr und mehr Einfluß auf die Geschicke des deutschen Volkes. Da die deutsche Schule im 19. Jahrhundert mehr und mehr zu einer Stätte der rein intellektualistischen Schulung wurde, so gelang es der bekanntlich früher reifenden jüdischen Jugend häufig, über die Gleichstellung hinaus einen Vorrang zu gewinnen, wie dies vor allen Dingen die Nachkriegszeit in erschreckender Weise deutlich gemacht hat.«[54]

Nach der Verabschiedung der Nürnberger Rassengesetze erklärte Erziehungsminister Rust: »Eine Hauptvoraussetzung für jede gedeihliche Erziehungsarbeit ist die rassische Übereinstimmung von Lehrer und Schüler. Kinder jüdischer Abstammung bilden für die Einheitlichkeit der Klassengemeinschaft und die ungestörte Durchführung der nationalsozialistischen Jugenderziehung auf den allgemeinen öffentlichen Schulen ein starkes Hindernis.«[55] Ostern 1936 erfolgte der nächste Schritt: Jüdische Schüler sollten an den Volksschulen weitgehend in eigenen »jüdischen« Klassen zusammengefaßt werden, die Schulpflicht für jüdische Kinder sollte mehr und mehr direkt auf jüdische Schulen bezogen werden. Dann fand jedoch in Berlin die Olympiade 1936 statt. Hitler entschied am 30. September 1936, die Ausarbeitung eines entsprechenden Gesetzes zunächst zurückzustellen.[56] Somit wurden die Bemühungen des Erziehungsministers zunächst dadurch gebremst, daß anläßlich der Olympischen Spiele die Aufmerksamkeit der Weltöffentlichkeit verstärkt auf Deutschland gerichtet war. Es entsprach aber auch Goebbels' grundlegender Taktik, die Schraube abwechselnd anzuziehen und wieder lockerzulassen, um sowohl im Ausland als auch im Inland die Illusion zu schüren, daß es so schlimm ja nicht kommen werde.

Ein Jahr später, 1937, heißt es dann zu den »Auswirkungen des Reichsbürgergesetzes auf das Schulwesen«: »Die Schulerziehung der jüdischen Kinder wird im Anschluß hieran zu gegebener Zeit reichsgesetzlich geregelt werden. Bis auf weiteres ist nach den nachstehenden Richtlinien zu verfahren.«[57]

Diese Richtlinien werden in Punkt zwei näher erläutert:

»Soweit in den örtlichen Verhältnissen eine abgesonderte Beschulung der jüdischen Kinder im Rahmen eines geordneten Schulbetriebes und ohne besondere Mehrbelastung der Unterhaltsträger möglich ist und private jüdische Schulen nicht vorhanden sind, wird den Unterhaltsträgern der öffentlichen Pflichtschulen nahegelegt, mit schulaufsichtlicher Genehmigung *besondere* Schulen oder *Sammelklassen für jüdische Schüler* [Hervorh. im Orig.] einzurichten. Werden solche Schulen oder Sammelklassen eingerichtet, so sind sie als Bestandteile der öffentlichen Schulen nach den allgemeinen Vorschriften zu unterhalten. Die jüdischen Schüler sind zu ihrem Besuch verpflichtet. Als Lehrer sind Juden (§ 5 I.VO. zum Reichsbürgergesetz), allenfalls jüdische Mischlinge (§ 2 a. a. O.), zu verwenden, [...].«[58]

Aus diesen Dokumenten wird deutlich, wie das NS-Regime systematisch auf allen Ebenen eine endgültige Vertreibung der jüdischen Schülerschaft vorantrieb.

Der »deutsche Gruß« und eine Fülle von diskriminierenden Anweisungen

Als besonders wirkungsvoll erwiesen sich neben allgemeinen Forderungen nach Vertreibung der jüdischen Schülerschaft eine ganze Palette von Maßnahmen und Vorschriften zur Diskriminierung und Ausgrenzung der jüdischen Schülerinnen und Schüler. Hier ist zunächst der tägliche Terror mit dem Hitlergruß[59] zu erwähnen. In einer Sonderanordnung, dem »*Grußerlaß*«, heißt es: »Der Lehrer tritt zu Beginn jeder Unterrichtsstunde vor die stehende Klasse, grüßt als erster durch Erheben des rechtes Armes und die Worte ›Heil Hitler‹ [...]. Der Lehrer beendet die Schulstunde [...] in gleicher Weise.«[60] Wie sollten sich hier die jüdischen Schülerinnen und Schüler verhalten? Der Kultusminister erklärte im April 1937: »Ich kann nicht anerkennen, daß es aus Gewissensgründen unmöglich ist, den Deutschen Gruß darzubringen, und damit dem Führer und Kanzler des Deutschen Reiches Heil für seine Arbeit im Dienste des Volkes zu wünschen. Schüler, die sich auf Anweisung der Eltern weigern, den vorgeschriebenen Gruß zu erweisen, stören und schädigen die Schulgemeinschaft und können deshalb nicht in der Schule belassen werden.«[61] Welche absurden Situationen und willkürliche Maßregelungen jüdischer Schülerinnen und Schüler dies nach sich zog, kann man erahnen und wird später aus der Sicht der Betroffenen nachvollzogen werden.

Eine weitere Schikane war der Ausschluß von »Schulveranstaltungen«. Auch hier war es – ähnlich wie beim Hitlergruß – gewiß nicht unbedingt der Wunsch jüdischer Schülerinnen und Schüler, an diesen NS-Ritualen teilzunehmen. Dennoch litten sie unter der Tatsache, von der Schulgemeinschaft ausgegrenzt zu werden. Im Erlaß vom 2. Juli 1937 heißt es unter Punkt II, »*Teilnahme an Schulveranstaltungen besonderer Art*«, ausdrücklich: »Von der Teilnahme an Gemeinschaftsveranstaltungen außerhalb des schulplanmäßigen Unterrichts (vgl. Ziffer 1) sind die jüdischen Schüler ausgeschlossen.«[62]

Im Zuge der Ausgrenzungen war es den jüdischen Schülerinnen und Schülern auch verboten, das Sportabzeichen zu tragen. In einem Dokument der Staatspolizei für den Regierungsbezirk Köln wurde am 11. Januar 1936 entschieden: »Auf verschiedene Anfragen erwidere ich, daß das deutsche Reichssportabzeichen nicht an Juden verliehen wird [...]. Ich ersuche daher, gegen alle Juden, die das mit dem Hakenkreuz gezierte deutsche Reichssportabzeichen bzw. Reichssport-Jugendabzeichen tragen, einzuschreiten.«[63] Etwa zur gleichen Zeit ging vom Land Hessen die Initiative aus, die jüdischen Schülerinnen und Schüler nur als »Gastschüler« am Unterricht teilnehmen zu lassen[64] – ein Begriff, der in seinem Zynismus im Zusammenhang mit dem Begriff »Gastarbeiter« auch heute bekannt ist. Gastschüler – das bedeutete: außerhalb der allgemeinen Bürgerrechte, außerhalb der allgemeinen Regeln. Die angestrebte Aussonderung der jüdischen Schülerinnen und Schüler wurde während mehrerer Jahre systematisch vorangetrieben: Sie erhielten kein Schulgeld mehr, im März 1935 wurden die freien Lehrmittel und Erziehungsbeihilfen gestrichen, sie wurden hinten im Klassenzimmer auf die sogenannte Judenbank verbannt, der jüdische Religionsunterricht wurde im Februar 1936 verboten, und die Teilnahme an Klassenfahrten sowie der Aufenthalt im Schullandheim wurden im Juli 1935 untersagt (überflüssigerweise, denn die deutschen Jugendherbergen hatten den jüdischen Jugendlichen bereits von sich aus den Aufenthalt verboten).[65]

»Unerträglich ist, mit Juden in einem Klassenraum zu sitzen« (1938)

Es dauerte bis zum Jahr 1938, bevor Erziehungsminister Rust erneut die Initiative ergriff, um jüdische Schülerinnen und Schüler völlig aus den nichtjüdischen Schulen zu entfernen. Er erreichte sein Ziel schließlich nach der Pogromnacht im November 1938. Nach dem sogenannten Boykottag am 1. April 1933 als erstem Schritt und den Nürnberger Rassengesetzen von 1935 als zweitem Schritt wurde von der NS-Führung in der Nacht vom 9. auf den 10. November 1938 das Pogrom inszeniert: Über 90 ermordete Mitglieder der jüdischen Gemeinden, mehrere hundert brennende Synagogen und jüdische Gebetshäuser und über 10000 ins KZ verschleppte jüdische Männer waren die unmittelbaren Folgen.

Von diesem Zeitpunkt an wurden alle jüdischen Schulkinder auf jüdische Schulen verwiesen. Goebbels sagte bei einer am 12. November 1938 einberufenen Besprechung, zwei Tage nach dem Pogrom: »Es besteht tatsächlich heute noch der Zustand, daß jüdische Kinder in deutsche Schulen gehen. Das halte ich für unmöglich. Ich halte es für ausgeschlossen, daß mein Junge neben einem Juden im deutschen Gymnasium sitzt und deutschen Geschichtsunterricht erteilt bekommt. Ich halte es für notwendig, daß die Juden absolut aus den deutschen Schulen entfernt werden und man ihnen anheim gibt, innerhalb ihrer eigenen Kultusgemeinde selbst die Erziehung zu übernehmen.«[66] Am 17. Dezember 1938 ordnete der bereits erwähnte Reichsminister und Preußische Minister für Wissenschaft, Erziehung und Volksbildung an: »Die in den Schulgebäuden der allgemeinen Volksschulen eingerichteten Sammelklassen sind jedoch, wenn andere Räumlichkeiten nicht zur Verfügung stehen, aufzulösen, da ein Unterricht an deutsche und jüdische Schüler im gleichen Gebäude nicht mehr in Betracht kommen kann.«[67] Um diese Maßnahmen realisieren zu können, mußte zunächst das jüdische Schulwesen wieder konsolidiert werden, schließlich hatten die Ausschreitungen vor den jüdischen Schulen und Lehrern nicht haltgemacht.

In der Sprache der Amtsjuristen heißt es dazu am 15. November 1938 während einer Besprechung der Amtsleiter beim Oberbürgermeister von Frankfurt am Main: »Durch die Vorgänge der letzten Tage ist der Unterricht an den privaten jüdischen Schulen und den

294. **Schulunterricht an Juden.**

Der Reichsminister
für Wissenschaft, Erziehung   Berlin, den 15. Nov. 1938.
und Volksbildung.
   E I b 745 (b).

Nach der ruchlosen Mordtat von Paris kann es keinem deutschen Lehrer und keiner deutschen Lehrerin mehr zugemutet werden, an jüdische Schulkinder Unterricht zu erteilen. Auch versteht es sich von selbst, daß es für deutsche Schüler und Schülerinnen unerträglich ist, mit Juden in einem Klassenraum zu sitzen. Die Rassentrennung im Schulwesen ist zwar in den letzten Jahren im allgemeinen bereits durchgeführt, doch ist ein Restbestand jüdischer Schüler auf den deutschen Schulen übriggeblieben, dem der gemeinsame Schulbesuch mit deutschen Jungen und Mädeln nunmehr nicht weiter gestattet werden kann.

Vorbehaltlich weiterer gesetzlicher Regelung ordne ich daher mit sofortiger Wirkung an:

1. Juden ist der Besuch deutscher Schulen nicht gestattet. Sie dürfen nur jüdische Schulen besuchen. Soweit es noch nicht geschehen sein sollte, sind alle zur Zeit eine deutsche Schule besuchenden jüdischen Schüler und Schülerinnen sofort zu entlassen.
2. Wer jüdisch ist, bestimmt § 5 der Ersten Verordnung vom 14. November 1935 zum Reichsbürgergesetz (RGBl. I, S. 1333).
3. Diese Regelung erstreckt sich auf alle mir unterstellten Schulen einschließlich der Pflichtschulen.

An die Herren Regierungspräsidenten (Schulabteilung).

II b 8 Nr. 5186.   Wiesbaden, den 29. Nov. 1938.

Wird zur Beachtung veröffentlicht.

                                    Der Regierungspräsident.

Abb. 3: Erlaß des Regierungspräsidenten
(Institut für Stadtgeschichte Frankfurt am Main)

drei öffentlichen Klassen unmöglich geworden, da nahezu sämtliche männlichen Lehrkräfte ausgefallen sind.«[68] Die Formulierung »ausgefallen« mutet besonders zynisch an, da sie nichts anderes umschrieb, als daß 27 jüdische Lehrer von der Gestapo festgenommen, zunächst aufs Polizeirevier und die meisten dann nach Buchenwald oder in andere Konzentrationslager verschleppt worden waren. Zwei jüdische Lehrkräfte waren in Frankfurt direkt an den Folgen des Terrors im November 1938 gestorben.

Am 1. Dezember 1938 wurde ein Protokoll über eine hochrangige Besprechung angefertigt, die wohl im Reichsministerium für Erziehung stattgefunden hatte. Dort heißt es: »Zur Zeit kann die Zahl der jüdischen Schüler und Schülerinnen im Reichsgebiet mit etwa 35 000 beziffert werden. Es bestünden 167 Schulen für Juden, davon 148 Volksschulen. Von den Volksschulen seien 76 Schulen öffentliche, 72 privat.«[69] Und etwas weiter unten: »Vielfach sind in der Nacht vom 10. zum 11. November 1938 auch jüdische Schulen verbrannt oder beschädigt und die jüdischen Lehrer seien in Schutzhaft genommen, so daß der Unterrichtsbetrieb nicht aufrecht erhalten werden konnte.«[70] Um die jüdischen Schulen wieder öffnen zu können, mußten entsprechende zentralstaatliche Anweisungen an die Gestapo erfolgen, um die jüdischen Lehrer aus den Konzentrationslagern freizulassen – andere jüdische Männer wurden 1938 meist nur entlassen, falls sie im Besitz von Papieren für die Auswanderung waren –, damit sie den Unterricht wiederaufnehmen konnten.

Dieser Umstand erhellte nur vorübergehend die bedrohliche Lage vieler jüdischer Lehrerinnen und Lehrer. Obwohl sie jetzt die Möglichkeit gehabt hätten, ins Ausland zu fliehen, verzichteten viele darauf, um den Schulunterricht fortsetzen zu können. Dieser Entschluß bedeutete für die meisten das Todesurteil:[71] Jene, die bis zum Jahr 1941 das Land nicht verlassen hatten, wurden später in ihrer Mehrzahl deportiert und ermordet. Mit welcher Akribie die NS-Führung die systematische Vertreibung der Juden betrieb, ergibt sich auch aus der Tatsache, daß sie eine Lösung selbst dafür fand, wie ausländische jüdische Schulkinder, die durch die Botschaften ihrer Länder einen gewissen Schutz zu genießen schienen, von den deutschen Regelschulen vertrieben werden konnten. In einem »Schnellbrief« des Reichs- und Preußischen Ministers für Wissenschaft, Erziehung und Volksbildung vom 22. November 1938 heißt es dazu: »Die Beschränkung der Maßnahmen zur Rassentrennung auf staatsangehörige Juden würde ihren Erfolg in Frage stellen, da nach meinen statistischen Ermittlungen die Zahl der ausländischen jüdischen Schüler und Schülerinnen größer ist als die der inländischen. Die pädagogischen Gründe sprechen aber für eine Gleichbehandlung aller Juden ohne Rücksicht auf ihre Staatsangehörigkeit.«[72]

Abgesehen von der nicht mehr näher belegten Behauptung, daß die Zahl der ausländischen jüdischen Schüler 1938 größer gewesen sei als die der deutschen jüdischen Schülerinnen und Schüler, ist in diesem Zitat noch etwas anderes von besonderer Bedeutung: Wenn es darum geht, wie noch weitere jüdische Schüler diskriminiert und in ihren Rechten beschränkt werden können, werden mit kaum zu überbietendem Zynismus »pädagogische Gründe« angeführt. Der auf einer Besprechung zur »Neuregelung der Erteilung des Schulunterrichtes an Juden« vom 1. Dezember 1938 anwesende Vertreter des Auswärtigen Amtes erklärte sich dann auch prompt damit einverstanden, »daß auch die ausländischen Juden von den deutschen Schulen verwiesen und auf den Besuch der von der Reichsvereinigung der Juden unterhaltenen Judenschulen beschränkt werden, da es sich um eine Maßnahme handle, die sämtliche Ausländer in gleicher Weise treffe. Auch sei es gut, diese Frage nunmehr radikal und grundsätzlich zu regeln und nicht einen Rest übrig zu lassen, dessen Regelung sich möglicherweise später doch einmal als notwendig erweisen würde, wodurch im Auslande Anlaß zu neuer Propaganda geboten würde.«[73] Damit waren auch die letzten jüdischen Schülerinnen und Schüler von den regulären »deutschen« Schulen vertrieben worden. Ihre Unterrichtung wurde den jüdischen Schulen, genauer: der »Reichsvereinigung der Juden in Deutschland«, übertragen, die man im August 1939 offiziell damit beauftragte.[74]

»Jegliche Beschulung jüdischer Kinder wird untersagt« (1942)

1941 begann man damit, die Juden aus Deutschland »nach Osten«, in die Ghettos und Vernichtungslager Polens zu deportieren. Das amtliche Ende jeglichen Schulunterrichts für jüdische Kinder und jeglicher Existenz jüdischer Schulen befiehlt der unmittelbar mit den Deportationen im Zusammenhang stehende Erlaß vom 7. Juli 1942: »Im

Hinblick auf die Entwicklung der Aussiedlung der Juden in der letzten Zeit hat der Reichsminister des Innern (Reichssicherheitshauptamt) im Einvernehmen mit mir die Reichsvereinigung der Juden in Deutschland angewiesen, sämtliche jüdische Schulen bis zum 30. Juni 1942 zu schließen und ihren Mitgliedern bekannt zu geben, daß ab 1. Juli 1942 jegliche Beschulung jüdischer Kinder durch besoldete und unbesoldete Lehrkräfte untersagt ist. Ich gebe Ihnen hiervon Kenntnis. Von einer Veröffentlichung dieses Erlasses ist abzusehen.«[75] Die Akten über jüdische Schulen und jüdische Schulkinder wurden geschlossen, die noch verbliebenen jüdischen Schülerinnen und Schüler sowie die jüdische Lehrerschaft wurde deportiert und ermordet.[76]

Als ein erschütterndes Dokument des grausamen, zynischen Bürokratismus ist der Brief einer vermutlich zur Vernichtung deportierten jüdischen Lehrerin anzusehen. Am 9. November 1942 schrieb die Studienrätin Netti Neumann an den Oberbürgermeister von Essen:

»Hierdurch mache ich davon Mitteilung, daß ich zu einem Arbeitseinsatz im Osten eingeteilt bin. Ich bin daher gezwungen am 10.11.41 meinen Wohnsitz zu verlegen (sic!). Sobald ich in der Lage bin, eine neue Adresse anzugeben, werde ich solches sofort tun, damit Sie in der gewohnten Weise mir die mir zustehenden Ruhegehaltsbeträge übersenden können.

Ich nehme an, daß unter den obwaltenden Umständen Ihre Zustimmung zur Verlegung meines Wohnsitzes entbehrlich ist. Sollte wider Erwarten Ihre Zustimmung erforderlich sein, so wird hierum gebeten.

gez. Frau Dr. phil. Netti Sara Neumann
Studienrätin a. D.«[77]

Aus den Schulakten im Stadtarchiv Essen ist zu ersehen, daß als erste Reaktion eine »Prüfung der Angelegenheit« angeordnet wurde – mit dem Ergebnis: »Die Zahlung des Ruhegehaltes ist vorläufig einzustellen.«[78]

Dr. Jungbluth erklärte dazu am 3. Dezember 1941:

»Gesetzliche Bestimmungen über den Arbeitseinsatz der Juden im Osten sind m. W. noch nicht veröffentlicht worden. Ich ersuche, bis zur Klärung der Angelegenheit, die Einnahmen der Jüdin Dr. Nelli Sara Neumann aus ihrem Arbeitseinsatz im Osten gemäß Par. 127 Ziffer 1 u. 4 des D. B. G. vom Ruhegeld zu kürzen. An den inzwischen

Essen, 9. November 1941
An den Herrn Oberbürgermeister Hedwig Dransfeldplatz 2
Abt. Höhere Schulen
Essen

Hierdurch mache ich davon Mitteilung, daß ich zu einem Arbeitseinsatz im Osten eingeteilt bin. Ich bin daher gezwungen am 10. 11. 41 meinen Wohnsitz zu verlegen. Sobald ich in der Lage bin, eine neue Adresse anzugeben, werde ich solches sofort tun, damit Sie in der gewohnten Weise, mir die mir zustehenden Ruhegehaltsbeträge übersenden können.

Ich nehme an, daß unter den obwaltenden Umständen Ihre Zustimmung zur Verlegung meines Wohnsitzes entbehrlich ist. Sollte wider Erwarten Ihre Zustimmung erforderlich sein, so wird hierum gebeten.

gez.: Frau Dr. phil. Netti Sara Neumann
Studienrätin a. D.

---

1) Herrn
Oberpräsidenten der Rheinprovinz
– Abtl. für höheres Schulwesen –

Koblenz

Betr.: Studienrätin a. D. Dr. Nelli Sara Neumann.
Ohne Verfügung.

Die Studienrätin a. D. Dr. Nelli Sara Neumann, früher an der Luisenschule, in Essen, ist durch Entscheidung des Herrn Ministers für Wissenschaft, Kunst und Volksbildung vom 14. 9. 1933, auf Grund des Par. 4 des Gesetzes zur Wiederherstellung des Beamtentums aus dem öffentlichen Schuldienst entlassen worden. Die Entscheidung des Herrn Ministers ist ihr durch dortigen Erlaß vom 27. 9. 1933, II Nr. 7562, mitgeteilt worden. Am 9. November d. J. teilt Frau Dr. Neumann mit, daß sie vom 10. ds. Mts. ab zum Arbeitseinsatz im Osten eingeteilt sei und deshalb ihren Wohnsitz verlegen müsse. Die neue Anschrift sei ihr noch unbekannt.

Mir ist nicht bekannt, ob Frau Dr. Neumann für diesen Arbeitseinsatz irgend eine Entschädigung aus einer öffentlichen Kasse erhält, und ob aus diesem oder aus einem anderen Grunde die Zahlung des Ruhegehaltes ganz oder teilweise einzustellen ist. Ich bitte deshalb um Prüfung der Angelegenheit.

2) G. R. der Gehaltsbuchhaltung.
Die Zahlung des Ruhegehaltes ist vorläufig einzustellen.

3) Nach 4 Wochen.

E., d.,   November 1941
i. A.
gez. Unterschrift

Kenntnis genommen:
….. Gehaltsbuchhaltung

(Quelle: Stadtarchiv Essen)

ergangenen Erleichterungen der Kürzungsbestimmungen nehmen die Juden nicht teil.
Im Auftrage: gez. Dr. Jungbluth
Die Zahlung des Ruhegehaltes ist vorläufig eingestellt.«[79]

Aus einem Dokument des Finanzamtes wird deutlich, daß die Nazis ihre Opfer nicht nur ermorden, sondern zuvor noch skrupellos beraubten. Dort heißt es über die Lehrer Gustav Spier aus Haigerloch und Leon Schmalzbach aus Hechingen, daß ihnen ihre Versorgungsbezüge nicht überwiesen werden sollen, denn: »Das Vermögen der abgeschobenen Juden ist aufgrund der Elften Verordnung zum Bürgersteuergesetz vom 25. November 1941 – RGBe I S. 722 – dem Reich verfallen und wurde vom Finanzamt eingezogen. Ich werde die für die Monate Dezember 1941 und Januar 1942 auf die Bankkonten der beiden abgeschobenen Juden überwiesenen Beträge mit zusammen 801,74 RM an die Regierungshauptkasse erstatten.«[80]

Erlasse, Richtlinien und Lehrpläne durchdringen alle Fächer mit der NS-Ideologie

Mit dem 30. Januar 1933, als Hitler Reichskanzler wurde, entstand für die NS-Führung die Aufgabe, die Schule in ihrem Sinne nutzbar zu machen. Dabei konnte sehr vieles der Unterrichtsstoffe und Unterrichtsorganisationen an den Schulen bleiben, wie es war. Aber eben nicht alles. Von 1933 bis 1937 bzw. 1939 gab es zwar keine umfassenden neuen Lehrpläne, die amtlich verbindlich waren, aber in den einzelnen Fächern wurde mit einer Fülle von Verfügungen der Kultusverwaltungen der Länder operiert.[81]
In drei schulischen Bereichen wurde der Einfluß besonders sichtbar:
1. Immer deutlicher trugen zentralstaatliche Anweisungen in die Schulen, was bereits im ganzen Land an Bedeutung gewann: die allgemeine Atmosphäre, die Stimmung bei den Aufmärschen, die Begeisterung für HJ und BDM, der Einfluß von Presse und Rundfunk. Die Schule wurde als Stätte der massiven Indoktrination genutzt.
2. Die Schule als öffentliche Institution reagierte ihrerseits auf die Veränderungen mit der Ausrichtung von Feierlichkeiten, der Einfüh-

rung des Hitlergrußes, der Beteiligung der HJ am Schulalltag und einer Fülle von Maßnahmen vom »Pflichtfilm« bis hin zu unentwegten Sammlungen für diese und jene Unterorganisation der Partei. Auch eine bestimmte Terminologie, die Begriffe wie »unser Führer« oder »unsere Volksgemeinschaft« beinhalten, wurde systematisch eingeführt und diente ebenso wie die genannten Rituale und Symbole zur »emotionalen Formierung« von Schüler- und Lehrerschaft, wie W. Keim treffend analysierte.[82]

3. Von Anfang an wurde unabhängig von den Lehrplänen massiv »Rassenkunde« vor allem in Deutsch, Geschichte und Biologie betrieben. In Preußen geschah dies bereits durch den Erlaß »Vererbungslehre und Rassenkunde in den Schulen« vom 13. September 1933 und wurde nach der Schaffung eines zentralstaatlichen Erziehungsministeriums im Erlaß vom 15. Januar 1935, »Vererbungslehre und Rassenkunde im Unterricht«, für ganz Deutschland angeordnet.[83] Der Führer des NS-Lehrerbundes und damalige bayrische Kultusminister Hans Schemm formulierte prägnant: »Nationalsozialismus ist politisch angewandte Biologie.«[84] »Allgemeine Richtlinien« waren zudem neben Hitlers Buch »Mein Kampf« und den darin enthaltenen Ausführungen über Erziehung auch die Reden anderer NS-Führer. So erklärte der spätere Reichserziehungsminister Rust am 12. Februar 1933, daß er alles, was nicht an deutsche Schulen gehöre und »undeutsch« sei, »abschneiden« werde, mit »aller Brutalität der Pflicht«.[85]

Im April 1937 erließ man Richtlinien für die Volksschule, die im Dezember 1939 erweitert und dann verbindlich als neue Richtlinien herausgegeben wurden. Sie sollten nicht nur ein »reichseinheitliches Schulwesen« schaffen und die Volksschulzeit von neun auf acht Jahre verkürzen, sondern mit ihnen beabsichtigte man vor allen Dingen folgendes: »Die Volksschule hat mit den anderen Schularten und neben den Gliederungen der Partei, dem Arbeitsdienst und dem Heer die hohe Aufgabe, die deutsche Jugend zur Volksgemeinschaft und zum vollen Einsatz für Führer und Nation zu erziehen.«[86] Und auch die ideologische Ausrichtung der einzelnen Fächer in den Höheren Schulen ging von dem Grundsatz aus, daß »die nationalsozialistische Weltanschauung nicht Gegenstand oder Anwendungsgebiet des Unterrichts [ist], sondern sein Fundament«.[87]

Kurt-Ingo Flessau stellt in seinem Buch »Schule der Diktatur« nach einer umfangreichen Analyse der Richtlinien und Lehrpläne fest:

»Die Didaktik, die diesem Lehrplan zugrunde liegt, wirkt wie besessen von der Vorstellung, Bildungsinhalte seien nur dann für die Schule des ›neuen‹ Staates akzeptabel, wenn sie völkisches Bewußtsein bestärken helfen und zur nationalsozialistischen Weltanschauung eine Affinität aufweisen. Der Bildungsgewinn, den der Schüler davontragen soll, ist grundsätzlich nicht in erster Linie auf ihn, auf sein Menschsein, seine eigene Entwicklung oder seine Selbstverwirklichung abgestellt, sondern auf seine künftige Rolle als ›Volksgenosse‹ – und damit auf die politische Stabilität, Leistungsfähigkeit und Macht des Staates.«[88]

Die Rassenlehre auf pädagogischem Gebiet suggerierte den Schülern, daß sie positive Menschen seien, allein deshalb, weil sie »arisch« seien – »tief verwurzelt [...] im Blut unserer Ahnen«. Flessau bemerkt, daß die ständige Wiederholung »zu den werbewirksamsten Simplifikationen der nationalsozialistischen Polit- und Erziehungstheoretiker« gehörte: »Mit ihr gelang es ihnen, das Verantwortungsbewußtsein des einzelnen weitgehend zu suspendieren, damit die subjektive Sittlichkeit und Verantwortung außer Kraft zu setzen.«[89] Wie wenig dem NS-Regime tatsächlich an einer individuellen Entwicklung der Schüler gelegen war, kommt in einer Passage der »Allgemeinen Richtlinien« von 1939 deutlich zum Ausdruck: »Die Volksschule hat nicht die Aufgabe, vielerlei Kenntnisse zum Nutzen des einzelnen zu vermitteln. Sie hat alle Kräfte der Jugend für den Dienst an Volk und Staat zu entwickeln und nutzbar zu machen.«[90]

Schulbücher

Zusätzlich zu den regulären Schulbüchern aus der Weimarer Republik, die in den ersten Jahren noch nicht ausgemustert waren, wurden an den Schulen zunächst kleine Ergänzungsheftchen benutzt, die eine ideologische Ausrichtung des Unterrichtsstoffes ermöglichten. Später wurden Schritt für Schritt die alten Lehrbücher durch neue Lehrbücher ersetzt. Es reicht daher nicht aus, wie Erika Mann schon 1938 betonte, die offiziellen Schulbücher der NS-Zeit zwischen 1933 und 1937 als Material für eine Analyse zu benutzen. Sie erkannte schon früh die Gefahr, die von diesem inoffiziellen Lehrmaterial ausging, und schrieb in ihrem Buch »Schule der Barbaren«:

»*Aber* die Zusatzheftchen! Die nicht offiziellen, nur halb- und vierteloffiziellen, vom NS-Lehrerbund und verwandten Organisationen wie von ungefähr in den Unterricht gestreuten Propaganda-Broschürchen! Die haben es in sich! Und dem Führer ermöglicht diese seine ›Taktik‹, dem Ausland eine relativ harmlose, wenig offensive Literatur von Reichslehrbüchern vorzulegen, während das Eigentliche hinter den schützenden Kulissen der offiziellen Bibliothek aus den Heftchen gelehrt wird.«[91]

Auch eine Analyse der Schulbücher der späteren Jahre der Diktatur widerlegt die Vorstellung, daß nur in den 1937 gegründeten Adolf-Hitler-Schulen, also in den speziellen Eliteschulen, wirklich politisch indoktriniert wurde.[92] Die nationalsozialistische Propaganda in Schulbüchern aller Fächer war die Regel, der Verzicht auf einen am Nationalsozialismus orientierten Kommentar hingegen war die Ausnahme in einigen wenigen Fächern, hier vor allem in den Naturwissenschaften. Besonderer Wert wurde auch auf ein reichseinheitliches Lesebuch gelegt. Deutsch war schließlich ein Hauptfach. Von 1935 bis 1939 erschienen durchgängig für alle Volksschulklassen die Lesebücher »Ewiges Volk«. Andere Lesebücher wurden verboten.[93]

Mit Hilfe des 7. Bandes von »Ewiges Volk« läßt sich sehr gut nachweisen, wie allein durch die Auswahl bestimmter historischer Texte die nationalsozialistische Ausrichtung relativ »unauffällig« propagiert werden konnte. So druckte man hier zum Beispiel Ulrich von Huttens Hetze in seiner »Türkenrede« sowie antisemitische Textpassagen von Wagner, Fichte, Herder, Hölderlin, Friedrich Ludwig Jahn und Ernst Moritz Arndt. Auch Luthers Schrift »Von den Juden und ihren Lügen«, in der er offen zur Brandstiftung an der jüdischen Bevölkerung aufruft, wird in Auszügen vorgestellt. So empfiehlt er, »sich der Juden zu erwehren«, indem man »ihre Synagoge oder Schule mit Feuer anstecke«. Als religiös motivierter Vorläufer des nationalsozialistischen Antisemitismus geht Luther noch weiter: »So ist's auch unsere Schuld, daß wir das große, unschuldige Blut, so sie an unserem Herrn und den Christen [...] vergossen [...] nicht rächen, sie nicht totschlagen [...].«[94] Die Wirkung solcher Texte auf elf- bis zwölfjährige Schülerinnen und Schüler kann man sich vorstellen.

Auch traditionelle antisemitische Texte wie Paul de Lagardes »Schriften für das deutsche Volk«, in denen der Autor ebenfalls zur mörderischen Verfolgung der jüdischen Bevölkerung aufruft, wurden zitiert. Dort heißt es: »[...] die ›Juden hassen uns, weil sie wissen, daß unser Leben ihr Tod ist, weil sie wissen, daß sie ohne uns geistig zu existieren gar nicht vermögen‹.«[95] Paul de Lagarde folgert daraus: »Es ist zweifellos geboten, diejenigen, welche von jeher die Zersetzung gefördert haben, zu beseitigen.«[96] Er vergleicht die Juden mit Ungeziefer und schreibt, daß es nötig sei, »dies wuchernde Ungeziefer zu zertreten. Mit Trichinen und Bazillen wird nicht verhandelt. Trichinen und Bazillen werden auch nicht erzogen, sie werden so rasch und so gründlich wie möglich vernichtet.«[97]

Angesichts des hundertsten Geburtstages von Ernst Jünger, ein Festakt, der unter großer Anteilnahme fast der gesamten Bonner Politikerprominenz von Roman Herzog bis Helmut Kohl gefeiert wurde, muß man darauf hinweisen, daß Jünger zu den Vorzeigeschriftstellern in der NS-Zeit gehörte. Mit seinen Essays »Der Kampf als inneres Erlebnis« und »Die Staatsidee des Frontsoldaten« kommt er in dem Lesebuch der 8. Klasse ausführlich zu Wort: »Der behördlich geregelte Patriotismus ebensowohl wie die Kräfte, die sich ihm gegenüberstellen, müssen von einem dämonisch aus allen Schichten auflodernden Glauben an Volk und Vaterland verschlungen, jeder anders Fühlende muß mit dem Brandmal des Ketzers behaftet und ausgerottet werden.«[98]

Bei einem Blick in die naturwissenschaftlichen Schulbücher sieht man, daß im Fach Physik beispielsweise die Einflüsse der Witterung auf die Geschoßbahn analysiert wurden, im Fach Chemie die Qualität der Sprengstoffe. Es zeigt sich aber auch, daß das Verlegen von Schulbüchern ohne nationalsozialistische Ausprägung durchaus möglich war. Die Beispiele hierfür strafen all jene Schulbuchautoren Lügen, die nach 1945 behaupteten, man hätte keine unpolitischen Schulbücher konzipieren können.

Auch im Musikunterricht wurde massiv indoktriniert: NS-Lieder wurden in den genau definierten und kontrollierten Fundus des »Kernliedgutes« aufgenommen. Dazu gehörte etwa das Lied »Siehst du im Osten das Morgenrot« im Liederbuch »Uns geht die Sonne nicht unter«, das die Zeile »Deutschland erwache, Juda den Tod« enthält. Dieses Liederbuch erreichte 1940 eine Auflage von 2,5 Millionen.[99]

Abschließend sei ein Beispiel aus dem Bereich der Mathematikbücher zitiert, das indirekt die »Euthanasie«[100] von körperlich und geistig Behinderten aus »Ersparnisgründen« »plausibel« machen sollte. In dem 1936 erschienenen Rechenbuch von Bewersdorff-Sturhann heißt es auf Seite 76: »Der Bau einer Irrenanstalt kostet etwa 6 Mill. RM. Wieviel Familien könnten dafür eine Wohnung erhalten?«[101] Bezugnehmend auf die Pflegekosten für Taube, Blinde, körperlich und geistig Behinderte, wird die Zahl von 167 000 geistig Behinderten, 8300 Tauben und Blinden sowie 20 600 weiteren körperlich Behinderten genannt. Die daran anschließende Frage lautet: »Wieviel erbgesunde Familien könnten bei RM 60 durchschnittlicher Monatsmiete für diese Summe untergebracht werden [...]?«[102] 60 000 bis 70 000 sogenannte Erbkranke wurden in Deutschland durch Giftgas oder Injektionen in Anstalten wie Hadamar ermordet. Schulbücher der NS-Zeit haben dazu beigetragen.

Dokumente im Keller:
Wie die NS-Ideologie im Schulalltag durchgesetzt wurde

Was erreichte von all diesen Absichtserklärungen, Erlassen und Schulbüchern des Regimes tatsächlich den Schulalltag? Wie gelang es der NS-Führung an den einzelnen Schulen, ihre Ziele durchzusetzen? Zur Erforschung und Klärung dieser Fragen bieten sich zwei Quellen an. Das sind zum einen die Protokolle und Dokumente des Schulalltags zwischen 1933 und 1945, zum anderen die Berichte der damaligen Schüler- und Lehrerschaft. Die Dokumente und Protokolle des Schulalltags lagern in den Kellern der meisten oder zumindest sehr vieler Schulen, die vor 1945 gegründet wurden. Oft liegen sie auch in den Kellern der zuständigen Schulämter. Dennoch ist es heute, 50 Jahre nach Ende der NS-Diktatur, nicht immer leicht, an diese Dokumente, an Schulchroniken, Konferenzprotokolle, an das Mitteilungsbuch, an die jährlichen Revisionsberichte der Schulräte oder an die Personalakten heranzukommen.

Die seit den 70er Jahren durchgeführten Schulprojekte beweisen dies, und die Gründe hierfür liegen auf der Hand. Diese Dokumente nennen nämlich mit deutscher Gründlichkeit Namen und Fakten. Es sind Dokumente gegen die Legende, daß Schule X oder Schule Y angeblich nicht nationalsozialistisch gewesen sei. Die beschönigenden Erinnerungen an »glückliche Jahre«, die die Verbrechen gegen die jüdischen Schülerinnen und Schüler ausklammern, würden sich nach der Lektüre dieser Dokumente nicht mehr halten lassen. Und es geht natürlich um den sogenannten postmortalen Persönlichkeitsschutz. Das bedeutet z. B., daß sich nach dem Tod eines Schulleiters seine Nachkommen gegen eine Veröffentlichung wehren, wenn solche Dokumente die »Ehre« des Vaters beschmutzen könnten. Und die »Ehre« der einzelnen Lehrer, die nach 1945 wieder in den Schuldienst übernommen wurden (manche freilich nach einer »Zwangspause« durch die Entnazifizierungsverfahren der Alliierten), war eng verbunden mit dem Ansehen der Schule überhaupt. Noch ein anderer, schwerer zu fassender Aspekt verhindert häufig die Sichtung der Akten: Es wird als »ungehörig« empfunden, daß solche Dokumente, die voller Nachweise von antihumanistischen, kriminellen Handlungen der Lehrer sind, in die Hand von Jugendlichen kommen. So wurde und wird auch hier vor allem noch der »Datenschutz« bemüht. Mit diesem Schlagwort schützt man oft genug noch heute die Täter der NS-Zeit.

Im folgenden Kapitel wird der Schulalltag unter dem Hitlerbild, *pars pro toto*, an der Holbeinschule beschrieben, einer Frankfurter Realschule, an der die oben genannten Quellen allen Widerständen zum Trotz umfassend gesichtet und ausgewertet worden sind. Daß die Geschichte dieser Schule ein typischer Fall und keine Ausnahme war, ergibt der Vergleich mit entsprechenden Dokumenten anderer bundesdeutscher Schulen. Es zeigt sich dabei nämlich eine erstaunliche, aber logische Übereinstimmung: Da man die NS-Feiern, die Pflichtfilme zentralstaatlich anordnete, waren in dieser Hinsicht die Schulchroniken verschiedenster Schulen in allen Teilen Deutschlands über lange Passagen identisch. Insbesondere in Hamburg, aber auch in Berlin[103] wurde bei einem langjährigen Schulprojekt gerade die Frage, wie die NS-Führung ihre Ziele durchsetzte, systematisch verfolgt. Von einigen Hamburger Schulen war behauptet worden, daß sie sich der NS-Indoktrinierung hätten entziehen können.

Ausdrücklich betont Reiner Lehberger, einer der Leiter des Hamburger Projekts zur Erforschung der NS-Zeit an den Schulen, in einer Zusammenfassung der nach Schultypen und Zeitphasen differenzierten Analyse, daß es in Hamburg durch die vielen fortschrittlichen Schulprojekte während der Weimarer Republik vielleicht mehr Widerstand gegen die NS-Herrschaft gegeben habe als in anderen Städten, jedoch »keinen liberalen Sonderweg«.[104] Bezeichnenderweise haben jene, die behaupteten, daß »ihre« Schule angeblich nicht nationalsozialistisch gewesen sei, dies in keinem einzigen Fall mit den Dokumenten ihrer Schule belegen können. Das hat gewiß seinen Grund. In Köln zum Beispiel wurde in einem Fall ein solcher Versuch unternommen, der damit endete, daß nicht etwa über heroischen Widerstand an jener Schule berichtet werden konnte, sondern vielmehr darüber, daß hier der Antisemitismus alltäglich war, wie ausführlich in dem Buch »Ich bin katholisch getauft und Arier«[105] beschrieben wird. Auch an der Frankfurter Holbeinschule durften in der Zeit von 1988 bis 1992 die Schulakten aus der NS-Zeit eingesehen und verwendet werden. Es wurde zunächst beschlossen, daß sie »nicht in die

Hand des Schülers« kommen sollten. Vielmehr wurden die Lehrer im Vorfeld sogar aufgefordert, Namen auszuschwärzen. Die Auseinandersetzungen über solche Fragen gehören zum Alltag heutiger schulbezogener Projekte über die NS-Zeit. Die Brisanz der Schuldokumente aus jener Zeit wird dadurch nur deutlicher.[106]

Bürokratischer Antisemitismus im Schulalltag

Bereits im Jahre 1933 fanden die zentralstaatlichen Erlasse zur Ausgrenzung der jüdischen Bevölkerung massiven Niederschlag in der Chronik der Holbeinschule: Am 3. Mai 1933 heißt es über das »Gesetz der Überfremdung der deutschen Schulen«, daß bei der »diesjährigen Schüleraufnahme die Zahl der nichtarischen Schülerinnen und Schüler 1,5 Prozent nicht übersteigen darf, die Kinder von Frontkämpfern oder solchen Ehen, bei welchen 1 Elternteil oder 2 Großeltern arisch sind, ausgeschlossen«.[107] Einen Tag später wird festgehalten: »Alle Atteste für Lehrer dürfen nur von nichtjüdischen Ärzten ausgestellt sein.«[108]

Knapp 14 Tage später, am 17. Mai 1933, lautet ein Eintrag: »Jüdische Lehrer und Lehrerinnen dürfen nicht in Deutsch und Geschichte unterrichten und Klassenführung nur in Klassen mit jüdischen Kindern [...] übernehmen.«[109] Am 12. Juli 1933 heißt es nur noch lapidar: »Jüdische Mitglieder des Elternbeirates sind auszuschließen.«[110] Und im August 1935 forderte der Schulleiter der Holbeinschule alle Mitglieder des Kollegiums auf, »Angaben über Erfahrungen betr. Vererbungslehre und Rassenkunde« abzugeben.[111]

Nachdem in einer »Rundverfügung« vom 27. Februar 1936 schon die »Untervermietung von Wohnungsteilen an Juden« untersagt worden war, wurden in einer erweiterten »Rundverfügung« vom 14. Dezember 1938 vier Punkte festgelegt, die, mit der Unterschrift aller städtischen Bediensteten versehen, zur Kenntnis genommen werden mußten. Die vier Punkte lauteten:

»1. nicht in Wohnungsgemeinschaft mit Juden leben,
2. nicht in Häusern wohnen, deren Eigentümer Juden sind,
3. nicht in Häusern wohnen, in denen Juden Wohnungen innehaben,
4. als Hauseigentümer Wohnungen nicht an Juden vermieten.«[112]

Am 6. Januar 1939 wies man das Kollegium ausdrücklich auf die Verordnung des Oberbürgermeisters »betreffs Mietverhältnissen mit Juden« hin.[113] Jeder Lehrer und jede Lehrerin mußte dies unterschreiben. Niemand kann also behaupten, von diesen Maßnahmen nichts gewußt zu haben.

Sechs Monate vor dem Novemberpogrom 1938 vermerkt die Schulchronik, daß die eingereichte Gemeinschaftsarbeit von der 2., jetzt 1. Mädchenklasse über das Thema »Volksgemeinschaft – Blutgemeinschaft« die Ehrenurkunde mit einer Originalunterschrift von Reichsminister Dr. Frick erhalten habe.[114] Am 16. Mai 1940 wurde die Verfügung Nr. 192 aus dem Amtlichen Schulblatt verlesen, die die »Aufstellung von Ahnentafeln in den Abschlußklassen«[115] betraf.

NS-Schulfeierlichkeiten

Bei der Lektüre von Schulchroniken verschiedener Schulen fällt auf, daß häufig Feiern mit Hissen der Flaggen, Absingen des Deutschlandliedes und Horst-Wessel-Liedes sowie politischen Reden zu den jeweiligen Anlässen erwähnt werden. Diese Feierlichkeiten waren zentralstaatlich angeordnet und Kern des NS-Fundaments jeder Schule. Sie unterschieden sich von Schule zu Schule nur in unbedeutenden Details. So heißt es in der Schrift »Für Fest und Feier«, einer Broschüre der Amtsleitung des NS-Lehrerbundes:

> »Ein neues Volk hat Adolf Hitler geschaffen. Ein neues Volk ist wieder zu den Quellen seines ewigen Wesens vorgestoßen. Das nationalsozialistisch denkende und handelnde deutsche Volk kann darum neue Ausdrucks- und Lebensformen seines Wesens suchen und gestalten. Höhepunkte im Leben eines Volkes sind seine Feiern, seine kleinen und großen Feste, in denen das Werk des Alltags geheiligt und überstrahlt wird vom Glanze tiefen Erlebens. Denn in ihm erlebt das Volk sich selbst.«[116]

Diese »Feiermentalität« förderte man in der Schule ganz bewußt. In einer an die Volksschule gerichteten Schrift heißt es dazu: »In der Schulfeier tritt die Eingliederung der Schule in die große Volksgemeinschaft am sinnfälligsten in Erscheinung. Sie bildet den Höhepunkt im Gemeinschaftsleben der Schule und ist deshalb mit besonderer Liebe und Sorgfalt zu gestalten.«[117] Die Feiern boten zudem stets die Möglichkeit, die Schülerschaft genau zu beobachten. Und sie waren eine Gelegenheit, die Ausgrenzung der noch verbliebenen jüdischen Schülerinnen und Schüler voranzutreiben. Die Musikpädagogen und sowohl der Schulleiter als auch dieser oder jener »Würdenträger« nutzten die Feiern zur NS-Propaganda und zur – oft quälend langen – Selbstdarstellung.

In den Jahren 1934 bis 1936 findet man an der Holbeinschule jährlich genau 21 Anlässe, um solche Feiern abzuhalten: zum Schuljahresbeginn, zum Jahresbeginn, zu Hitlers Geburtstag, bei der Gedenkfeier zur »Regierungsübernahme am 30. Januar 1933«, zur »Muttertagsfeier«, zur »Dietrich-Eckart-Feier« und so weiter. In den Jahren 1937 bis 1941 reduzierte sich die Zahl auf durchschnittlich ein Dutzend im Jahr, gegen Ende des Krieges schließlich, 1944 und 1945, wurde nur noch jeweils eine Feier vermerkt. Unbestritten waren diese Feierlichkeiten eine Machtdemonstration im Schulalltag. Sie bestanden aus paramilitärischen Formationsübungen und aus Übungen, ja Dressuren des kritiklosen Aufsagens auswendig gelernter Texte. Gleichzeitig garantierten sie auch die Beteiligung der Schule an jenem Gesamtkonzept des NS-Regimes, das zum Ziel hatte, durch Aufmärsche und Massenveranstaltungen eine Art Rauschzustand zu erzeugen, dem sich niemand widersetzen konnte, wollte er nicht buchstäblich totgeschlagen werden.

Aus der Schulchronik der Holbeinschule wird deutlich, daß dabei sowohl die Hakenkreuzfahne als auch das Führerbild eine zentrale Rolle spielten: »In der Morgenfeier wurde die neue Hakenkreuzfahne, eine Stiftung der Elternschaft, feierlich enthüllt. Sie soll bei allen Feiern fortan die Turnhalle zieren.«[118] Es wird ausdrücklich vermerkt, daß die Kinder von Pfarrer Karst von der benachbarten Bonifatiuskirche und Pfarrer Haas von der benachbarten Lukaskirche mit dem stellvertretenden Kreisobmann des NSLB folgenden Sprechchor aufsagten: »Der Weg zum Volk führt auch zu Gott! [...] Nie war der deutsche Gedanke so mächtig,[...] bis das deutsche Wunder zur Wahrheit wurde, bis der Führer und Schirmherr des deutschen Volkes, der Bannerträger des Dritten Reiches, das Zeichen des Heils, das Vermächtnis der Ahnen: die Hakenkreuzflagge hissen konnte. [...] fluchwürdig, wer nicht an Deutschland glaubt!«[119]

Wer wollte schon »fluchwürdig« sein? Zumal die Pfarrer ja anwesend waren! Oft wurden solche Feiern und Flaggenappelle auch dazu benutzt, um die nicht in der HJ organisierten Schüler bloßzustellen. In dem Bericht eines ehemaligen Schülers einer anderen Schule, der Hermann-Löns-Schule, heißt es: »Beim Flaggenappell vor und nach den Ferien stellte der Direktor die Schüler, die nicht in der HJ waren, öffentlich bloß. Sie mußten zunächst ›heraustreten‹ – ein kleines Grüppchen in Zivil neben einer großen Zahl von Uniformierten. Anschließend stempelte der Schulleiter der Hermann-Löns-Schule diese Minderheit in seiner Ansprache zu ›Außenseitern und Verrätern‹.«[120] Durch eine Spende des Elternbeirates wurde das Erdgeschoß der Holbeinschule zu einer »Ehrenhalle« mit dem Bild des Führers ausgestaltet, in der künftig solche Feiern stattfinden sollten. Immer und immer wieder mußten die Schülerinnen und Schüler das Horst-Wessel-Lied und das Deutschlandlied absingen, und bei einer Entlassungsfeier wurden sie schließlich von dem Schulleiter der Holbeinschule, Striedinger, gewarnt: »Wahrt Euer Blut, Euer höchstes Gut!«[121]

Die zahlreichen Feiern in den Schulen wurden durch andere gemeinsame Aktivitäten ergänzt. Dazu gehörten vor allem die Sammlungen. Ständig wurde gesammelt: für das Winterhilfswerk, für »Kraft durch Freude«, für das Jugendherbergswerk und für die Deutsche Kriegsgräberfürsorge. Da gab es den »Reichsopferpfennig«, die Sammlung für den Reichsmütterdienst, für den Verein für das Deutschtum im Ausland und für die Sudetendeutschen. Es gab die Knochensammlungen und die Altpapiersammlungen. Gesammelt wurden auch Stanniolpapier, Knüllpapier und Textilabfälle. Stolz vermerkt die Schulchronik am 30. März 1938, daß an der Holbeinschule 3074 kg Knochen gesammelt worden waren. Es ging dabei ganz offensichtlich auch darum, die Schülerinnen und Schüler nicht zur Besinnung kommen zu lassen und sie statt dessen ständig für den NS-Staat im »Einsatz« zu halten. Dabei wurde geschickt das Element des »Wettbewerbs« benutzt, um sie anzutreiben und gegeneinander auszuspielen. Eine weitere Funktion solcher Sammlungen war ein wichtiges Merkmal der NS-Propaganda überhaupt: die Wichtigtuerei. Jede noch so unerhebliche Tätigkeit wurde zum »Dienst am Vaterland« hochstilisiert.

Die Rolle der Hitlerjugend in der Schule

Neben der Schule kommt in der NS-Erziehung der Hitlerjugend große Bedeutung zu. Von der HJ organisierte Märsche und Schulungen mischten sich mit dem Schulalltag – oft in einem Ausmaß, daß es in verschiedenen Fällen zu oberflächlichen, aber heftigen Autoritätskonflikten zwischen der HJ-Führung und den Schulleitern kam. Die Widersprüche zwischen den durchaus am NS-Staat orientierten Schulrektoren und den jungen HJ-Führern sind schon mehrfach Gegenstand wissenschaftlicher Analysen gewesen. Die Versuche der HJ, verstärkt Einfluß in der Schule zu erlangen, sowie die vereinzelte Gegenwehr wird jedoch häufig nicht im richtigen Kontext dargestellt. Nicht der prinzipielle Gegensatz zum nationalsozialistischen Regime kennzeichnete solche Konflikte, sondern lediglich die Unstimmigkeiten zwischen verschiedenen Abteilungsleitern in der nationalsozialistischen Bürokratie, die um ihre Autorität bangten. Prof. Dr. Wolfgang Abendroth nimmt Stellung zu dem in einer Broschüre der Schüler der Musterschule in Frankfurt dargestellten Konflikt zwischen Schulleitung und HJ. Er widerlegt die Behauptung, daß gewisse Schulleiter oder sogar ganze Kollegien Gegner des Regimes gewesen seien, nur weil sie sich gegen die anmaßenden Forderungen der HJ zur Wehr setzten.

> »Auf längere Frist mußte die politisch beiden übergeordnete Gewalt für den relativ breiten Freiraum der Schule gegenüber der ›inkompetenten‹ HJ entscheiden, weil hier das staatliche Interesse an nationalsozialistischer Erziehung der jungen Generation im Vordergrund stand. Deshalb ist es auch kein Zufall (und kein Beweis für wirksame ›Nischen‹ im Dritten Reich, die wenigstens im schulischen Bereich in breitem Maße genutzt worden wären), wenn auch hier – an der Musterschule – in den entscheidenden Fragen – bei offenkundigem Unsinn im Verhalten einzelner HJ-Führer – die Schule sich durchsetzte.«[122]

Den Behörden war dieses Problem durchaus bewußt. Bezeichnend dafür sind die vielfältigen Richtlinien über die Rolle der HJ im Rahmen des Schulbetriebes. All das ist bereits dargestellt und akribisch dokumentiert worden. Im Erlaß »Pflege der Beziehungen der Schule zur Hitlerjugend« vom 26. August 1933 heißt es kurz und bündig: »Im Schulleben haben die Schüler den Leitern und Lehrern unbedingt zu gehorchen.«[123] Das Gerangel um Kompetenz zwischen Schirach als dem »Führer der HJ« und Rust als dem »Führer der Schulen« verkomplizierte sich jedoch nur durch Einflußnahmen des Innenministeriums und des Propagandaministeriums.

Im Erlaß des Preußischen Kultusministeriums »Leitgedanken zur Schulordnung« vom 20. Januar 1934 wird bereits betont, daß die HJ die Schulgewalt achten müsse und die Anforderungen der Schule voll erfüllen solle.[124] Am 7. Juni 1934 trafen der Reichserziehungsminister Rust und der Reichsjugendführer Schirach schließlich eine Vereinbarung, deren Anlaß die Einführung des »Staatsjugendtages« war. Es hieß dort, daß »für die Erziehung der Schuljugend im nationalsozialistischen Staat [...] Schule, Reichsjugendführung (HJ-Bewegung) und Elternhaus nebeneinander berufen« sind.[125] Solche Vereinbarungen legten zwar einen gewissen Rahmen fest, konnten auf Dauer jedoch nicht die immer wiederkehrenden Reibereien verhindern. Deshalb wurden 1935 sogenannte HJ-Vertrauensleute geschaffen, die den Konflikten die Spitze nehmen sollten.[126]

War der Beitritt zur HJ und ihren Untergliederungen zunächst freiwillig, so wurde es ab 1936 per Gesetz obligatorisch, daß die als »arisch« und gesund eingestufte Schuljugend Mitglied in der HJ und im BDM werden mußte.[127] Die Zeit bis 1936 war von intensiven Werbekampagnen der HJ gekennzeichnet. In einer Rede des Schulleiters der Holbeinschule, die er zu Ehren des zum Helden verklärten Schlageter hielt, richtet er sich auch an jene Kinder, die 1935 noch immer nicht der HJ beigetreten waren: »Im Anschluß mahnte er [der Schulleiter, A. d. V.] die in Sonderbündelei noch abseits der großen Bewegung stehenden Kinder, sich einzugliedern in die HJ und den BDM. ›Wir richten den Altar Deutschland auf! Wenn wir für die Heimat kämpfen, dann kämpfen wir für ein Heiligtum, dann kämpfen wir für Gott.‹ (B. von Schirach, 26. Mai 1935).«[128] Der Schulleiter war auf dem laufenden, denn er zitierte Schirach bereits einen Tag, nachdem dessen Worte bekanntgeworden waren.

Was es bedeutete, *nicht* Mitglied der HJ zu sein, und wie stark die betroffenen Jugendlichen dadurch von den anderen getrennt wurden, steht in keinem offiziellen Dokument, wohl aber in persönlichen Berichten. Die Art und Weise der Diskriminierung wird z. B. durch die Erinnerungen eines ehemaligen Holbeinschülers konkret. Herr Wiedecke berichtet:

»Ich war 1936/37 hier Schüler an der Holbeinschule. Ich war 10 Jahre alt. Ich glaube kaum, daß ein Zehnjähriger einen politischen Durchblick hat. Aber etwas kann auch er feststellen, ob ein Geist der Toleranz und des Verständnisses herrscht oder das Gegenteil, ein Geist der Verhetzung. Und dazu das Beispiel, das eben erwähnt wurde. Wir hatten den Rektor Striedinger als Musiklehrer. Wir mußten im Musikunterricht ein Lied singen, ich erinnere mich noch sehr genau, in der eine Textstelle folgendermaßen hieß: ›Der Weichling fällt!‹ Und jedes Mal, wenn dieses Lied gesungen wurde, dann mußte ein Mitschüler namens Vogel aufstehen, ebenso ich, und da sagte dieser Rektor Striedinger: ›Schaut Euch die beiden ganz genau an, das sind diejenigen, die mit dem Lied gemeint sind. Das sind nämlich die Weichlinge, und die werden fallen und müssen fallen.‹ Dann ging ein Gejohle los. Das Verhältnis war 3 zu 36. Dann ging ein Gejohle los und wiederholte sich immer wieder. Das Lied wurde sehr oft gesungen, und gerade an dieser Stelle war eine Schleife drin, so daß es immer wieder gesungen werden mußte. Und der Erfolg war genau wie Sie eben gesagt haben, eine aufgebrachte, aufgehetzte Schülerschaft. Den Kindern kann man keinen Vorwurf machen, aber sie waren angestachelt und waren aufgefordert, uns so lange zu verprügeln, diese beiden aus der Klasse, bis wir endlich zu Einsicht kämen – wir waren nämlich die beiden Einzigen, die nicht in der HJ waren. Rektor Striedinger war wohl sehr erpicht darauf, eine lupenreine Nazischule zu produzieren und auch den letzten noch zu zwingen, damals war die HJ noch ›freiwillig‹. Das war 1936/37, ein relativ früher Zeitpunkt. Und der Erfolg war, daß wir nach jedem Unterricht verprügelt wurden, sofern wir erwischt wurden und wohlmeinende Lehrer haben uns dann fünf Minuten vor Schulschluß schon weggelassen. Wir gingen dann auf die Toilette und von der Toilette direkt nach Hause. Ich wohnte in der Vogelweidstraße und bin über den Sachsenhäuser Berg gegangen. Ich hatte einen Riesenumweg nach Hause und kam dann ein, zwei Stunden später, nur um dieser Prügelei zu entgehen.«[129]

Dies alles war scheinbar so »normal«, daß sich die Klassenkameraden jenes Schülers heute nicht mehr an diese Vorgänge erinnern können. Und selbst wenn es damals ein Unrechtsbewußtsein in den Köpfen der Schüler gab, so entschloß sich doch niemand zur Verteidigung des Mitschülers. Die Scham für das damalige Verhalten ist vielleicht der Grund dafür, daß sich heute als »Zeitzeugen« nur noch die Opfer an die Ereignisse erinnern. Aber noch etwas anderes wird in dem oben zitierten Bericht deutlich: welche Bedeutung die Musik und der Musikunterricht hatte, wie sehr beide das Gemeinschaftsgefühl und das »Erlebnis« (wie der zentrale Ausdruck in der NS-Musikpädagogik lautete) zu prägen in der Lage waren und wie sehr sie dazu benutzt wurden, einzelne auszugrenzen und der allgemeinen Verachtung preiszugeben. Von großem Gewicht ist der Umstand, daß die ständigen Prügeleien nach der Schule ein offenes Geheimnis waren, so daß ein oder zwei Lehrer den Schüler Wiedecke bewußt früher aus dem Unterricht entließen.

In einem Interview mit dem Hessischen Rundfunk machte Herr Wiedecke schließlich noch auf einen anderen Teil der Schulrealität aufmerksam: den erzwungenen »Nachhilfe«-Unterricht in Sachen NS-Ideologie,[130] der jeden Samstag für all jene stattfand, die nicht in der HJ und im BDM waren:

> »Ich möchte mal sagen, etwas brutal gesagt, das war ein reiner Ohrfeigenbericht. Das war einmal in der Woche, am Samstagnachmittag [...]. Nach der vierten Stunde glaube ich war's, meldeten sich also die anderen Schüler ab [...] zur [...] Jungvolkversammlung, und wir mußten dann diesen sogenannten nationalpolitischen Nachhilfeunterricht absolvieren. Da kamen Schüler von anderen Frankfurter Schulen dorthin, die auch nicht in der HJ waren, die bekamen so eine Art Geschichtsunterricht. Also der hatte natürlich seine eigene Prägung. Und ich weiß nur: Wir bekamen irgend etwas gesagt und mußten das wiederholen. Wenn man das also nicht genau wörtlich wiederholte, oder nicht sofort die Antwort wußte, [...] wann ist der Führer geboren, oder was hat der Führer Wunderbares gemacht, [...] dann bekamen wir eine runtergehauen.«[131]

Aktivitäten außerhalb des Unterrichts

In einem internen Schreiben wurde bereits am 10. Mai 1933 festgestellt: »Die städtische Schulbehörde [...] ordnet Reinigung von Lehrer- und Schülerbüchereien von kulturfeindlichen und marxistischen Büchern an.«[132] Dies hatte zur Folge, daß im ersten Schritt parallel zur Bücherverbrennung am 10. Mai 1933 alle »undeutschen« Bücher entfernt wurden.[133] In einem zweiten Schritt wurden dann jene 1938 von Erika Mann beschriebenen kleinen Broschüren als »Ausrichtungsmaterial« eingesetzt, da neue Schulbücher erst noch geschrieben, gedruckt und verteilt werden mußten.

Als nicht zu unterschätzendes Mittel, um die Massen zu beeinflussen, diente der Film. So war es nur konsequent, daß Filme auch zur Indoktrination an den Schulen eingesetzt wurden. Die sogenannten Pflichtfilme mußten in allen Schulen gezeigt werden, Vorführgeräte wurden laut Anordnung eigens für diesen Zweck angeschafft. Der Film war damals noch etwas Neues und Faszinierendes. Goebbels hatte die Rolle, die die Medien bei der Durchsetzung der propandistischen Ziele spielen konnten, schon bald klar erkannt. Die Liste der Filmtitel, die in der Chronik der Holbeinschule aufgeführt sind, gibt – trotz ihrer Unvollständigkeit, denn manchmal heißt es nur lapidar »Pflichtfilm« – zumindest einen Einblick in die Themen der gezeigten Filme: »Ostpreußen ruft« (1934), »Die Saat geht auf« (1935), »Verräter« (1937), »Wolkenstürmer« (1937), »Tannenberg« (1938), »Unternehmen Michael« (1938), »Deutsche Kolonien« (1939) und schließlich »Feldzug in Polen« (1940).[134]

Selbst die Vorbereitungen auf den Krieg begannen im Schulalltag bereits im Jahre 1935. Die Chronik der Holbeinschule vermerkt im März 1935, daß die Klassen eine Luftschutzausstellung besucht hätten. Im Sommer 1936 wurden an der Schule zwei Luftschutzübungen durchgeführt. Am 15. Juni 1938 heißt es: »Der Unterricht steht unter dem Gedanken des Luftschutzes. Alarmübung, Probe mit Gasmaske u. Feuerlöschübung unterstützen die theoretische Unterweisung.«[135] Ernster wurde es dann 1939: Im September baute man den Keller der Holbeinschule als Luftschutzraum aus, ab Mai 1940 wurde – wie ebenfalls aus der Schulchronik ersichtlich wird – eine tägliche Tag- und Nachtwache eingeteilt.

Mit Kriegsbeginn am 1. September 1939 setzte man in Betrieben zunehmend Kriegsgefangene und Zwangsarbeiter (in Frankfurt am Main vor allem aus Polen und Frankreich) ein. Es war strengstens verboten, Kontakt zu ihnen aufzunehmen, geschweige denn, ihnen ein Stückchen Brot zuzuschieben oder etwa Freundschaften zu schließen. Zu diesem Thema gab man eigens die Schrift »Wie hat sich der Deutsche gegen Kriegsgefangene zu benehmen« heraus. Am 18. September 1940 ordnete der Schulleiter der Holbeinschule an, daß diese Broschüre »in allen Klassen zum Gegenstand von Besprechungen gemacht« werden solle.[136] Am 12. Juni 1941 wurde anläßlich eines »Sonderfalls«, also vermutlich weil ein Schüler dem zuwiderhandelte, nochmals »ein angemessenes Verhalten in der Nähe von Ar-

N.S.D.A.P.　　　　　　　　　　　　　　　　　Kassel, den 13. 10. 1942
Kreisleitung Kassel
Amt für Erzieher.

Vertraulich!

An alle

Ortsgruppenleiter!

Nachstehendes Rundschreiben und die von dem Kreisgeschäftsführer Pg. Z i n h o l d , zusammengestellten Unterlagen für die Aufklärungsaktion »Kriegsgefangene und fremdvölkische Arbeiter« bitte ich sofort den Schulobleuten – in den Landortsgruppen den Schulleitern – zuzustellen.

Heil Hitler!

Kreisamtsleiter

N.S.D.A.P.　　　　　　　　　　　　　　　　　Kassel, den 13. 10. 1942
Kreisleitung Kassel
Amt für Erzieher.

An die
Schulobleute der Stadt und des Landkreises Kassel!

In meinem Rundschreiben vom 17. 9. 1942 hatte ich Sie aufgefordert, in Verbindung mit den Schulleitern sich dafür einzusetzen, daß die Schüler Ihrer Schule über ein taktvolles Verhalten gegenüber Kriegsgefangenen und fremdvölkischen Arbeitern unterwiesen würden.

Ich bin heute in der Lage, Ihnen die in genanntem Rundschreiben in Aussicht gestellten Unterlagen für die Aufklärungsaktion zustellen zu können.

Aus diesen wenigen, aber stichhaltigen Beispielen ist zu ersehen, wie notwendig es ist, daß mancher deutsche Mensch auf ein dem deutschen Ansehen nicht abträgliches Verhalten gegenüber den Fremdvölkischen hingewiesen werden muß. Schon die Tatsache, Angehöriger der großen deutschen Nation zu sein, müßte jeden Deutschen verpflichten, sich Ausländern gegenüber richtig zu benehmen und es unter keinen Umständen zu dulden, daß sich ein Volksgenosse würdelos verhält.

Es ist selbstverständlich, daß auch die Erzieherschaft bei diesem Kampf um die Festigung des deutschen Ansehens mitzuwirken hat. Jedem Erzieher sind die großen Gefahren bekannt, die der Jugend aus dem Zusammenleben mit den Fremdvölkischen erwachsen. Es ist deshalb die Pflicht jedes Jugendführers, die von ihm betreuten Jugendlichen aufzuklären und sie zu Nationalstolz und Ehrbewußtsein zu erziehen.

Über die Art der Durchführung dieser Aufklärungsaktion bitte ich Sie, sich mit Ihrem Schulleiter in Verbindung zu setzen und mir über Ihre Arbeit bis zum 10. 11. 1942 kurz zu berichten.

(Quelle: Stadtarchiv Kassel)

beitslagern mit nicht-deutschen Arbeitern und beim Zusammentreffen mit Kriegsgefangenen« angemahnt«.[137] Am 15. Mai 1942 heißt es: »Es gelangt ein Merkblatt zur Verteilung, Verkehr mit Ausländern betreffend.«[138] Die Schulchronik verzeichnete jedoch auch, daß die alliierten Bomberverbände Flugblätter zur Information der Bevölkerung abgeworfen hatten. Am 17. April 1943 mußte die Klasse IV solche »abgeworfenen Flugblätter« einsammeln. Offenbar nahm der Schulleiter die Tatsache in Kauf, daß die Schüler die Flugblätter beim Einsammeln lesen könnten, nur damit nicht noch größere Teile der Bevölkerung durch diese Blätter informiert werden würden.

Unterrichtsstunden in den Berichten der Schulräte

Das alltägliche Unterrichtsgeschehen vollständig zu rekonstruieren ist ein äußerst schwieriges Unterfangen. Auch die Analyse der Schulaufsätze und Schulhefte, insbesondere der Abituraufsätze, reicht nicht aus, um die Atmosphäre sowie die verbalen, nicht schriftlich fixierten Attacken und zynischen Bemerkungen, von denen ehemalige Schülerinnen und Schüler immer wieder berichten, wirklich zu erfassen. Schriftliche Schülerarbeiten dokumentieren allerdings deutlich die ideologische Ausrichtung des Unterrichts und zeigen, auf welche Weise die Propaganda in den Köpfen der Schülerinnen und Schüler, die wußten, was von ihnen verlangt wird, Fuß fassen sollte. Ähnlich aufschlußreich ist eine weitere schriftliche Quelle: die jährlichen Revisionsberichte der Schulräte über einen Unterrichtsbesuch.

Der Vorteil dieser Dokumente liegt darin, daß sie hinsichtlich aller Schulfächer ein konkretes Bild davon liefern, was von den damaligen Lehrern erwartet wurde. Natürlich zogen die Lehrer in solchen Stunden auch ein besonders »strammes Programm« durch. Wie die Revisionsberichte jedoch zeigen, wurde vom anwesenden Schulleiter oder vom Schulrat der vorher behandelte Lehrstoff durch gezielte Fragen an die Klasse überprüft. Insofern sind allgemeinere Schlußfolgerungen auch aufgrund solcher »Ausnahmestunden« zulässig. Besonders interessant ist dabei, daß es trotz aller Gleichschaltung einzelne Lehrer gab, insbesondere, wenn sie Fächer wie Erdkunde, Mathematik oder Physik unterrichteten, die sich auf die große Stoffvermittlung ohne ideologische Beimischung beschränkten. Sie wurden entsprechend ermahnt. Im Revisionsbericht des Schulrates Müller vom 18. Februar 1935 heißt es über »Naturkunde-Erbgesundheitslehre: Fachlehrerin Frl. Bleher«: »Die Schülerinnen sind gut unterrichtet über das Gesetz betr. Sterilisation, den Bau und die Teilung der Zelle, die Rassen Deutschlands.«[139] In diesem Bericht spiegelt sich eine typische Methodik des Unterrichts wider: Wissenschaftlich zu behandelnde Fragen wie z. B. der Aufbau der Zelle werden in einem Atemzug mit pseudowissenschaftlichen Theorien über die »Rassen Deutschlands« behandelt. So wurde jene Atmosphäre geschaffen, in der die Schüler die absurde Rassentheorie kritiklos und wissenschaftsgläubig annahmen. Durch gezielte »Verständnisfragen« des Schulrates an die Klasse war der Lehrerin, falls sie es denn gewollt hätte, die Möglichkeit genommen, eine »linientreue Vorführstunde« für den Revisor zu inszenieren und das Thema im übrigen Schuljahr wenigstens auszuklammern. Dieser Kontrollmechanismus zeigt sich auch in einem zweiten Bericht vom 5. Januar 1938: »Fach Biologie: Wiederholung: Die Judenfrage. Das Gebiet ist gut und treffend behandelt worden. Die Klasse weiß gut Bescheid und folgt meinen Fragen nach der jüdischen Überfremdung und den Möglichkeiten der inneren Befreiung davon mit gutem Verständnis. Eine Wiederholung des Stoffwechsels und der Atmung fällt zufriedenstellend aus [...].«[140]

Der Begriff der »Überfremdung« ist von zentraler Bedeutung und wird heute in anderem Zusammenhang wieder als Kernstück einer deutsch-nationalistischen »Ausländer-raus-Politik« benutzt. Mit diesem Begriff sollte zweierlei suggeriert werden:

1. Juden und jüdische Kinder sind Fremde. Das stellt auf den Schulalltag vor 1933 bezogen ganz offensichtlich eine grobe Unwahrheit dar: Die Kinder kannten sich, besuchten sich und hielten Freundschaften. Doch jetzt erklärte man sie zu »Fremden«. Wieso? In angeblich besonders »heimtückischer Weise« hatten sie ihren biologischen Untergrund verheimlicht: ihr »Blut«!

2. Durch die Bezeichnung »*Über*fremdung« wurde suggeriert, daß es zu viele seien. Es wurde der Eindruck erweckt, als ginge es ja nur darum, dieses »Über...« zu beseitigen, »normale« Relationen herzustellen, eben jene besagten »1,5 Prozent« in den Schulen. Aber diese »1,5 Prozent« wurden bereits für die Gesellschaft als Ganzes als »Überfremdung« bezeichnet. Bereits diese »1,5 Prozent« seien zuviel gewesen.

Dokument 5 vom 5. Januar 1938

Fach Biologie:
"Jüdische Überfremdung"

Bericht

Über einen Besuch an der Holbein-Mittelschule am 18.11. und 1.12. 1937.

Klasse I K., Mittelschullehrer Emil Dietrich.
Biologie:

Wiederholung: Die Judenfrage. Das Gebiet ist gut und treffend behandelt worden. Die Klasse weiss gut Bescheid und folgt meinen Fragen nach der jüdischen Ueberfremdung und den Möglichkeiten der inneren Befreiung davon mit gutem Verständnis. Eine Wiederholung des Stoffwechsels und der Atmung fällt zufriedenstellend aus, zeigt aber die Notwendigkeit, stets die Grundvorgänge klarzulegen und zu halten. Die Klasse muss ein Heft mit Zeichnungen anlegen.

Schulamt
-7/0.-

Frankfurt/M., den - 5. Jan. 1938

Durchschlag erhält:
die Holbein-Mittelschule

zur Mitkts.

Im Auftrage

Abb. 4: Revisionsbericht einer Unterrichtsstunde im Fach Biologie (Institut für Stadtgeschichte Frankfurt am Main)

Mit dem Begriff der »inneren Befreiung« unterstellte man im nächsten Schritt, daß diese »1,5 Prozent« auch noch die restlichen 98,5 Prozent in Unfreiheit hielten, was sich nun durch den Prozeß der »inneren Befreiung« ändern müsse. Die Vorstellung, daß solche Pseudoargumentationen keine Wirkung hatten, weil sie absurd waren, ist falsch. Eine kritische Herangehensweise war von vornherein nicht erwünscht und übrigens schon in breiten Teilen des Schulsystems der Weimarer Republik keinesfalls das vorrangige Erziehungsziel.

In einem Dokument vom 12. April 1938 zeigt sich die besondere Indoktrinierung der Mädchen:

> »Die Klasse unternimmt rückblickend einen Gang durch den Deutschunterricht des Jahres: Der deutsche Mensch, gebunden an Blut und Boden. Die deutsche Frau als Hüterin eines gesunden starken Volkes und Trägerin arteigener Kultur. Alles nachgewiesen an dem Schrifttum des Jahres. Die Klasse führt eine reife, abgeklärte Leistung vor. Sie ist selbständig im Vortrag, geistig lebendig, gewandt im Ausdruck und sicher im Werten, abhold jedem Geschwätz. Auch die schriftlichen Arbeiten stehen auf großer Höhe in Form und Inhalt. Durch die Klasse geht ein Zug der einheitlich ausgerichteten nationalsozialistischen Weltanschauung, zu der sie sich klar und bewußt bekennt.«[141]

Die Rolle der Frau, der deutschen Frau natürlich, wird definiert als »Hüterin der arteigenen Kultur«, »gebunden an Blut und Boden«. Will nach solchen Worten tatsächlich noch jemand behaupten, daß Schulräte und Lehrer unschuldig seien an dem, was dann am 9. November und danach passierte? »Durch die Klasse geht ein Zug der einheitlich ausgerichteten nationalsozialistischen Weltanschauung, zu der sie sich klar und bewußt bekennt.« Das war gewiß so. Und gerade da steckt das Problem fast einer ganzen Generation, die sich – in diesem Geist erzogen – nach 1945 nie wirklich umfassend mit solcher Indoktrination auseinandergesetzt hat. In dem Bericht über eine Deutschstunde wird aus folgendem Diktat zitiert, das fast unverändert aus Hitlers »Mein Kampf« entnommen ist:

> »Unser deutsches Volk, das heute zusammengebrochen, den Fußtritten der anderen Welt preisgegeben daliegt, braucht jene suggestive Kraft, die im Selbstvertrauen liegt. Dieses Selbstvertrauen aber muß

schon von Kindheit auf den jungen Volksgenossen anerzogen werden. Seine gesamte Erziehung und Ausbildung muß darauf angelegt werden, ihm die Überzeugung zu geben, anderen unbedingt überlegen zu sein. Er muß in seiner körperlichen Kraft und Gewandtheit den Glauben an die Unbesiegbarkeit seines ganzen Volkstums wiedergewinnen.«[142]

In diesem »Diktat« wird ein wesentlicher Mechanismus auf den Punkt gebracht. Nicht Selbstbewußtsein aufgrund eigener Leistungen, sondern »Suggestion« schon im Kleinkindalter wird gefordert. »Anderen unbedingt überlegen zu sein« – hierin wird eine weitere Taktik der NS-Ideologen deutlich: dem eigenen Volk soll geschmeichelt werden. Gut, stark und anderen überlegen sein – schon von Geburt an. Von vornherein etwas Besseres sein als andere, als Franzosen, Engländer und erst recht als »Juden und Zigeuner« – dies wurde jahrelang in den Schulen und der NS-Propaganda suggeriert.

Es ist nur konsequent, daß das Fach Religion für einen nationalsozialistisch eingestellten Schulrat einige Probleme mit sich brachte, war doch das Alte Testament ohnehin »jüdisch«. So geriet auch der Bericht über eine Religionsstunde überaus kritisch:

»Pauli Bekehrung wird wiederholt. Neu: Wie Paulus Missionar wird. Die zweifelhafte Stellung des Paulus in der Christenlehre kam schon klar fühlbar zum Ausdruck. Paulus pfropfte das Christentum als Zweig auf den Stamm der jüdischen Religion auf und speiste es von ihrem Saft. Es fehlte wieder die Landkarte. Die Stunde – es war die letzte der Woche – schloß ohne jede Sammlung und feierlichen Abschluß. Lied, Spruch oder Gebet sind unbedingt bei einer solchen Stunde/Gelegenheit ihrem Sinn entsprechend einzubauen.«[143]

Es ist die Terminologie des rassistischen Biologismus, die hier benutzt wird und nach der jedes gesellschaftliche Phänomen mit den Worten des Leiters einer Baumschule analysiert wird. Aber abgesehen von dieser Behandlung einer theologischen Frage, die sich heute fast wie eine Satire liest, darf man den drohenden Unterton nicht überhören: Wenn selbst Paulus nicht ganz frei von jüdischem Einfluß ist, spürt man da nicht, wie gefährlich und hinterhältig überall das Judentum mit »seinem Saft« lauert?

Dokumentierte Konflikte

Aufschlußreich sind jene in der Holbeinschule aufbewahrten Dokumente, die von den Konflikten mit einzelnen Lehrern und Schülern zeugen. Wie in der NS-Zeit üblich, gibt es zu solchen Auseinandersetzungen nur selten oder gar keine Gegendarstellungen oder eigene Stellungnahmen der Betroffenen. Es ist deshalb schwierig, das Geschehen vollständig zu rekonstruieren. Man muß die historischen Dokumente bewußt und konsequent »gegenlesen«, um der Wahrheit auf die Spur zu kommen. Zwei dokumentierbare Konfliktfälle bieten einen guten Einblick in die repressive Atmosphäre an der Schule der NS-Zeit.

Zunächst der Fall Günther Schilling, Schüler der Holbeinschule: Seine Mutter war Jüdin. Der Vater hatte sich scheiden lassen, das Fürsorgeamt wurde eingeschaltet und schrieb am 14. Januar 1938 folgenden Brief an die Holbeinschule: »Nach seiner Rückkehr aus dem Felde hat er [der Vater, A. d. V.] sich, wie er selbst angibt, aus einer gewissen Gefühlsduselei mit der am 19. Juni 99 geborenen Jüdin Grete Gutmann verheiratet. Aus dieser Ehe ist der Sohn Günther hervorgegangen. Als Halbarier ist der Junge von der Teilnahme an der HJ ausgeschlossen. Er empfindet die Tragik seines Schicksals sehr hart; [...]«[144] Günther Schilling starb 1992 in den USA, kurz bevor ihn ein Brief mit der Bitte um eine Schilderung der Ereignisse aus seiner Sicht erreichen konnte. Wie seine Frau, die heute ebenfalls in den USA lebt, bei einem Besuch in der Holbeinschule berichtete, wurde der evangelisch getaufte Günther kurz nach diesem Brief des Fürsorgeamtes von der Holbeinschule abgemeldet. Unabhängig von den privaten Problemen und den Umständen, unter denen sich der Vater von seiner jüdischen Frau scheiden ließ, wird aus dem Brief der Behörden klar: Der Vater, Feldwebel im 1. Weltkrieg, hatte das einzig Richtige getan, sich von der »Jüdin« scheiden lassen, die er »aus einer gewissen Gefühlsduselei« heraus geheiratet hatte. Aus der Sicht der »Fürsorge« war die biologische Tatsache nicht mehr zu ändern, daß es einen Sohn gab. Dieser war im NS-Jargon ein »Mischling ersten Grades«, ein »Halbarier«. Er »durfte« nicht in die HJ, wurde ausgegrenzt und damit seinen Freunden entfremdet. Er emigrierte schließlich in die USA.

In einem anderen Fall ging es um einen Lehrer der Holbeinschule, Herrn Dathan. Er wurde denunziert, weil seine Frau in einem jüdischen Geschäft eingekauft hatte: »Aus Niederrad wird mir berichtet, daß die Frau des Mittelschullehrers Dathan ihre Einkäufe bei Schade & Füllgrabe tätigt.«[145] Man gab der betroffenen Person offensichtlich keine Gelegenheit, sich zu äußern, vielmehr wurde sofort der Schulrat angeschrieben. Daß der Mann für das Verhalten seiner Frau verantwortlich zeichnete, wurde offensichtlich als selbstverständlich vorausgesetzt. Es entstand ein »Vorgang«, und der Schulleiter erstattete in einem Brief an das Schulamt am 1. Dezember 1935 folgende Meldung:

> »Herr Dathan wurde *vom Schulleiter an erster Stelle* [Hervorh. im Orig.] für das Schulungslager eingesetzt, weil er als ›Reaktionär‹ und Obermeckerer bekannt ist. Er ist erst vor etwa vier Wochen in den N.S. Lehrerbund eingetreten, liest *keine nationalsozialistische Zeitung* [Hervorh. im Orig.], beruft sich auf eine Verfügung des Gauleiters, nach der Nachforschungen dieser Art unzulässig seien. Am vergangenen Samstag meldete er sich krank, angeblich ›Durchfall‹. Ich vermute, daß er sich nur von der Sammeltätigkeit für das W.H.W. drücken wollte, wie er das ähnlich des öfteren auch bei Schulungsabenden in der Fachschaft unter Berufung auf sein Herzdiagramm versucht hat. – Die Teilnahme an dem Schulungslager hat leider auch nichts gefruchtet. Er hat dort eine lächerliche Figur gespielt, die individualistisch und materialistisch nur an die paar lumpigen Groschen dachte. Dabei verwohnt er mit seiner dreiköpfigen Familie – der Sohn ist wie der Alte – auch nicht in der H.J. – durch ärztliches Zeugnis bestärkt – ein Häuschen, dessen Miete 130 Mark beträgt. Vielleicht wäre es zweckmäßig, eine Luftveränderung des eigensüchtigen Herrn vorzunehmen, die ihn in seiner Geldbörse trifft. Das ist seine *empfindlichste* Stelle. – Der ablehnende Bescheid ist für die Lehrerschaft eine Genugtuung.«[146]

Offensichtlich war Dathan nur unter Druck in den NSLB eingetreten. Vielleicht nicht einmal zu Unrecht vermutete der fanatische NS-Schulleiter Striedinger, daß Dathan gar keine Lust hatte, in die ständigen Sammelaktionen einbezogen zu werden. Bemerkenswert ist auch die Tatsache, daß selbst die Lesegewohnheiten ausgespitzelt und »gemeldet« wurden. Der Hinweis darauf, daß der Sohn »nicht in der HJ« war, rundet das Bild ab. Die Diffamierung, Dathan sei »geldsüchtig«, weil er allem Anschein nach nicht für seine zwangsweise Teilnahme an einem NS-Schulungslager zahlen wollte, wird an Zynismus nur noch übertroffen durch die Ankündigung der »Luftveränderung«.

Was genau damit gemeint war – die Nazis zogen es vor, Zwangsmaßnahmen zumindest in schriftlichen Dokumenten möglichst nebulös zu formulieren –, sei dahingestellt. Tatsache ist jedenfalls, daß Dathan zunächst an eine andere Frankfurter Schule zwangsversetzt wurde. Die dokumentierte Denunziationskampagne gegen den Lehrer Dathan belegt jedoch noch etwas anderes, die Tatsache nämlich, daß nicht alle Lehrer hirn- und bedingungslos den antisemitischen Erziehungszielen folgten. Zwar war der Einkauf in einem jüdischen Geschäft noch kein bewußter politischer Widerstand, er zeugt allerdings von der Tatsache, daß es durchaus möglich war, sich den Anordnungen zu widersetzen.

»Alle erziehen jederzeit alle.« Diese Worte von Ernst Krieck, einem führenden NS-Pädagogen, machen deutlich, wie Erziehung in diesem System funktionierte: als Wechselwirkung von sich gegenseitig korrigierenden, bespitzelnden, denunzierenden Lehrern, Schülern, Eltern, Aufsichtsbeamten und Gestapo-Leuten mit dem Ziel, daß niemand mehr an dem nationalsozialistischen Totalitätsanspruch zu rütteln wagen sollte.

Zweiter Teil

»Der Weg zur Schule war eine tägliche Qual«

Zweierlei Zeitzeugen

Ein vollständiges Bild über die Realität der »Schulzeit unterm Hitlerbild« kann erst entstehen, wenn die staatlichen Dokumente der damaligen Zeit durch die Erinnerungen ehemaliger Schülerinnen und Schüler ergänzt werden. Als sogenannte Zeitzeugen bieten sich häufig jene an, die die NS-Zeit in Deutschland erlebten, ohne selbst diskriminiert oder vertrieben zu werden. Niemand konnte an diesen sogenannten Zeitzeugen vorbei. Das Zusammentreffen mit ihnen ist unvermeidlich, sie sind sozusagen immer präsent. Sie sind im »Verein der Ehemaligen«, bei allen Jubiläumsfeiern, bei Diskussionsveranstaltungen und in der Kneipe nebenan.[147] Die meisten verfälschen und verharmlosen das Bild der Geschichte, nur die allerwenigsten tun dies nicht.[148] Gerne schreiben sie ihre »Schulerinnerungen« auf. Doch ihre Sicht der Dinge ist in der Regel davon geprägt, daß sie die verbrecherische Alltagsrealität umschreiben und verdrängen. Einige Beispiele sollen zur Veranschaulichung dieses Vorwurfs genügen.

Rudolf Augstein, der einflußreiche Ex-Herausgeber des »Spiegel«, erinnert sich an früher: »Ich hatte, trotz der Nazi-Herrschaft, eine glückliche Schulzeit. Es gibt auch nur wenige Dinge aus dieser Zeit, derer ich mich zu schämen hätte.«[149] Rudolf Augstein als »Zeitverdränger«. Er stellt die eigene Biographie so dar, daß – wenn überhaupt – »nur wenige Dinge« übrigbleiben, deren er sich »zu schämen hätte«. Und auch das nur im Konjunktiv. Zu der gleichen Tendenz neigt Joachim Fest, Herausgeber der FAZ. Nicht zufällig verwendete er für einen Beitrag über seine Schulzeit die Überschrift »Glückliche Jahre«: »Vielleicht täuscht und schönt die Erinnerung. Aber ich denke an die Schulzeit im Dritten Reich nicht ungern zurück.«[150] Unwillkürlich erinnert man sich hier an jene Passage in der Rede Hitlers, in der er davon spricht, die Jugendlichen für ihr ganzes Leben zu prägen: »Und sie sind glücklich dabei.«

Erschreckend in jeder Hinsicht ist auch Helmut Schmidts »Politischer Rückblick auf eine unpolitische Jugend«: »So ist, trotz des erheblichen Wechsels im Lehrkörper und trotz der 1933 eingeführten ›Flaggenparade‹, auch in den Jahren von 1933 bis 1937 in der Lichtwarkschule kein merklicher nationalsozialistischer Einfluß auf die Schülerinnen und Schüler meiner Klasse ausgeübt worden.«[151] Über die Inhalte und die Parolen bei solchen »Flaggenparaden« verliert er dabei kein Wort. Was seine Haltung zu den jüdischen Schülerinnen und Schülern angeht, ist Schmidts Desinteresse und die Beiläufigkeit seiner Beobachtungen typisch. Er schreibt:

> »In unserer Klasse hat es von Anfang an keine jüdischen Kinder gegeben. Es gab nämlich eine Parallelklasse, die bis 1933 von einem jüdischen Lehrer geleitet wurde und in der von über dreißig Schülern etwa die Hälfte jüdischer Herkunft war [...]. Viele der jüdischen Schülerinnen und Schüler aus unserer Nebenklasse sind 1933/34 dann von der Schule ›abgemeldet‹ worden, so auch Hellmuth Gerson. Tatsächlich sind sie wahrscheinlich zumeist mit ihren Eltern emigriert; Ostern 1935, nach dem Erreichen der mittleren Reife, als die beiden Parallelklassen vereinigt wurden, war kaum einer von ihnen mehr bei uns. Zugleich gab es jedoch allgemein einen großen Schülerabgang, so daß der Abgang der jüdischen Schüler nicht auffiel, und ich erinnere mich nicht, daß der jüdische Exodus innerhalb meiner Schulklasse ein Thema gewesen wäre. Von einigen unserer jüdischen Mitschüler hörte man später, daß sie mit ihren Eltern nach England gegangen sind, von anderen, daß sie nach Ungarn, Rumänien, nach Frankreich oder in die USA ausgewandert waren.«[152]

»So daß der Abgang nicht auffiel« – das ist die Sichtweise von jemandem, der nichts wissen wollte und daher wirklich nichts Genaues wußte. Es durfte einen Jungen in jener Zeit nicht interessieren, was mit seinen jüdischen Mitschülern geschah. Und Helmut Schmidt hielt sich daran.[153] Ralph Giordano diagnostizierte, daß ein Hauptmerkmal dieser Generation »ihre völlige innere Beziehungslosigkeit zur Welt der Nazi-Opfer« sei.[154] Der Herausgeber des Buches von Helmut Schmidt, Wolf J. Siedler, erklärt bereits einleitend, solche Erinnerungen seien »repräsentativ für eine ganze Altersgruppe geworden, die vom Dritten Reich und vom Krieg geprägt wurde«.[155] Das ist leider wahr.

Berichte jüdischer Schülerinnen und Schüler

Schon die Analyse der Dokumente einzelner Schulen zeigt deutlich, daß die beschönigenden Erinnerungen ehemaliger HJ- und BDM-Mitglieder über ihre »glückliche Schulzeit« ein die Realität verzerrendes Bild wiedergeben. Eine wirkliche Vorstellung von der inhumanen Atmosphäre der »Schulzeit unterm Hitlerbild« geben vor allem die Berichte der vom NS-Terror betroffenen jüdischen Schülerinnen und Schüler. Das Leid und Elend, von dem sie erzählen, steht in krassem Gegensatz zu den Berichten jener Art von »Zeitzeugen«, die sich bei genauerem Hinsehen eher als Zeitverdränger entpuppen. Für die Analyse der damaligen Schulsituation gibt es unter der Prämisse, daß sie keinen Grund haben, die Wahrheit zu verschweigen, keine verläßlichere Quelle als die in alle Welt zerstreuten, vertriebenen jüdischen Schülerinnen und Schüler.[156]

Ein jüdischer ehemaliger Schüler aus Frankfurt antwortete, als er um einen Bericht über seine Schulzeit in Deutschland gebeten wurde, folgendermaßen: »[...] ich kann und möchte mich nicht mehr an die fürchterliche Nazizeit erinnern.«[157] Ein anderer Befragter schrieb 1992 aus Israel: »Ich habe durch die Deportationen meine ganze Familie verloren und möchte daher die traurige Zeit aus dem Unbewußten möglichst wenig ins Bewußtsein bringen [...]. Es wird mir jedesmal schlecht dabei, da ich dann immer den Todeskampf meiner Eltern, z.B. unbekleidet in der Gaskammer, gleichsam vor mir sehe.«[158]

Es ist verständlich, daß, wie Prof. Dr. Herbert Levi es formulierte, jüdische Schülerinnen und Schüler nach über 50 Jahren vieles »aus den schlimmsten Jahren aus [ihrem] Gedächtnis verloren« haben.[159] Dabei geht es nicht darum, daß die Erinnerung an dieses oder jenes Detail durch den zeitlichen Abstand unscharf geworden ist. Vielmehr wurden bestimmte fürchterliche Ereignisse ganz bewußt »verdrängt«, da das Leid auch 50 Jahre später noch über alle Maßen groß ist. Angesichts dieser verständlichen Weigerung wiegen die Aussagen jener jüdischen Schülerinnen und Schüler um so schwerer, die bereit waren, ihre Erinnerungen in Büchern und Briefen niederzuschreiben.

Das Motiv für diese Bereitschaft ist vor allem das Bestreben, die nachfolgenden Generationen zu informieren, zu warnen und aufzurütteln. Aus Israel schrieb Alex Messerer, der in das KZ Dachau deportiert worden war, daß er diese »Epoche seines Lebens« gerne vergessen hätte und beinahe auch wirklich vergessen habe: »Denn nachdem ich Frankfurt verließ, habe ich mir ein Leben aufgebaut, das auf positivem und optimistischem Denken basiert und bittere Erfahrungen ignoriert. Da aber dieser Tage das Thema wieder aktuell geworden ist, mit allem, was jetzt in Rostock und anderen Städten vorgeht, und ich ja nicht verleugnen kann, daß ich ein Produkt meiner deutschen Erziehung und Vergangenheit bin, beunruhigt mich das heute. Ein Echo der dreißiger Jahre. So hat es ja damals angefangen.«[160]

Erinnerungen an kleinste Sympathiebeweise

Es finden sich in den Berichten selten positive Schilderungen. Viel häufiger wird ausdrücklich betont, daß niemand, nicht ein einziger Mensch mit Sympathie oder helfender Hand zur Seite gestanden hat. Angesichts der schrecklichen Erlebnisse ragen aus den Briefen und biographischen Büchern jüdischer Vertriebener jedoch jene Passagen hervor, in denen sie kleinste Zeichen der Sympathie oder der Ablehnung des NS-Systems würdigen. Ein Schüler der Sachsenhäuser Oberrealschule (heute: Carl-Schurz-Schule) in Frankfurt traf schon nach dem 1. April 1933 gegen den Willen seiner Eltern die Entscheidung, »die Schule zu verlassen, da ich ja ›Mein Kampf‹ gelesen hatte und Hitlers Absichten ernst nahm. Am Tag meiner Versetzung in die Unterprima kam eine Delegation meiner Klasse zu mir ins Haus und holte mich ab, um zusammen in einem Wirtshaus die ›Versetzung‹ zu feiern. Trotzdem verließ ich die Schule.«[161]

Das war zu Beginn des Jahres 1933. Im Jahre 1935 nahmen die Repressalien im Alltag bereits zu, doch immerhin regte sich zuweilen das schlechte Gewissen der Mitschüler. Walter J. Natt aus den USA schreibt dazu als ehemaliger Schüler der Musterschule:

»Die Mitschüler, die vor dem 30. Januar 1933 alle meine Freunde gewesen waren, durften nach der Machtübernahme nicht mehr mit mir sprechen – die haben dann alle der HJ angehört: Das war damals sehr schwer für mich, auf einmal allein zu sein ohne einen einzigen Freund in der Klasse. In dem Alter war das doch sehr wichtig. Da mein Ziel war, Medizin zu studieren, entschloß ich mich, das Abitur selbst unter diesen Umständen zu machen. Die Mitschüler wie auch die Lehrer waren mir gegenüber eiskalt. Keiner hat mit mir gesprochen, sie waren absolut höflich. Schimpfworte gab es überhaupt nie. Nach dem Abitur im Jahr 1935 kamen drei Klassenkameraden mich auf einmal zu Hause besuchen, um sich im Namen der ganzen Klasse zu entschuldigen, und alle waren äußerst nett zu mir.«[162]

Ein ehemaliger Schüler des Lessing-Gymnasiums in Frankfurt erzählte vom Stimmungsumschwung ab Januar 1933, aber auch von der direkten Hilfe nichtjüdischer Schüler bei Überfällen durch die Hitlerjugend:

»Einige meiner Klassenkameraden, mit denen ich gut befreundet war, erschienen plötzlich in Hitlerjugend-Uniform, und ich war jetzt ihr Feind. Andere betonten, daß ich immer noch ihr Freund sei. Die meisten standen in der Mitte und versuchten sich neutral zu halten. Während der nächsten Monate wurden einige ›Neutral-Feinde‹. Es gab viele Keilereien im Schulhof und auf dem Heimweg. Da ich einer der Kräftigsten in der Klasse war, habe ich keine Beleidigung vorbeigehen lassen, ohne dagegen körperlich zu reagieren. Ich glaube, es war kein Zufall, daß die schlechtesten Schüler die aggressivsten Nazis waren. [...] Erle Jung und die zwei Gebrüder Müller haben mir mehrere Male geholfen, mich gegen Naziüberfälle zu verteidigen. Barbara Lohmeyer, eine Klassengefährtin im Lessing-Gymnasium, war die einzige, die noch offen mit mir sprach. Dabei war das ein Risiko für ihren Vater, der ein hoher Postbeamter war. In dieser verrückten Zeit konnte es als Hochverrat angesehen werden, wenn man mit einem Juden sprach.«[163]

»Ein einziger Studienrat«, schreibt Felix Adler über die Situation am Wöhler-Gymnasium, hob sich vom übrigen Kollegium ab: »Wann immer es möglich war, mir ein gutes Wort zu geben oder eine freundliche Geste zu zeigen, tat er das, obwohl er sich damit gefährdete. Man konnte sehen, daß er ein Mensch war, der nicht billigte, was vor sich ging. ›Stramme Nazis‹ gab es viele, aber Ansätze von Widerspruch oder sogar Widerstand war meiner Erfahrung nach nicht existent.«[164] Wenigstens über eine menschliche Regung bei einer Lehrerin kann Frau Beck, die Schülerin an der Holzhausenschule war, berichten: »Als am 1. April 1933 jüdische Kinder mit mir von der Schule geschickt wurden, weinte meine Lehrerin, die Fräulein Till hieß, dabei.«[165] Ähnliches erlebte M. Hochschild Simon. Sie beschreibt, wie jüdische Kinder vom Schulleiter an einem bestimmten Tag vom Unterricht ausgeschlossen worden waren, wovon sich ihre Klassenlehrerin Frau Schnurre besonders betroffen fühlte: »[Sie] empfing uns jüdische Kinder dann am nächsten Schultag mit besonderer Besorgnis und Zärtlichkeit.«[166]

Eines der eindrucksvollsten Dokumente über die Erlebnisse und Empfindungen der gequälten jüdischen Schülerinnen und Schüler sowie der dem NS-Regime ablehnend gegenüberstehenden Lehrerinnen und Lehrer ist der folgende Bericht der Gymnasiallehrerin Helene Hedde. Sie erlebte die diskriminierenden Auswirkungen des Erlasses über das Verbot der Teilnahme jüdischer Kinder an Schulausflügen:

> »Die durften da nicht mit und dort nicht mit dabeisein. Furchtbar! Zum Beispiel auf Ausflügen konnten sie nicht mit, weil sie ja nicht mehr in Jugendherbergen essen oder übernachten durften. Mein Gott, alles Kinder! Ich weiß noch, wie ich einmal meine zwölfjährigen Mädchen trösten wollte, weil mir selbst das Herz so schwer war, und wissen Sie, was die eine – also ein zwölfjähriges Kind! – da zu mir sagt? Sie guckt mich ganz ruhig an und sagt: ›Ach, lassen Sie mal, liebes Fräulein Hedde, es gibt Schlimmeres!‹«[167]

Ruth Ilan-Porath, geb. Alice Marx, berichtete von folgendem Erlebnis in der Holzhausenschule:

> »Mein Klassenlehrer war Herr Klein, ein älterer großer Mann, nahe der 60er. Er war immer sehr korrekt, auch zu uns jüdischen Mädchen, und wir empfanden nie den Haß, der von anderen Quellen so stark zu fühlen war. An dem Morgen, als wir sechs bis acht jüdischen Schülerinnen aus der Schule grob ausgewiesen wurden, las nicht er die Liste vor, sondern der Herr Direktor selbst. Er öffnete seinen Mund nicht, als er so dastand neben dem SA-Mann und dem Direktor, sondern schaute düster zu Boden. Am selben Nachmittag erschien Herr Klein bei uns zu Hause, in seinem schwarzen Anzug, einen Regenschirm in der Hand trotz strahlender Sonne (Kindheitserinnerungen), und sprach wie folgt zu meinen Eltern: ›Ich bin seit jeher ein Sozialdemokrat. Was heute passiert ist, empört mich. Am liebsten hätte ich an Ort und Stelle demissioniert, aber ich habe eine Familie, und in ein, zwei

Jahren bekomme ich meine längst verdiente Lehrerrente. Dies konnte ich nicht riskieren. Aber bitte verzeihen Sie mir, daß ich nichts laut ausgedrückt habe, trotz meiner Empörung. Ich hätte nie in meinem Leben solch eine schandvolle Tat erwartet.‹ Die Verweisung von der Schule und dann dieser Besuch hatten auf mich (ich war acht Jahre alt) solch einen starken Eindruck gemacht, daß ich es bis heute nicht vergessen habe. Also das war die stumme Majorität des deutschen Volkes.«[168]

Aus den Würdigungen einzelner Lehrer, die als Regimegegner eingeschätzt wurden,[169] sticht auch der Bericht von Prof. Hans L. Trefousse über die Musterschule hervor. Nachdem er die Haltung des Schulleiters, Dr. Peter Müller, der von den Nazis »entfernt« wurde, hervorgehoben hat, schreibt er: »Der Zeichenlehrer Peter Schäfer-Simmern war so nazifeindlich – einmal sagte er ›Hände runter‹, als die Schüler ihn mit ›Heil Hitler‹ begrüßten –, daß er zum Schluß selbst auswandern mußte. Ich habe ihn hier in Amerika wiedergetroffen.«[170] In einem Brief von Ernest Stock wird noch eine andere Dimension dieser menschlichen Tragödie sichtbar: »Emil Stelzer war ein heldenhafter Turnlehrer am Philanthropin. Er war Nichtjude und mit einer Jüdin verheiratet. Als diese verschleppt wurde, weigerte er sich, sie zu verlassen und wurde dann anscheinend mit ihr vergast. So einem Menschen würde ich gern ein Denkmal setzen.«[171]

Welche Möglichkeiten es gab, trotz oder sogar wegen des NS-Terrors zu helfen, wird auch an Erlebnissen außerhalb des Schulalltags deutlich. Ernst S. Valfer schreibt:

»Ich weiß von keinem Widerstand in Frankfurt. Nichts wie die ›Weiße Rose‹ in München. Natürlich gab es auch in Frankfurt wunderbare Menschen. Ich kannte nur einen. Er starb 1991 im Alter von 80 Jahren und lebte in der Wildenbruchstraße 50. Er hieß Josef Stumpf und war ein Familienfreund bis zum Ende. Als unser Bankdepot gesperrt wurde (1939–1940), stellte er meinen Vater als Bürohilfe ein, um ihn bezahlen zu können, so daß meine Eltern Geld zum Essen hatten. Als meine Eltern 1941 nach Auschwitz deportiert wurden, schickte Stumpf sogar Geld nach Auschwitz, bis sie nicht mehr antworteten. Ich sah 1945 die Postgeldüberweisungen an Auschwitz, welche Stumpf mir zeigte.«[172]

Über ein anderes Beispiel konkreter Hilfestellung berichtet Ronnie Moser, der als elfjähriger Junge folgendes erlebte: »Bei besonderen Spannungen hat eine christliche Bekannte meiner Eltern mich in die Schule gebracht oder abgeholt. Im übrigen wurde diese Dame, ihr

Name war Helene Rempt, während des Krieges wegen Anti-Nazi-Bemerkungen verhaftet und zu Gefängnis verurteilt.«[173] Und auch ein Polizist wird erwähnt, der die Mutter von Rose Beal während des Pogroms im November 1938 beschützte, als die Möbel aus den Fenstern jüdischer Freunde flogen und Juden mit Knüppeln gejagt und geschlagen wurden: »Zum Glück hat sie ein anständiger Polizist, den wir gut kannten, auf der Straße gesehen und sie nach Hause gebracht. Es gab auch damals gute Menschen.«[174]

Diese Berichte stehen im Kontrast zu den folgenden Schilderungen des NS-Terrors innerhalb und außerhalb der »Schulzeit unterm Hitlerbild«. Solche Berichte sind im übrigen keine Entlastung für die Schuld all jener, die zur Gesamtatmosphäre des aggressiven, mörderischen Antisemitismus beigetragen haben. Im Gegenteil: Ungeachtet der Schuld der mörderischen Verbrecher wiegt die Schuld jener, die einfach »mitgemacht« haben, um so schwerer. Selbst unterhalb der Ebene eines bewußten Widerstandes waren nur wenige, viel zu wenige bereit, durch Zärtlichkeit, Sympathie oder kleine Hilfeleistungen ihr Mitgefühl und ihre Menschlichkeit zu beweisen. Die Erinnerungen der vertriebenen Emigrantinnen und Emigranten zeugen von der Sehnsucht nach wirklich umfassender Solidarität angesichts einer absurden, unmoralischen und verbrecherischen Realität, die einfachste menschliche Werte auf den Kopf stellte.

Die Mitschülerinnen und Mitschüler

Lisel Kahn aus Stockholm erinnerte sich 1979 an ihre Schulzeit:

»Meine krassesten seelischen Erlebnisse hängen mit der Schule zusammen. Nette, solidarische, intelligente Menschen verwandelten sich auf einmal in eine feindselige Mauer. Persönlichkeiten, die man bewundert hatte ob ihrer Geistigkeit und der Ethik ihrer Gesinnung, ließen sich von der Massenhysterie aufsaugen, redeten Quatsch und wurden Feiglinge. Um es nun zu verallgemeinern. Ich glaube nicht, daß ich in meinen vorherigen Beschreibungen die Klasse, die Lehrer, überreklamiert habe; genausowenig, wie ich jetzt übertreibe. Das ist eben das Unfaßbare und bleibt es weiter für mich, die Verwandlung der Menschen, die man für grundanständig gehalten hatte.«[175]

Auch heute noch, 50 Jahre nach diesen Ereignissen, sind die jüdischen Schülerinnen und Schüler über die menschlichen Enttäuschungen, die sie erfahren mußten, entsetzt. Teilweise versuchen sie, Gründe und Entschuldigungen für das Verhalten ihrer Mitmenschen zu finden. Irene Gottlieb schreibt: »Mit den Freundinnen und Mitschülerinnen war es wie abgeschnitten, und von der Zeit, als ich von der Schule abging, hatte ich bis vor ungefähr zwei bis drei Jahren nie mehr Kontakt mit ihnen.«[176] Unvergessen ist für Martin H. Kingsley ein ähnliches Erlebnis: »Ich erinnere mich auch noch daran, daß ich das letzte Jahr der Volksschule überspringen durfte. Der einzige andere Schüler, der mit mir übersprungen hat, war ein Junge mit Namen Edgar Feucht. Wir haben mehrere ›Nachhilfestunden‹ zusammen in Freundschaft genommen. Aber nach dem Regierungswandel war er sehr böse zu mir, hat mich geschlagen und andere auf mich gehetzt.«[177]

»[...] Freunde wandten sich ab, entweder mit Scham oder mit Feindseligkeit«[178], schreibt Lothar E. Nachman, ehemaliger Schüler des Lessing-Gymnasiums, und er fährt fort:

> »Bald darauf tauchten ›Jungvolk‹-Uniformen in den unteren und Hitlerjugend-Uniformen in den oberen Klassen auf. Die uniformierten Jungen wurden offen gewalttätig und offensichtlich ermuntert, jüdische Schüler zu belästigen und ihnen das Leben schwer zu machen. Die Fleißigeren wurden am meisten herangenommen, die jüdischen Spieler in der Fußballmannschaft wurden auf dem Fußballfeld und in den Umkleideräumen malträtiert. Verbale und körperliche Auseinandersetzungen wurden alltäglich. Nachdem einige von uns dazu aufgefordert wurden, außerplanmäßige Aktivitäten aufzugeben, weigerten sich alle jüdischen Fußballspieler weiter zu spielen, und die Klasse konnte keine erfolgreiche Mannschaft mehr bilden. Ich kann mich erinnern, daß ich Genugtuung empfand, daß meine ehemaligen Kameraden regelmäßig geschlagen wurden.«[179]

Nicht nur wem bewußt ist, welche Bedeutung der Sport im Schulalter hat und welche Rolle dabei Freundschaft spielt, kann ermessen, wieviel Boshaftigkeit allein in der hier beschriebenen Diskriminierung liegt. Es war zu einem irreparablen Bruch gekommen. Die jüdischen Schülerinnen und Schüler gehörten einfach »nicht mehr dazu«, waren der allgemeinen Verachtung und nicht zuletzt auch körperlichen Attacken ausgesetzt. Besonders schlimm wurde es ab 1936, als sie zunehmend von den Schulen vertrieben, in eigene jüdische Klassen versetzt oder gezwungen wurden, in die jüdischen Schulen zu wechseln. Irma Rita Lichtenberg berichtet dazu: »Freundinnen mußte man von dem Augenblick, als man die öffentlichen Schulen verlassen mußte, vergessen. Die jüdischen Mädchen hätten ihre Freundinnen und sich selbst in Gefahr gebracht, wenn sie versucht hätten, die Freundschaften weiter zu pflegen.«[180]

Stellvertretend für viele ähnliche Erlebnisse über zerbrochene Freundschaften steht der Bericht von Edith Abrahams, geb. Wolf:

> »Ich hatte eine Freundin, mit der mich eine lange Freundschaft verband, sie hieß M.H. Sie war nicht jüdisch. Wir waren immer zusammen gewesen und hatten sie auf allen unseren Ausflügen mitgenommen. Sie fing an, weniger zu uns zu kommen, so ging ich zu ihr hin. Ihre Mutter war plötzlich sehr komisch zu mir. Etwas hatte sich geändert, nur wußte ich nicht, was es war. In dem Schlafzimmer meiner Freundin stand eines Tages eine Schublade offen, und obendrauf war ihre braune Uniform der Hitler-Jugend. Es war, als hätte mir jemand auf den Kopf gehauen, nicht nur, daß sie dann anfing zu sagen: ›Du Dreckjude, komm nicht mehr her. Ich will dich nicht mehr sehen.‹ Wir waren nicht nur Freundinnen, wir waren wie Zwillinge gewesen. Diese Episode habe ich nie vergessen.«[181]

Von nichtjüdischen Schülerinnen und Schülern gibt es kaum Schilderungen darüber, wie sie feste Freundschaften nach dem 30. Januar 1933 von einem auf den anderen Tag lösten, nur weil »der andere« Jude war. Das wird deutlich an einem typischen Bericht der »Gegenseite«. Die ehemalige Pressereferentin der Reichsjugendführung der HJ, Melita Maschmann, schreibt:

> »Genau erinnere ich mich daran, daß ich Dir unbefangen von allen meinen Erlebnissen in der Hitler-Jugend erzählte und daß Du mir mit der gleichen Unbefangenheit von dem berichtetest, was Deine Geschwister in ihrer Jugendgruppe erlebten. [...] Ich kam zu dem Schluß, daß es nicht möglich sei, nationalsozialistische Jugendführerin zu sein und Freundschaft mit einer jüdischen Familie zu halten, deren Söhne einer illegalen bündisch-kommunistischen Gruppe angehörten. Nach und nach entfernte ich mich auch äußerlich dadurch von Dir, daß ich meine letzte freie Minute in den Dienst der Hitler-Jugend stellte.«[182]

Dies schreibt Frau Maschmann in einem fiktiven Brief an eine jüdische Freundin. Bezeichnenderweise trägt er den Titel »Kein Rechtfertigungsversuch«. Aber genau das war es in Wirklichkeit. Wäre ihr

Verhalten ehrlich, würde sie sich bemühen, die ehemalige Freundin ausfindig zu machen, und deren Darstellung und Empfindungen dokumentieren. Dann müßte sie sich der ganzen Wahrheit stellen. Doch genau dies ist der springende Punkt: die fehlende Fähigkeit, das nachzuvollziehen, was der Bruch der Freundschaft bei ihrer jüdischen Freundin ausgelöst hat.

Es waren keinesfalls nur die ideologisch geprägten Lehrerinnen und Lehrer, die den Schulalltag zur Qual werden ließen. Von besonderer Bedeutung war auch das Verhalten der vom Nationalsozialismus beeinflußten Schüler, die oft mit großem Erfolg weitere Mitschüler aufhetzten. Dem ehemaligen Wöhlerschüler Fred L. Hammel verdanken wir einen detaillierten Bericht über einen solchen Sachverhalt, der es jüdischen Schülerinnen und Schülern physisch und psychisch unmöglich machte, ein allgemeines Gymnasium zu besuchen, selbst zu einem Zeitpunkt, als es offiziell noch möglich war. Fred L. Hammel schreibt:

> »Dort war bis zum Amtsantritt von Hitler alles in Ordnung. Es dauert nur bis zum Ende September 1933 in der Quinta, bis es wegen des Antisemitismus unmöglich wurde, im Wöhler zu bleiben. Nur ein paar Aufhetzer begannen, die wenigen jüdischen Mitschüler zu belästigen. In meiner Klasse war ein Ernst Gelbart. Er war ein kleiner schmutziger Junge, der nie auf dem Stand der Klasse war. Ich hatte den schon in der Schwanthalerschule gekannt. Einige Zeit war er in meiner 5. Klasse. Anscheinend wurde Gelbart einige Male umgeschult, um so sein Sitzenbleiben zu vermeiden. Sitzengeblieben war er irgendwo. Ein Klassenlehrer im Wöhler wollte ihn nicht, und so war er in meiner Klasse. Das war im Frühjahr 1933. Sofort begann Gelbart die ganze Klasse aufzuhetzen. Ich glaube, er wollte seinen Mitschülern imponieren, denn zum Lernen war er zu dumm. Ununterbrochen waren Drohungen, häßliche Bemerkungen, und was noch; alles von diesem nutzlosen Kerl. Er wohnte in einem alten Teil von Sachsenhausen. Als meine Mutter mich umschulte, also vom Wöhler ins Philanthropin, fragte der hochanständige Direktor Schramm, ob dieser Kerl der Grund dafür wäre; er wußte Gelbart als den schlimmsten Antisemiten im Wöhler.«[183]

Konkret wurden auch andere Schüler benannt:

> »Der andere im Wöhler war auch ein Junge mit Schwierigkeiten beim Lernen. Sein Name war Rossteutscher. Schon im Februar 1933 kam er

in der Jungvolk-Kluft zur Schule, seine Hand immer im Hitlersalut brüllend, und hetzte seine Freunde auf, sie sollten etwas Gutes machen, nämlich einen Juden totschlagen. Er wurde schon bald ein großer Held. Im Westend waren auch zwei Gassenbuben, Heiner Merkel von meiner Klasse und ein anderer, sein Name war Breul. Die und einige Freunde gingen durch die Straßen des Westends, und wenn die einen jüdischen Jungen sahen, verprügelten sie ihn. Aber nur, wenn der jüdische Junge allein war.«[184]

Natürlich stand hinter diesen Schülern eine viel gewichtigere Macht: der Staat, die NSDAP und die Gestapo! Aber ohne die Mithilfe der aufgehetzten Jugendlichen wäre der NS-Terror nicht bis ganz unten, bis in die einzelnen Schulklassen durchgedrungen. Manchmal wird behauptet, daß Jugendliche, die andere verprügeln oder Häuser anzünden, nicht verantwortlich für ihr Tun seien. Man fährt große Geschütze auf, um der Tatsache aus dem Weg zu gehen, daß einen Jugendlichen zu respektieren bedeutet, ihn in seinem *ganzen* Tun ernst zu nehmen. Das schließt aber jenes Stück Eigenverantwortung und somit auch Schuldfähigkeit ein, die dem einzelnen kein Staat, keine Partei und überhaupt keinerlei vermeintliche Autorität abnehmen kann. Diesen Grundsatz anzuerkennen heißt, jedem Menschen für sein verbrecherisches Tun eine gewisse Eigenverantwortung zuzusprechen, die ihm niemand abnehmen kann, weder in der Vergangenheit noch in der Gegenwart, noch in der Zukunft.

Eine bedeutende Rolle im Schulalltag spielten neben dem Unterricht auch die Pausen, die zusätzlichen Veranstaltungen und nicht zuletzt der tägliche Schulweg. Die vielfach wiederholte Feststellung, daß der »Weg zur Schule eine tägliche Qual« war, bezieht sich in großem Maße tatsächlich schon auf den Schulweg. In vielen Berichten jüdischer Schülerinnen und Schüler ist davon die Rede. Herr Nachman berichtet von dem, was ihn dazu bewogen hat, die Schule zu wechseln:

»Ein ganz bestimmter Vorfall wurde der Auslöser für meinen Wechsel zusammen mit allen anderen jüdischen Jungen aus meiner Klasse. Vier von uns wohnten in geringer Entfernung voneinander, und gewöhnlich gingen wir zusammen nach Hause. Edgar Saretzki, Norbert Meyers, Gerhard Strauss und ich wurden in der Nähe unseres Hauses von einigen unserer Klassenkameraden aufgehalten, und es entstand eine scheußliche Schlägerei auf der Straße. Gerhard hatte sein Cello bei sich und zog sofort den abziehbaren Stift heraus und benutzte ihn als handliche Waffe. Wären es nicht unsere Klassenkameraden gewesen, hätte man das als normalen Bandenstreit hinnehmen können. Aber es konnte kein Mißverständnis geben, und Sieg oder Niederlage war nicht das Ziel. Wir waren nicht erwünscht.«[185]

Ein jüdischer Schüler schreibt über seine Erfahrungen:

»Die Jungen aus der Altstadt waren vehemente kleine Nazis und veranstalteten in den Pausen und nach der Schule eine intensive antijüdische ›Propaganda‹. Ihr Anführer war ein Namensvetter eines bekannteren Antisemiten früherer Generation: Er hieß Kurt (Kurtche) Wagner. Er hielt Reden in den Pausen à la Goebbels über ›die Judde und ihre Klubsessel‹ – ›die Judde hawwe Deutschland verrate und hawwe unser Geld gestohle‹.

Nach der Schule, am Nachhausewege, organisierten sich die Nazis (ab Januar 1933 trugen sie schon Uniform) in kleinen Fünfergruppen. Sie umtanzten einen jüdischen Mitschüler, der körperlich behindert war (er war an einem Bein teilweise gelähmt); wir zwei anderen jüdischen Schüler wurden ›nur‹ beschimpft – aus einer gewissen Entfernung, und manchmal mit Steinen beworfen. Es ist bezeichnend für die ›Abhärtung‹ der jüdischen Kinder damals, daß ich zu Hause nichts davon erzählte. Die Hetze und die Beschimpfungen wurden jedoch von Woche zu Woche schlimmer, und so war ich froh, als ich im Mai 1933 von der Friedrich-Ebert-Schule in die Sexta des Philanthropin kam.«[186]

An diesem Bericht wird zweierlei deutlich: Zunächst die Hemmungslosigkeit der »kleinen Nazis«, die sich einem behinderten jüdischen Schüler gegenüber aufspielen, sowie eine gewisse Feigheit, mit der sich die Jungen entgegen all ihren Phrasen über »Ritterlichkeit« und »Ehre« die Schwächsten herausgriffen. In diesem Zusammenhang sei daran erinnert, daß die ersten in Deutschland durch Giftgas ermordeten Opfer – noch vor der Ermordung jüdischer Kinder und der Kinder der Sinti und Roma – in Anstalten wie Hadamar Behinderte oder für behindert Erklärte waren. 60 000 – 70 000 Menschen wurden bereits gegen Ende der 30er Jahre aus solchen Gründen in Deutschland mit Giftgas ermordet. In dem oben zitierten Bericht findet sich aber noch ein weiterer Aspekt: »Es ist bezeichnend für die ›Abhärtung‹ der jüdischen Kinder damals, daß ich zu Hause nichts davon erzählte«, heißt es da. Jeder jüdische Schüler, jede jüdische Schülerin wußte, wie sehr die Eltern darunter litten, daß ihre Kinder täglich bedroht, geprügelt und gequält wurden. Gerade deshalb scheint es ihnen unmöglich gewesen zu sein, das zu tun, was jedes Kind in einer »normalen« Situation getan hätte: sich bei den Eltern Trost holen. Die Eltern litten mit den Kindern, die Kinder mit den Eltern, und so wurde gegenseitiger Trost schwer, oft sogar unmöglich und die alltägliche Qual nur größer.

Miriam Jonas, geb. Marion Lachs, wurde als Achtjährige bedroht, verfolgt und beschimpft: »Späterhin erinnere ich mich noch, daß ich von größeren Kindern, Jungen, auf dem Weg von der Schule nach Hause verfolgt wurde, und man mir, ich war noch acht Jahre alt, nachschimpfte [...]. Alle Nachbarn zogen sich von uns zurück. Ich war sehr allein.«[187] Auch jene Schülerinnen und Schüler, die entweder von vornherein oder als Folge ihrer Vertreibung von anderen Schulen jüdische Schulen besuchten, blieben auf dem Schulweg nicht verschont, sondern waren erst recht von HJ-Schlägern bedroht, wie Ronnie Moser betont: »Diese Trennung hat sich so ausgewirkt, daß die Nazikinder auf uns gewartet haben, uns nachgerufen haben oder nachgelaufen sind und versucht haben, uns zu verprügeln. Wir mußten fortlaufen, und ich erinnere mich, daß ich mich vor dem Schulweg gefürchtet habe.«[188]

In einem weiteren Bericht heißt es: »Der Weg zur Schule war eine tägliche Qual, da uns die ›deutschen‹ Kinder ununterbrochen mit Schimpfwörtern peinigten wie: ›Schweinehund‹, ›Schweinejude‹ usw. Unseren jüdischen Jungen wurde vielmals die Mütze vom Kopf runtergerissen. Wenn wir ›deutsche‹ Kinder uns entgegenkommen sahen, kreuzten wir die Straße, aber meistens verfolgten sie uns dann auf der anderen Seite.«[189] Das Gefühl, schutzlos ausgeliefert zu sein und selbst die Eltern nicht zu Hilfe holen zu können, wurde noch verstärkt durch die Haltung der Lehrerschaft sowie nicht zuletzt durch die Tatsache, daß auch seitens der Polizei keine Hilfe zu erwarten war.

Felix Adler schreibt über die Wöhlerschule:

»Beginnend mit der Machtergreifung wurden auch die verbalen Drohungen und Beleidigungen häufiger, und ab 1935 mit Sicherheit täglich. Die körperlichen Attacken, angefangen von Anrempeln, Schlägen

Volksschule beim Philanthropin
Israelitische Volksschule

Frankfurt a/M, den 29.August 41
Hebelstrasse 15/19

An den
Herrn Oberbürgermeister
Schulamt der Stadt Frankfurt a/Main
Frankfurt a/Main

Wir unterzeichneten Schulleiter erlauben uns, Ihre Aufmerksamkeit auf die Tatsache zu lenken, dass unsere Schulkinder seit einiger Zeit auf den Wegen von und zu der Schule unerträglichen Belästigungen ausgesetzt sind. Ganze Trupps von Jungen lauern einzelnen auf, entreissen ihnen die Schulranzen und durchwühlen sie, versuchen ihnen Uhren, Füllfederhalter und dergleichen wegzunehmen und schlagen sie oft blutig. Besonders gern besetzen sie die Zugangsstrassen zur Schule (Scheffeleck, Gaußstrasse, Hessendenkmal, Baumweg) und machen so den Kindern oft unmöglich, ordnungsmässig zur Schule oder nach Hause zu gehen, sodass sich hie und da auch Strassenpassanten helfend eingemischt haben. Meistens halten sich diese Trupps aber im Hinterhalt, bis niemand dabei ist.

Besonders auch bei der Altmaterialsammlung, die unsere Schulen ebenfalls durchzuführen haben, werden unsere Schüler ernstlich gestört und belästigt. Auf verschiedenen Strassen wurde das Altmaterial auf die Strasse geworfen, und ein Handwagen umgeworfen. Bei einer Ablieferung auf dem Schulgrundstück wurden die Kinder in der vergangenen Woche aus der Nachbarschaft mit Steinen beworfen, und ein Kind erlitt dabei eine Kopfverletzung.

Besonders gefährdet sind die Kinder nach Schluss des Vormittagsunterrichts, 1 Uhr 15, vor Beginn des Nachmittagsunterrichts 3 - 3 Uhr 30 und nach dessen Schluss 5 Uhr 10 oder 6 Uhr, um welche Zeit etwa auch die Hortkinder entlassen werden.

Wir wären Ihnen zu grossem Dank verpflichtet, wenn Sie veranlassen wollten, dass Massnahmen getroffen werden, um diese Ueberfälle zu verhüten, da naturgemäss die Mehrzahl der Kinder es heute nicht einmal wagt sich zu wehren. Wir erlauben uns, einen Durchschlag dieser Mitteilung unserem zuständigen Polizeirevier, Oberweg, zugehen zu lassen.

Israelitische Volksschule

Rektorin

Volksschule beim Philanthropin

Rektor

Abb. 5: Brief des Rektors der Volksschule beim Philanthropin und der Rektorin der Israelitischen Volksschule an das Schulamt der Stadt Frankfurt am Main
(Institut für Stadtgeschichte Frankfurt am Main)

bis zu heftigen Schlägereien nahmen ebenfalls zu, aber nicht in dem Maße wie die verbalen Angriffe. Die, die sich an verbalen oder physischen Angriffen aktiv beteiligten, waren gewöhnlich dieselben; die, die sich nicht aktiv beteiligten, sahen entweder zu oder verhielten sich passiv und griffen aus Furcht, als Judenfreund zu gelten, nicht ein. Obwohl ich sicher bin, daß einige dieser Handlungen von Lehrern gesehen oder beobachtet wurden, kann ich mich an keinen Fall erinnern, in dem ein Lehrer zugunsten eines jüdischen Schülers eingegriffen hätte.«[190]

Noch drastischere Vorgänge berichtete Ernest Stock:

»Mit der ›Machtergreifung‹ im Januar 1933 wurde alles anders! Der Weg wurde zur Qual, da mich Mitschüler als Jude anpöbelten und auch verprügelten. Das Schlimmste war, daß mein Klassenlehrer, ein Herr Habicht, als Vorsitzender des NS-Lehrerverbandes in Frankfurt fungierte, und als solcher auch in der Klasse antisemitische Bemerkungen machte. Auf meine Verfolger wirkte dies nur ermutigend.«[191]

Über die Situation an der Holzhausenschule im Januar 1933 schreibt Curtis L. Mann:

»Mein Lehrer trug ein Hakenkreuz im Knopfloch. Er hat mit den jüdischen Jungen (es gab drei in einer Klasse von ungefähr 30 Schülern) nichts zu tun haben wollen. Die Jungen in der Klasse richteten sich natürlich nach ihm (und vielleicht kam das auch von ihren Eltern und den Zeitungen) und hatten einen Heidenspaß, sich gegen mich aufzurotten, fünf oder sechs gegen einen. Das geschah im Schulhof oder auf dem Weg zur Schule. Ich wurde regelmäßig von den anderen Buben verprügelt, weil ich Jude war, und immer viele gegen einen. Ich erinnere mich, daß ich mich einmal beim Lehrer darüber beklagte, aber das war ihm ganz egal. Ich war doch Jude, was gab mir da das Recht, so anzugeben?«[192]

Dies erlebte ein siebenjähriger jüdischer Junge, und er hat es über 60 Jahre lang nicht vergessen. Dr. Ruth Esser berichtet ähnliches über den Schulweg ihres siebenjährigen Bruders Kurt:

»Kurt, der damals im ersten Jahr in der Holzhausenschule war, wurde jeden Tag auf dem Heimweg verhauen und kam weinend aus der Schule. Im November, nach der ›Kristallnacht‹, durfte er nicht mehr in die Schule gehen, und war froh darüber, da er nicht mehr verprügelt wurde. Man konnte damals ohne irgendeinen Grund verprügelt werden. Meine Eltern konnten sich noch nicht einmal beschweren. Zur

Polizei durfte man nur gehen, um sich vor der Auswanderung abzumelden.«[193]

Jakob Tannenwald aus Israel schreibt über eine lebensgefährliche Begegnung mit der Hitlerjugend als Viertkläßler:

»Ich war Schüler der Volksschule, welche an die Hirsch-Schule angeschlossen war, und am ›Tiergarten‹ ihren Sitz hatte. Im Jahre 1938 war ich im vierten Schuljahr und hatte schon eine Menge Prügel einstecken müssen, welche freizügig von der Hitlerjugend an kleine jüdische Kinder ausgeteilt wurde. Im selben Jahr wurde ich eines Tages, als ich auf dem Weg von der Schule nach Hause war, von der Hitlerjugendmeute auf der Fahrbahn vor unserem Hause blutig geschlagen, so daß ich bewußtlos liegenblieb. Meine Mutter, welche meine Schreie gehört hatte, stürzte auf die Straße und rettete mich im letzten Augenblick, bevor ich von einem ankommenden Auto überfahren wurde.«[194]

Die Situation für jüdische Jugendliche spitzte sich immer mehr zu. Auch die Mädchen waren in ihrer Freizeit vor den Hitlerjungen nicht sicher, selbst wenn sie sich aus der Großstadt zurückzogen. Ruth Esser schilderte eine solche Situation:

»Ich war bis 1938 Mitglied des Bundes Deutsch-Jüdischer Jugend. Wir wanderten oft im Taunus. Als wir im Herbst 1938 an einem Wiesenrand in der Nähe von Oberursel unser Butterbrot essen wollten, wurden wir auf einmal überrascht. Ein offenes Auto kam, das von einem HJ-Führer gefahren wurde. Eine BDM-Führerin und fünf oder sechs HJ stürzten sich auf uns (sechs Mädchen). Erst wurden wir verhauen und dann angeschrien: ›Juden dürfen sonntags unseren Taunus nicht besuchen!‹ Ein Schild (das ich nie vergessen kann) an der weißen Bluse der Führerin hatte den Namen Braun, Kreisführerin/Höchst.«[195]

Lore Confino, geb. Jacobi, schilderte, wohin diese tägliche Gewöhnung an Prügeleien, Diskriminierung und verbalen Beschimpfungen führte: »Ich erinnere mich an einen Schulfreund meines Bruders, den Namen weiß ich nicht mehr, der halbnackt durch die Straßen in Sachsenhausen laufen mußte, mit einem Plakat, worauf geschrieben stand: ›Ich bin ein Saujude.‹ Man warf alles mögliche auf ihn und schlug ihn und höhnte ihn, bis der arme Junge halb tot war.«[196] Trotz diverser Fotos von solchen und ähnlichen Ereignissen auch aus anderen Städten Deutschlands streiten viele Deutsche der älteren Generation die Wahrheit solcher Berichte einfach ab. Haben sie nicht gesehen, was sie nicht sehen wollten? Und wenn sie solche unwürdigen, inhumanen und brutalen Geschehnisse beobachteten, was haben sie gedacht und empfunden? Aufschluß gibt der folgende, in seiner Ehrlichkeit eine Ausnahme darstellende Erlebnisbericht eines damaligen HJ-Schülers:

> »›Es war ein herrliches Gefühl, mit einem Zug HJ vor die jüdischen Geschäfte zu ziehen, antisemitische Lieder zu singen, *Juden raus* zu schreien‹, erinnert sich ein ehemaliger Pimpf, heute Gymnasialdirektor. Zu den ›Liedern‹, die da gegrölt wurden, gehörte auch dieses: ›Wetzt die langen Messer, auf dem Bürgersteig. Laßt die Messer flutschen / in den Judenhals.‹ Die Begeisterung, die in uns aufkam, wenn Juden in Tränen ausbrachen, wenn sie erschrocken die Geschäfte schlossen, war enorm. Hätte man uns gesagt ›*Schlagt sie*‹, wir hätten es sofort getan. Wir fühlten uns nicht nur überlegen, sondern im Recht. Am aggressivsten waren jene unter uns, die Juden nur aus dem Unterricht und der Propaganda kannten.«[197]

Die Qual mit dem Hitler-Gruß und den NS-Feierlichkeiten

Marcel Reich-Ranicki schreibt über das Verhalten seiner Mitschüler: »Die Juden waren von den meisten Schulfeiern ausgeschlossen. Sie durften an den Schulausflügen nicht teilnehmen. Private Kontakte zwischen jüdischen und nicht-jüdischen Schülern, vordem gang und gäbe, waren etwa ab 1935 kaum noch üblich. Dies alles, so schien es mir, haben unsere nicht-jüdischen Mitschüler für selbstverständlich gehalten. Jedenfalls habe ich ein Wort der Verwunderung oder gar des Bedauerns nie gehört.«[198] Reich-Ranicki wurde Ende Oktober 1938 deportiert.

Es waren willkürliche Repressalien, die die jüdischen Schülerinnen und Schüler mit dem in den Schulen eingeführten »Hitlergruß« erlebten. Liesel Kahn berichtet:

> »Der Schulunterricht wurde ›völkisch‹ und natürlich ›von oben‹ dirigiert. Auch der Hitlergruß wurde obligatorisch, wie überall. Wir jüdischen Schülerinnen brauchten, das verstand sich von selbst, nicht die Hand mit ›Heil Hitler‹ zum Gruß zu erheben. Indessen wurde dieser Direktor, nachdem er sein bisheriges Ich abgelegt hatte (wir glaubten erst, er hätte es nur zum Schein getan, weil er mußte), ein furchter-

regender und gefürchteter Machthaber, der seine Schule mit eiserner Hand im nationalsozialistischen Geist leitete. Vielleicht war er – gerade seiner vorherigen, bekannten Gesinnung wegen – auch hierzu gezwungen.

Eines Morgens stieß ich auf ihn im Korridor der Schule auf dem Weg in meine Klasse. Ich sagte ›Guten Morgen‹ und wollte weitergehen. Er hielt mich an und donnerte los: So grüßte man nicht, hier in seiner Schule hätte ich ›Heil Hitler‹ zu sagen und den Arm zu heben, bitte sehr. Ich war wie versteinert und brachte stotternd heraus, daß ich ja Jüdin sei (was er durchaus wußte). Wir Juden waren ja in der verrückten Situation, daß wir noch nicht einmal recht wußten, ob wir nicht mit ›deutschem Gruß‹ zu grüßen brauchten, oder ob wir es gar nicht durften. Es wurde jedenfalls nicht getan. Es war eine völlig absurde Situation. Er muß die Situation genossen haben, der Herr Direktor. Wir waren allein im Gang, niemand sah oder hörte uns, und er brauchte weder ›so tun als ob‹, noch sich als Nazi schlimmster Sorte aufzuspielen. Diesmal wäre er zu nichts gezwungen gewesen, es gab kein Publikum. Er sagte: ›Und bitte laut, so daß man es hört.‹«[199]

Mal war der »Hitlergruß« für alle, auch die jüdischen Schülerinnen und Schüler, Pflicht, dann wieder beschwerten sich Eltern, daß »der Führer« auf diese Weise durch die jüdischen Kinder entehrt würde, und baten um eine klare administrative Regelung. Grüßten jüdische Kinder jedoch nicht mit »Heil Hitler«, wurden sie bloßgestellt und bestraft. Der Schulleiter der Frankfurter Holbeinschule, Herr Striedinger, ohrfeigte zum Beispiel in diesem Zusammenhang das jüdische Mädchen Anneliese Marx vor der gesamten zu einer Feier angetretenen Schülerschaft, wie ehemalige Schülerinnen berichteten. Ähnlich schildert Ruth Backer, geb. Nachmann, die Willkür der Lehrerschaft:

»Ich mußte gesetzlich zweimal wöchentlich auf eine Berufsschule gehen, in der Junghofstraße. Da war ein unmenschlicher Nazilehrer, Herr Borich. Wir mußten alle aufstehen, wenn der Unterricht anfing, und er grüßte ›Heil Hitler‹. Wenn wir Juden (zwei von uns) grüßten, schrie er, und wir mußten vortreten, und er sprach über die Juden, die den Namen Hitlers entehren würden, wenn sie ›Heil Hitler‹ grüßten. Wenn wir schwiegen, mußten wir vortreten, und er war wie vom Teufel besessen, da wir keinen Respekt für den Führer zeigten. Es war schrecklich.«[200]

Der in Frankfurt geborene Alfred Herrmann hatte einen Vater mit luxemburgischem Paß, und auch seine Mutter war durch die Heirat

Luxemburgerin. Auch er erinnert sich an den Terror an der Musterschule:

> »Es wurde später eingeführt, daß bei dem Hineinkommen in die Klasse des Professors, d.h. am Anfang jeder Unterrichtsstunde, dieser mit dem ›deutschen Gruß geehrt‹ wird. Nur Ausländer waren davon befreit und hatten nur aufzustehen. Einer der ›Herren‹ brüllte: ›Herrmann, warum grüßt Du nicht?‹ ›Ich bin Ausländer‹, war meine Antwort. Er entgegnete: ›Ausländer und Jude, das ist doppelt schlimm.‹ Daraufhin wanderte ich nach Luxemburg aus, allein, ohne meine Eltern, im Alter von 13 Jahren.«[201]

Felix Adler beschreibt diesen Vorgang an der Wöhlerschule: »Lehrer waren von Anfang an verpflichtet, die Klasse mit dem Hitlergruß zu betreten, die Schüler erhoben sich und mußten ›Heil Hitler‹ brüllen, es gab keine Ausnahmen. Bei manchen Lehrern konnte man eine weniger euphorische Haltung zu dieser Vorschrift beobachten, andere taten es aus voller Überzeugung.«[202] Ruth Baer aus Haifa beschrieb am 31. März 1993 das Gefühl des Ausgegrenztseins: »Wenn ein Lehrer in die Klasse kam und mit dem Hitler-Gruß grüßte, war es auch ein schreckliches Gefühl, als einzige mit den Händen nach unten und an der Seite dazustehen.«[203] Über die Bedeutung des Hitlergrußes heißt es in einem Brief von Gretel Lowinsky aus Chicago vom 18. März 1984:

> »Eine andere sehr klare und schmerzliche Erinnerung dieser Zeit ist die folgende: alle Schüler mußten bei einem Empfang für Hitler am Kasseler Rathaus (wahrscheinlich der am 11. Februar 1933) teilnehmen; der bekannte Gruß – ›Heil Hitler‹ mit rechtem Arm hoch – wurde von allen geleistet bis auf ungefähr ein Dutzend jüdischer Schüler, die sich weigerten. Ich war stolz darauf, daß wir unsere Identität bewahrten; auf der anderen Seite fühlte ich mich wie eine Ausgestoßene und im Alter (zwölf Jahre), in dem Kinder zu einer Gruppe gehören wollen, ist das sehr schmerzhaft. Außerdem war es angsterregend, zu einer solch kleinen Minorität zu gehören!«[204]

Antisemitischer Terror der Lehrerinnen und Lehrer

Wie muß man sich die Lehrerinnen und Lehrer des NS-Regimes vorstellen, die die jüdischen Kinder und Jugendlichen demütigten, quälten und terrorisierten? Marcel Reich-Ranicki betont, daß es nicht nur den eindeutig als Nazi zu identifizierenden, trinkenden und sich auf der Straße prügelnden SA-Mann gab. Er beschreibt seinen Lehrer Heiniger als einen »etwa 50 Jahre alten, schon etwas rundlichen Mann mit Glatze« ohne jegliches zackig-militärisches Gehabe. Im Unterricht präsentierte er sich jedoch als »eifriger, ja fanatischer Nationalsozialist«. Reich-Ranicki vermutet:

»Wenn aber die vorgesetzten Behörden angeordnet hätten, daß die Juden am Unterricht nur stehend teilnehmen könnten oder die Schule nur barfuß betreten dürften, hätte er die Anordnung ohne Zweifel korrekt ausgeführt und bestimmt in schönen wohlgesetzten Worten als historische Notwendigkeit begründet. Nein, wir mußten nicht barfuß die Schule betreten, aber unsere Schädel hat man vermessen, allerdings auch die einiger nichtjüdischer Schüler. Es geschah im Rassenkundeunterricht.«[205]

Ruth Backer schildert, wie die Lehrer an den Schulen mit scheinbar kleinen Gemeinheiten und Bemerkungen das Leben eines zwölfjährigen Mädchens aus dem Gleichgewicht brachten:

»Die ganze Klasse war in einer Weihnachtsaufführung. Wir waren als Engel gekleidet, standen auf der Bühne und studierten unsere Lieder während der Proben. Jemand stellte uns auf unseren Platz auf der Bühne, nach Stimmen und Größe geordnet. Ich war ziemlich im Vordergrund. Die Gesangslehrerin, Frl. Moll, kam mit einem lauten ›Heil Hitler‹ in die Aula, überprüfte das Bühnenbild und ordnete an, daß man mich in die letzte Reihe stellte. ›Man muß das Judengesicht nicht sehen.‹ Ich kam vollkommen verstört nach Hause, zwölf Jahre alt. Dann ging es los mit meinen ›Freundinnen‹. Sie gingen über die Straße auf die andere Seite, wenn sie mich sahen. Keine wollte etwas mit mir zu tun haben. Es war mir unverständlich und ich war sehr unglücklich.«[206]

Die in diesem Maße vielleicht gar nicht beabsichtigte Brutalität des Fräulein Moll[207] gegenüber einem zwölfjährigen Mädchen, das als Engel verkleidet eine Weihnachtsfeier mitgestalten wollte, war kein Einzelfall, sondern Normalität in der NS-Zeit. Ähnlich ist es Lisel

Kahn ergangen, die bei einer Schultheatervorführung eigentlich das Gretchen in Goethes »Faust« hätte spielen sollen. Aber aufgrund der Intervention eines bis dahin von ihr sehr bewunderten Deutschlehrers wurde ihr diese Rolle abgenommen. Sie berichtet:

> »Kurz vorm Nachhausegehen kam eine unserer Vertrauensschülerinnen zu mir, nahm mich zur Seite und ließ mir von dem Lehrer sagen: Man habe ihm nahegelegt, nicht zu einer Jüdin nach Hause zu gehen. Er hätte daher angeordnet, daß die Gruppe sich anderswo zu treffen hätte. Dies ›ließ‹ er mir also bestellen. Vielleicht war es diese Feigheit – die ich ihm nicht zugetraut hätte –, die mich am meisten enttäuschte. Ich war außer mir. Brachte gerade noch heraus, daß ich dann natürlich nicht mehr dabei sein könne (völlig überflüssig natürlich). Ja, dafür hätte man Verständnis. (Protestierte da etwa jemand? O nein, ich ›wurde gegangen‹, wie *wir* [Hervorh. i. Orig.] es damals ausdrückten.)
> Ich war natürlich keine Ausnahme. So etwas war dann allmählich an der Tagesordnung. ›Doch wenn es just passiert, dem bricht das Herz entzwei‹, um nochmals mit Heine zu reden. Obwohl ja Herzen gar nicht so leicht entzweigehen. Fausts Gretchen starb also ohne meine Mitwirkung [...]. Der Studienkreis existierte fröhlich weiter. Klar. Der Lehrer leitete ihn weiter – warum auch nicht? Irgendein Wort des Bedauerns, vielleicht – von Seiten des Lehrers oder der anderen Goetheaner? [...] Nein. Und dabei war es damals noch früh. Menschlichkeit kostete noch nicht Kopf und Kragen.«[208]

Die Ausgrenzung und Demütigung der jüdischen Schülerinnen und Schüler betraf jedoch nicht nur den Unterricht und die Schulveranstaltungen, sondern den gesamten Schulalltag. Ruth Backer berichtet:

> »Ich radelte jeden Tag zur Schule, und das Rad wurde in einem Fahrradkeller untergebracht. Eines Morgens kam ich an, da war eine Notiz am Keller: ›Jüdische Fahrräder nicht erlaubt.‹ Ich stand da wie vor den Kopf gestoßen, und eine meiner Freundinnen hatte Mitleid und bot mir an, mein Fahrrad in ihren Garten zu bringen. Es war fünf Minuten vor Schulbeginn, keine Zeit mehr. Ich fuhr nach Hause, heulend, und meine Mutter fand keinen Trost für mich. Ich weinte über Stunden.«[209]

Rosemarie Silbermann, die 1922 in Berlin geboren wurde, beschreibt ihre Schulzeit:

»Und dann kam die Judenbank. Ich kam in die Schule so wie gewohnt und setzte mich auf meinen gewohnten Platz. In meiner Klasse waren noch zwei jüdische Kinder. Die Lehrerin sagte: ›Rosemarie aufstehen, Ulla aufstehen, Gerhard aufstehen, von heute ab sitzt ihr hinten auf der Judenbank.‹ Ulla weinte, Gerhard senkte den Kopf, ich ballte die Fäuste und knirschte mit den Zähnen. Ich sagte: ›Ich will auf die deutsche Bank, ich bin Deutsche!‹ Die Antwort war: ›Raus, und morgen sitzt du auf der Judenbank!‹ Ulla und Gerhard gingen wie geheißen und setzten sich auf die Judenbank, ich nahm meine Schultasche und ging raus. Ich sitze auf keiner Judenbank.«[210]

Tatsächlich ging Rosemarie Silbermann vom nächsten Tag an in die jüdische Mädchenschule in der Auguststraße in Berlin: das bedeutete täglich eine dreiviertelstündige Fahrt mit der Straßenbahn. Die ehemalige Schülerin Hilde Berndt berichtet in einem Brief vom 26. November 1984 aus Santiago de Chile: »Der ausschlaggebende Grund, die Schule zu verlassen, war, daß ich dort sehr allein und unglücklich war. Nicht nur die Schüler waren antisemitisch geworden, auch viele Lehrer waren Nazis und waren boshaft und verbitterten den jüdischen Kindern das Leben.«[211] In einem anderen Brief von Margarete Grünbaum aus Israel vom 15. März 1985 heißt es: »Der Lehrer meines Sohnes mußte ihn auf eine extra Bank setzen [...]. Die Versetzung meines Sohnes auf eine extra Bank war der Hauptgrund unserer Übersiedlung nach Berlin.«[212] Norbert Strauss schildert die Konsequenz aus den Angriffen seines Klassenlehrers:

»Ich erinnere nicht sehr viel aus den Jahren 1933/34 außer, daß mein Lehrer ein Nazi war, der es für nötig hielt, mich jeden Tag grundlos zu bestrafen, indem er mich nachsitzen ließ und mich vor der Klasse schlug. 1935 wurde es so unerträglich, daß meine Eltern beschlossen, mich aus der örtlichen Schule zu nehmen, und obwohl wir noch in Bad Homburg wohnten, mußte ich ab 1935 jeden Tag mit der Straßenbahn nach Frankfurt auf die Israelitische Volksschule fahren.«[213]

Elsy Hirtz de Bleiweiss berichtet über ihr Schulerlebnis als elfjähriges Mädchen:

»Nach dem 30. Januar 1933 änderte sich der Ton in der Schule sofort. Mein damaliger Deutschlehrer, Dr. oder Herr Tod, schlug mir jeden Morgen mit einem Lineal auf die Hände und erklärte der Klasse, daß er das mit einer Jüdin machen muß, damit sie lernt, saubere Hände zu haben, da alle Juden eben von Natur aus schmutzig seien. Ich war eine gute Sportlerin und wurde von meinem Gymnastiklehrer unterstützt und bekam gesagt, daß ich die goldene Medaille gewonnen hätte. Als es zur Verteilung der Medaillen im deutschen Haus kam, wurde ich einfach übergangen und der Zweite bekam die goldene und so weiter. Ich erinnere mich, daß ich viel weinte, ich war ja erst elf oder zwölf Jahre alt.«[214]

Peter Bloch berichtet aus dem Wöhler-Gymnasium:

»Der schlimmste antisemitische Hetzer an der Wöhlerschule war der Lehrer Dr. Rudolf Bonnet [...]. Er predigte in jeder Stunde systematisch den Nazismus und Antisemitismus und war bei den Schülern beliebter als die Vorgenannten. Bei vielen Schülern fiel sein Giftsamen auf günstigen Boden [...]. Soviel ich weiß, ist Bonnet nach dem Krieg wieder aufgetaucht, als sei nichts gewesen. Viel Schlimmes ist ihm offenbar nicht geschehen; vielmehr hat er irgendeine Schrift veröffentlichen können.«[215]

Ergänzend beschreibt Bloch die Atmosphäre in der NS-Zeit:

»Übrigens halfen sich manche Nazilehrer aus der Verlegenheit, indem sie erklärten, Jesus sei zufolge der Entdeckungen des Rasseforschers Günther kein ›Rassejude‹, sondern ›Arier‹ gewesen; denn in Galilea gebe es Menschen mit blondem Haar und blauen Augen; wobei sie vergaßen, daß viele Juden blond und blauäugig sind. 1933 begann eine Zeit des Wahnsinns.«[216]

Und Friedrich Schafranek berichtet von einem selbst für die damalige Zeit außergewöhnlich sadistischen Lehrer namens Teichert, der ihn im 2. Schuljahr an der Wöhlerschule unterrichtete:

»Ein Judenhasser erster Klasse. Auf mich hatte er einen besonderen Pik. Obwohl er wußte, daß ich Jude war, mußte ich ihm immer wieder Nazilieder vorsingen, und er begleitete mich auf seiner Geige. Oft mußte ich ›Köpfe rollen, Juden heulen‹ singen, bis einmal meine Mutter zu ihm ging und ihm klarmachte, daß wir Österreicher seien, und wenn er sich nicht ändern würde, müsse er angezeigt werden. Danach wurde es etwas besser, jedoch verschlechterten sich meine Noten. In seiner sadistischen Weise bekam ich seinen Geigenbogen öfters auf meinem Kopf und meinen Händen zu spüren.«[217]

Aber es waren nicht nur die einzelnen Handlungen der Lehrer, sondern auch der Inhalt des Unterrichts. Der ehemalige Schüler der Musterschule Walter M. Sommers erklärt:

»Ich verließ die Musterschule hauptsächlich wegen dem Schulfach ›Rassenkunde‹, welches das schlimmste Beispiel von Antisemitismus gewesen ist. Ich war einer von drei jüdischen Schülern in der Klasse, und nach 1935 wollte keiner der anderen Schüler mehr mit uns gesehen werden oder bei einer Unterhaltung beobachtet werden.«[218]

Ein Schüler des Lessing-Gymnasiums berichtet:

»Mein Klassenlehrer, Herr Oberstudienrat Dr. Ickes, erschien kurz nach der Machtergreifung der Nazis in SA-Uniform und lieferte die gemeinsten antisemitischen Reden und versuchte nicht zu verbergen, daß er die fünf jüdischen Schüler in der Klasse am liebsten schnell loswerden wollte. Hier war ein Mann mit guter Erziehung, der noch nicht einmal die Entschuldigung einer wirtschaftlichen Not plädieren konnte, der mit großer Energie die gemeinen Gesetze der Nazis unterstützte und keine Gelegenheit ausließ, um auf Juden zu hetzen. Diese Männer waren die Tragödie Deutschlands in den 30er und 40er Jahren.«[219]

Aus den USA schreibt ein ehemaliger Schüler der Varrentrappschule, daß »bereits im ersten Schuljahr, schon im Jahre 1935, jüdische Kinder keine bessere Note als 3 erhalten konnten. Dies wurde ohne Zögern in der Varrentrappschule im Westend eingehalten.«[220] In einem Brief eines jüdischen ehemaligen Schülers an Dr. Berenbaum vom Holocaust Memorial Museum in Washington heißt es über seine Schulzeit: »Die Idee war, daß, bedingt durch die rassische Minderwertigkeit, Juden nicht als intelligent erscheinen sollten, und die Lehrer uns schlechte Noten geben sollten.«[221] Mag sein, daß diese nicht offiziell in einem Erlaß verkündete Maxime in manchen Gymnasien subtiler realisiert wurde. Es steht jedoch außer Frage, daß jüdische Schülerinnen und Schüler auch durch ungerechte Notengebung benachteiligt wurden.

Der Zynismus der deutschnationalen Studienräte

Es wäre falsch, die Rolle, die solche Lehrer bei der Erhöhung der Qual für jüdische Schüler spielten, zu unterschätzen. Eine oder zwei von sechs Stunden am Tag bei solchen Lehrern genügten, um das Leben für die Betroffenen zur Hölle werden zu lassen. Aber nicht nur die fanatischen Nationalsozialisten, rein zahlenmäßig an den Gymnasien vielleicht noch nicht einmal in der Überzahl, waren das Problem. Ähnlich wie an den Hochschulen, den Ämtern oder beim Militär gab es eine breite Schicht sogenannter Bildungsbürger, die deutschnational eingestellt waren und dem NS-Staat trotz einiger Einwände grundsätzlich positiv gegenüberstanden. Zur richtigen Einschätzung ihrer Rolle im Schulalltag, ihrer Distanz zum »Radau-Antisemitismus«, den sie ordinär fanden, aber auch ihrer unerschütterlichen Treue zu »Deutschland« muß auch an dieser Stelle wieder an das politische Bündnis der NSDAP mit den Deutschnationalen erinnert, auf das Bündnis zwischen Hitler und Hindenburg hingewiesen werden, ohne das die gesamte Lage in Deutschland nicht richtig bewertet werden kann.

Auf kulturellem Sektor waren es Künstler wie der Schriftsteller Gerhart Hauptmann, der Dirigent Furtwängler[222] und der Schauspieler Heinz Rühmann, die – bei allen Widersprüchen zu den Nazis – Goebbels eine enorme Hilfe waren, um im Ausland, aber auch im Inland immer wieder die Illusion zu erzeugen, daß es »so schlimm« doch nicht sein könne, wenn Musiker wie Strauss oder Furtwängler, Literaten wie Hauptmann und Erziehungswissenschaftler wie Spranger und Petersen, ganz offen mit und für Adolf Hitler auftraten. Das Motto aller Nationalisten, »Recht oder Unrecht – mein Land«, band sie an Nazi-Deutschland und gab Goebbels die unschätzbare Gelegenheit, mit ihnen als Aushängeschild den Terror unter den Klängen eines meisterhaft dirigierten Beethoven durchzuführen.

In den Erinnerungen vieler nichtjüdischer Schüler spielt der Typ des deutschnationalen Gymnasiallehrers eine entlastende Rolle in dem Sinne, daß doch nicht alle »so schlimm« und »so braun« gewesen seien. Es lohnt sich, diese Aussage noch einmal genauer zu betrachten. Die schnelle Machtentfaltung des NS-Regimes wäre ohne die bedingungslose Pflichterfüllung dieser deutschnationalen Kollaborateure nicht möglich gewesen. Weder die Eisenbahnzüge nach Auschwitz-Birkenau noch die Aussonderung Behinderter durch Ärzte zur Vergasung in Hadamar und anderswo, noch der Vormarsch der Wehrmacht mit den mörderischen Einsatzgruppen im Gefolge – all dies hätte nicht funktioniert ohne jene Deutschnationalen, die sich nach 1945 hektisch bemühten, einen Beleg dafür vorzuweisen, daß sie doch in diesem oder jenem Konflikt mit irgendeinem fanatischen Nazi gestanden hätten.

Während sich zum Beispiel der Schulleiter des Frankfurter Wöhlergymnasiums, Herr Schramm, weigerte, die Zahl der jüdischen Schülerinnen und Schüler zu verringern, machten die anderen mit. Sie handelten also im Sinne der NS-Politik, obwohl sie sich vielleicht nicht einmal als Nazis fühlten. In Gesprächen mit jüdischen Eltern signalisierten sie ihnen zwar Mitgefühl, hatten möglicherweise jedoch nur die Erreichung des Zieles im Hinterkopf, auch an ihrer Schule die Zahl der jüdischen Schülerinnen und Schüler zunächst auf die angestrebten 1,5 Prozent zu senken. Sie empfahlen den Eltern – im Interesse der jüdischen Schüler, versteht sich –, ihre Kinder endlich abzumelden. Ernst S. Valfer berichtet von einem solchen Gespräch: »Von 1935 bis 1936 ging ich in die Sachsenhäuser Oberrealschule in Sachsenhausen. Nach einem Jahr erfragte der Schulleiter meine Mutter zu einer Audienz, wo er ihr vorstellte, daß es besser sei, wenn ich die Schule verließe, da er nicht mehr für meine Sicherheit garantieren könnte. Er schien dies wirklich zu bedauern.«[223]

Gerade jene »gemäßigten« Deutschnationalen, denen es mehr um die Vermeidung von Konflikten zu gehen schien, bereiteten den Nationalsozialisten den Weg. Auf das Funktionieren des NS-Systems kam es schließlich an. Das galt auch für die Schule, denn die vielen unauffällig agierenden NSDAP-Anhänger und Hitlerverehrer aus dem Lager der Deutschnationalen trugen mit ihrem Verhalten mehr zum reibungslosen Ablauf der Vertreibung bei als die lärmende HJ. Treffend schildert Walter Jens jenen Typus des antisemitischen Gymnasiallehrers, der seine Anfeindungen hinter kalter Höflichkeit verbarg: »›Gerade Sie sollten etwas strebsamer sein‹, pflegte er zu den jüdischen Schülern Wolff oder Weinberg zu sagen, wobei er in das scheinbar unverfängliche Wort *gerade* den ganzen Rosenberg und den ganzen Streicher hineinlegte. *Gerade Sie*: Das war der Ton des ›Stürmer‹ auf den höheren Rängen, die zynisch-sanfte Suada eines Altphilologen.«[224]

Die Wirkung der Gesamtatmosphäre auf die jüdischen Schülerinnen und Schüler

Der allgemein vorherrschende Antisemitismus der Jahre nach 1933 wirkte sich auf den psychischen Zustand der Schülerinnen und Schüler aus. Die Schule war nur *ein* Ort, an dem die jüdischen Schülerinnen und Schüler Diskriminierung und Verfolgung zu spüren bekamen. Es ist daher bezeichnend, daß Greta Nachman ihren Bericht mit der Frage einleitet:

> »Womit beginnen? Damit, als ich im Philanthropin mit der Schule anfing, und Ruth und Lothar ebenfalls dorthin gingen und nicht mehr in die Elisabethenschule und das Lessing-Gymnasium, wo sie vorher waren, einerseits wegen der Diskriminierung der Juden durch die Lehrer, und andererseits wegen der Drohungen feindlich gesinnter Schüler? Oder, wenn wir spazierengingen und überall Schilder in den Fenstern der Läden, in denen wir immer eingekauft hatten, auftauchten: ›Juden sind hier unerwünscht‹? Oder, wenn wir die Zeil entlanggingen, eine der Hauptstraßen Frankfurts, und die SA (Braunhemden) aufmarschierte und sang: ›Wenn's Judenblut vom Messer spritzt, dann geht's nochmal so gut, SA-Kameraden, nehmt die Juden, stellt die Bonzen an die Wand‹ – und unsere Mutter mich schnell in eine Seitenstraße zog, um mir den Anblick und das Hören dieser Worte zu ersparen?
>
> Oder sollte ich damit anfangen, als wir nicht mehr ins Stadion gehen konnten – die schöne Anlage mit Rasen und Schwimmbecken, mit Freilichttheater, wo wir viele Jahre lang zum Vergnügen und Schwimmen hingingen, und ich zum ersten Mal ins Theater durfte – und meine Mutter und Frl. Emilie, oder wer auch immer dabei war, blamierte, weil ich rief: ›Ganz recht geschieht's Dir!‹ als der Wolf im ›Rotkäppchen‹ gefangen wurde? Die Juden wurden in ein Schwimmbad im Main – das ›Juddebad‹ in Niederrad – verbannt, das Holzbalken hatte, auf denen sich unser Cousin Eric Ettlinger an einem heißen Sommertag die Füße verbrannt hatte, als er uns einmal in Frankfurt besuchte. Oder mit der Eislaufbahn, wo ich Ruth und Lothar so lange beobachtet und gehofft hatte, eines Tages auch Schlittschuhlaufen zu lernen, aber dann herausfinden mußte, daß jüdische Kinder dort nicht mehr laufen durften?«[225]

Es war also nicht nur der körperliche Schmerz, der ihnen bei Schlägereien zugefügt wurde, sondern auch der Schmerz durch zerbrochene Freundschaften, der Schmerz der Hilflosigkeit und des Alleinseins, der das Leben der jüdischen Schülerinnen und Schüler bestimmte. John H. Slade, ein gebürtiger Frankfurter, der 1938 in die USA fliehen konnte und 1948 Mitglied der amerikanischen Olympiamannschaft in London war, berichtet von der Atmosphäre, in der junge Menschen während der NS-Zeit leben mußten:

>»Ich war damals in Sport sehr aktiv, besonders in Tennis, Fußball und Hockey. Ich spielte in der ersten Mannschaft des Sportclubs 1880 und vertrat Frankfurt in Süddeutschland. Mein Ziel war, an der Olympiademannschaft 1936 in Berlin teilzunehmen. Ich erhielt keine Einladung, an dem Spiel gegen Heidelberg teilzunehmen, und als ich unseren Mannschaftsführer fragte, warum, wurde mir empfohlen, zum Präsidenten des Sportclubs zu gehen. Es gab mir die Auskunft, daß Heidelberg nur gegen Frankfurt spielen wollte, wenn keine Juden in der Mannschaft waren. Ich werde nie verstehen, warum mein Club nicht so viel Anstand hatte, mir mitzuteilen, was los war, und ich es selbst herausfinden mußte. 1933 verließ ich den Sportclub, weil sie mich als Juden aus der Mannschaft ausschlossen.«[226]

Die jüdischen Kinder spürten also sehr deutlich den allgegenwärtigen Terror. In einem anderen Bericht heißt es: »Ich war noch zu jung, um alles zu verstehen. Unsere Nachbarn, Familie Spicker – keine Juden – waren anständige Menschen, aber wagten nicht, mit uns zu sprechen, aus Angst, beobachtet zu werden. Sie hatten sogar Angst vor ihren eigenen Kindern.«[227] Diese »bedrückende Atmosphäre«, dieses Leben »in ständiger Erwartung einer kommenden Katastrophe«[228] wurde aus vielen Quellen gespeist. In dem Buch »Die Zeit der großen Täuschungen. Mädchenleben im Faschismus« von Eva Sternheim-Peter bringt die Autorin die »Begründung« für die Ausgrenzung der jüdischen Schülerinnen und Schüler auf den Punkt: »Es war jetzt nicht mehr so wichtig, daß die Juden keine Christen waren, sondern daß sie keine Deutschen waren, und es gab keine Formel mehr, die das hätte aus der Welt schaffen können.«[229]

Sogar aus den Ehemaligen-Vereinen der Schulen wurden die jüdischen Schülerinnen und Schüler ausgeschlossen.[230] Zur Realität der NS-Zeit gehörte es auch, daß einem siebenjährigen Mädchen folgendes passieren konnte: »Kurz vor unserer Auswanderung, als ich einen Brief meiner Mutter zum Briefkasten nahm, wurde ich auf der Straße von einem 1,80 m großen Nazi-Weib geohrfeigt, mit den Worten: ›Du fieses Judenkind‹.«[231] Und auch die Tatsache, daß ihr Paß geändert

Bitte lesen!   **Sehr wichtig!**

An alle Vereinsmitglieder!

Sicher haben Sie die neuen Satzungen des Vereins gelesen, die wir Ihnen Anfang Oktober dieses Jahres haben zugehen lassen, und dabei ganz besonders § 6 beachtet, wonach nur noch solche ehemaligen Schüler Mitglied des Vereins sein können, die

arischer Abstammung

sind oder als Nichtarier am Weltkrieg als Frontkämpfer teilgenommen haben.

Da sich in der Zwischenzeit fast alle nichtarischen Mitglieder abgemeldet haben, halte ich es für überflüssig, von jedem Vereinsmitglied schriftlich die ehrenwörtliche Erklärung über seine Vorfahren einzufordern, die ja doch nur nach bestem Wissen und Gewissen gegeben werden kann.

Ich fordere aber hierdurch alle Mitglieder des Vereins nochmals höflichst auf, ernstlich zu prüfen, ob sie gemäß § 6 Mitglied des Vereins bleiben können; andernfalls erbitte ich die Abmeldung bis spätestens zum 15. November 1933. Wir bedauern selbstverständlich das Scheiden eines jeden Mitgliedes, aber die Gleichschaltung muß im Interesse des neuen Staates genau durchgeführt werden.

Von allen anderen Mitgliedern nehme ich ohne weiteres an, daß ihr Verbleiben im Verein zugleich die **ehrenwörtliche Erklärung nach bestem Wissen und Gewissen ist, daß sich unter ihren Vorfahren bis zum 2. Grad keine Juden befinden.**

Frankfurt am Main, im November 1933.

Mit deutschem Gruß.

Der Führer des Vereins ehem. Sachsenhäuser Oberrealschüler:

Fritz Becker.

Abb. 6: Rundbrief des Vereins der ehemaligen Sachsenhäuser Oberrealschüler (Privatbesitz A. Oppenheimer)

wurde, registrierten die jüdischen Kinder: »In meinem Freischwimmerpaß vom 2.7.1937 lautet mein Name noch Norbert Strauss; in meinem Reisepaß vom 2.8.1940 wird mein Name mit Norbert Israel Strauss angegeben: Alle jüdischen Männer mußten den Namen ›Israel‹, alle jüdischen Frauen den Namen ›Sara‹ annehmen.«[232]

Neben diesen immer wiederkehrenden, zermürbenden Alltagsdiskriminierungen erfuhren die jüdischen Jugendlichen natürlich auch von Anfang an den zentralstaatlich gesteuerten antisemitischen Terror, der die Gesamtsituation bestimmte. Da war der 1. April 1933, der Tag, an dem der Boykott jüdischer Geschäfte beschlossen wurde. Da waren die Nürnberger Rassengesetze 1935. Und da war die Nacht vom 9. auf den 10. November 1938. Die jüdischen Jugendlichen hatten auf all diese Ereignisse ihre eigene Sicht. Als 13jähriges Mädchen erlebte Edith Abrahams, geb. Wolf, den 1. April 1933 und seine Folgen:

»Am 1. April 1933 erfolgte der Boykott gegen die Juden. Zu dieser Zeit ereignete sich folgender Vorfall: Eine Frau probierte vor unserem Geschäft eine Provokation aus, weil eine Kundin bei uns gekauft hatte; sie wollte diese Kundin nicht herauslassen. Mein Vater bat sie, beiseite zu treten, und sie fing an zu schreien. Innerhalb von ein paar Sekunden sammelte sich eine Masse von Leuten an, wir haben enorm Angst gehabt, denn die Schreiereien gegen die Juden wurden immer schlimmer. Glücklicherweise kam ein Schupo (Schutzpolizist), der uns gut kannte und der Ruhe ins Geschehen reinbrachte, so daß nichts passierte. Er sagte uns, wir sollten schnell das Geschäft schließen. Er schickte alle Leute, die vor dem Laden standen, weg. Wir waren kurz vorher in die Schadowstraße nach Sachsenhausen umgezogen. Er nahm die Adresse auf und warnte uns davor, das Geschäft erneut zu öffnen. Wir sollten warten, bis wir eine Nachricht von der Polizei erhielten. Er kam ein paar Tage später und übergab uns die schlechte Nachricht. Durch den Vorfall im Laden stand mein Vater auf einer schwarzen Liste. Das hieß, wir mußten weggehen. Ich weiß nicht, wie meine Eltern den Laden aufgelöst haben.«[233]

Nachdem der Laden geschlossen, die Existenzgrundlage der Familie zerstört und ein Neuanfang in Straßburg ebenfalls gescheitert war, flohen sie in die Niederlande:

»Wir mußten wieder weg, diesmal nach Holland. Da wir keine Visa hatten und fast kein Geld besaßen, wohnten wir in Amsterdam nur

„Sara und Israel" – Tarnung hört jetzt auf

Rund 10 000 Juden erhielten in Frankfurt ihre richtigen Namen

Eben hat das Standesamt seine Pforten geöffnet. Die ersten Besucher kommen. Juden merkwürdigerweise. Und je weiter der Vormittag vorwärts schreitet, um so mehr Juden gehen durch die Tür des Standesamtes. Juden und Jüdinnen. Zuerst ein Dutzend oder zwei; dann immer neue. Es müssen längst hundert oder gar zweihundert sein. Und bei der Nachfrage auf dem Amt stellt sich sogar heraus, daß es rund dreihundert Juden sind, die alltäglich das Frankfurter Standesamt aufsuchen, um ihren Antrag auf Erlangung der gesetzlich vorgeschriebenen Zusatznamen Israel oder Sara zu stellen.

Erst jetzt wird in ganzem Umfange deutlich, auf eine wie unerhört raffinierte Weise der Jude es verstand, sich zu tarnen, um unter dem Deckmantel eines möglichst deutsch klingenden Namens die dummen Gois ordentlich einzuseifen und hereinzulegen. Da nannten sie sich mit Vornamen meinetwegen Rudolf J. oder Werner G. oder Walter M. und so weiter. Viele harmlose Menschen fielen auf diese schön klingenden Namen herein, ohne im Traum daran zu denken, daß sich hinter diesen unscheinbaren Abkürzungen J. oder G. oder M. und anderen Judennamen Itzig, Isidor oder Isaac, Salomon, Sally oder Schmul, Moses oder Manasse geschickt zu tarnen suchten.

Jetzt ist dieser Judenzauber ein für allemal beendet. Das Gesetz schreibt mit einer bei den Juden besonders notwendigen, nicht mißzuverstehenden Deutlichkeit vor, daß Juden deutscher Staatsangehörigkeit oder staatenlose, in Deutschland lebende Juden dazu verpflichtet sind, als zusätzlichen Namen je nach ihrem Geschlecht die Vornamen Israel oder Sara anzunehmen und ungetarnt im Rechts- und Geschäftsleben stets zu führen.

Bis heute wurden allein auf dem Frankfurter Standesamt rund 10 000 derartige Anträge von Juden und Jüdinnen gestellt. Es ist damit zu rechnen, daß sich diese Zahl noch verdreifachen oder vervierfachen wird, da von Frankfurt aus mehr derartige Beurkundungen vorzunehmen sind, als Juden in der Stadt wohnen. Die Ursache dafür ist in dem Umstande zu suchen, daß die Berichtigung des Geburts- oder Heiratsbuches an demjenigen Orte vorzunehmen ist, wo die Geburt oder Heirat erfolgte. Darüber hinaus besteht für die Juden die Pflicht der Mitteilung an die zuständige Polizeibehörde des Wohnortes, um die Kennkarte zu erlangen. Juden deutscher Staatsangehörigkeit, die im Auslande leben, haben sich bei ihrem Konsulat zu melden. Die Pflicht zur Namensänderung besteht auch für jene Juden, die auswandern wollen.

Man kann sich vorstellen, daß die Standesbeamten die Anträge besonders beschleunigt erledigen werden, nur nach Kräften dazu beitragen, daß das deutsche Volk die jüdische Pest so schnell wie möglich los wird.

rr.

Abb. 7: Ein Frankfurter Zeitungsartikel vom Januar/Februar 1939 (Archiv des Autors)

Abb. 8: Schmierereien an einem jüdischen Geschäft in Frankfurt am Main, 1. April 1933 (Foto: Institut für Stadtgeschichte Frankfurt am Main)

6 Monate und sind dann wieder zurück nach Deutschland deportiert worden. Diesen Tag werde ich nie vergessen, als wir im November 1934 die Grenze nach Deutschland passierten. Die braunen Uniformen, das Hakenkreuz, das ›Heil Hitler‹, es war, als wenn man vor einem brennenden Haus weggelaufen sei und man wieder vor diesem brennenden Haus stünde. Die Angst blieb immer.«[234]

Edith erlebte zudem noch einen Überfall auf die Synagoge am Börneplatz in Frankfurt:

»1936 waren wir an unserem größten Feiertag in der Synagoge am Börneplatz. Dort wurden von draußen Steine durch die Fenster geschmissen, genau dorthin, wo der Chor stand. Der Rabbiner sagte sofort, wir müßten gehen. Als wir hinausgingen, standen Leute auf der gegenüberliegenden Straßenseite. Es waren also keine Jungen, die einen Streich gemacht hatten. Nein, es waren Bürger verschiedenen

Alters. Viele Frauen waren dabei. Wir gingen zusammen, an den Händen gehalten, in einer Reihe heraus. Plötzlich kamen die von der anderen Seite und fingen an zu drücken. Meine Großmutter (sie war Diabetikerin) war so dünn und schwach, daß sie hinfiel. Wir zogen sie hoch und brachten sie, so schnell wir irgend möglich, von dort weg. Das war schlimm.

Das war die Zeit, wo Goebbels andauernd neue Ideen gegen Juden hatte. An den Ecken standen Lautsprecher mit Görings schreiender Stimme. Ringsherum hingen an den Kiosks Plakate vom ›Stürmer‹. Das war die schreckliche Zeitung, die mit Propaganda gegen die Juden hetzte. Zu diesem Zeitpunkt war ich 16 Jahre alt. Alle Photos waren unnormal. Sie zeigten häßliche Menschen mit langen Nasen, Buckel auf dem Rücken. Kein Mensch, den ich kannte, sah so aus. Es stand dort auch geschrieben, daß Juden Babys umbringen, um das Blut an unserem Passover-Freitag während der Seder-Zeremonie zu trinken. Die Leute um mich herum haben entweder gelacht oder auf die schlechten Juden geschimpft. Ich hatte plötzlich das Gefühl, eine Aussätzige zu sein, der sich keiner nähern wollte, denn ich war eine Jüdin, und mit Juden wollte keiner zu tun haben. Allein zu sein, das war ein schreckliches Gefühl.«[235]

»Das Lachen wird den Juden schon vergehen«, hatte Adolf Hitler prophezeit. Und der NS-Staat – angefangen bei seinen obersten Führern bis hinunter zu den prügelnden HJlern – sorgte dafür. Wer konnte, floh. Familien, denen dies gelang, retteten ihr Leben. Doch tiefe Wunden blieben. Elishevah Beck, geb. Katz, bemerkt über ihre Situation in Israel nach ihrer Flucht:

»Ich war die einzige Tochter, der man nichts Schlimmes erzählte, da meine Eltern mich so behütet wie möglich, naiv und glücklich wachsen ließen und kein Wort über den Verlust der ganzen Familie in Theresienstadt erzählten. Mit mir sprachen sie nie darüber. Meine Eltern hatten alles verloren, was sie besaßen und lebten sich nie hier ein, da sie die Sprache nicht verstanden und beide krank waren vor Scham, daß sie mir keine solche Zukunft geben konnten, wie sie wollten. In Deutschland war ich die beste Schülerin, hatte Tanzstunden, Violinstunden und alles andere, hier in Israel mußte ich mit 14 Jahren arbeiten, da sie kein Schulgeld für ihre einzige Tochter hatten. Wir kamen am 4. November in Haifa an. So war das Schicksal vieler Emigranten, die nie Deutschland vergessen konnten und nie im Leben verstehen konnten, daß ein kultiviertes Volk solch Schlimmes Menschen antun konnte.«[236]

Der letzte Weg:
Von der Schulbank nach Auschwitz-Birkenau

Die Massenausweisung jüdischer Kinder und Jugendlicher nach Polen im Oktober 1938

Vielfach ist die Tatsache nicht bewußt, daß in Deutschland nicht nur deutsche Juden lebten und arbeiteten. Etwa 100000 Juden besaßen keine deutsche Staatsangehörigkeit, und weitere 100000 hatten sie erst nach dem Ersten Weltkrieg erhalten. Sie alle hatten aufgrund ihrer Lebensgeschichte eine andere Haltung zum deutschen Staat als die restlichen 300000 deutschen Juden, deren Familien oft schon seit vielen hundert Jahren in Frankfurt am Main oder in anderen Städten wohnten. Die jüdischen Zuwanderer, zumeist aus Osteuropa und vor allem aus Polen, waren vor Pogromen, Diskriminierungen und einer sehr schlechten wirtschaftlichen Lage geflohen. In der Weimarer Republik richtete sich ein wesentlicher Teil der schon vor der NS-Zeit vorhandenen antisemitischen Propaganda vor allem gegen die als »Ostjuden« beschimpften jüdischen Zuwanderer. In der Weimarer Republik und in den ersten Jahren des NS-Regimes gab es gewiß beides: Hilfe und Solidarität aus den Reihen der Organisationen der deutschen Juden, Aufklärungskampagnen gegenüber allen Deutschen, auch den jüdischen Deutschen, gegen die Diskriminierung der sogenannten Ostjuden. Und gewiß gab es auch in einem nicht geringen Umfang bewußte oder unbewußte Ablehnung der polnischen Juden und anderer Juden aus Osteuropa durch die sich hier als Deutsche fühlenden Mitglieder der jüdischen Gemeinden.[237]

Im Oktober 1938 führten die Nationalsozialisten eine in diesem Ausmaß noch nicht dagewesene Welle der Abschiebungen und Ausweisungen von 50000 Juden mit polnischem Paß durch. Die jeweiligen jüdischen Familien wurden registriert, verhaftet und in Eisenbahnzügen nach Polen abgeschoben. Zu der berüchtigten »Polen-Aktion« heißt es in einem Schnellbrief des Reichsführers-SS und Chefs der Deutschen Polizei vom 26. Oktober 1938: »[...] ersuche ich, unter Einsatz aller Kräfte der Sicherheits- und Ordnungspolizei und unter Zurückstellung anderer Aufgaben alle polnischen Juden, die im Besitz gültiger Pässe sind, sofort unter Aushändigung formularmäßiger Aufenthaltsverbote für das Reichsgebiet in Abschiebungshaft zu nehmen und unverzüglich nach der polnischen Grenze im Sammeltransport abzuschieben [...]. Es muß erreicht werden, daß eine möglichst große Zahl polnischer Juden, namentlich der männlichen Erwachsenen, rechtzeitig vor dem genannten Zeitpunkt über die Grenze nach Polen geschafft wird.«[238] Die ebenfalls antisemitisch eingestellte Regierung Polens verwehrte jedoch diesen Transporten den Einlaß. Züge voll mit Menschen standen im »Niemandsland« zwischen der polnischen und der deutschen Grenze. Die deutsche Propaganda stellte fest, daß »auch die Polen diese Juden nicht haben wollten«, und benutzten die unter unmenschlichen Bedingungen in den Eisenbahnwagen lebenden polnischen Juden aus Deutschland als Propagandamittel. Auch die Eltern von Herschel Grynszpan, der zunächst in Frankfurt die Rabbinische Lehranstalt besuchte und dann nach Paris geflohen war, wurden abgeschoben. Inge Deutschkron, die während der NS-Zeit in Berlin lebte, schildert die Situation im Oktober 1938:

> »Am 28. Oktober 1938 wurden 15 000 bis 17 000 in Deutschland ansässige polnische Juden und solche, denen nach 1933 die nach dem Ersten Weltkrieg angenommene deutsche Staatsangehörigkeit abgesprochen worden war, von SS und Polizei in einer Nacht-und-Nebel-Aktion gewaltsam aus ihren Wohnungen geholt und an die polnische Grenze gebracht. Sie durften nur zehn Reichsmark mitnehmen und die Kleidungsstücke, die sie auf dem Leib trugen. An der deutsch-polnischen Grenze irrten diese Menschen längere Zeit im Niemandsland umher, weil die polnischen Behörden ihre Aufnahme zunächst verweigerten. Um die in Deutschland verfolgten polnischen Staatsangehörigen jüdischen Glaubens nicht wiederaufnehmen zu müssen, hatte die polnische Regierung vorsorglich verfügt, daß der polnische Paß seine Gültigkeit verliert, wenn der Inhaber länger als fünf Jahre außerhalb Polens gelebt hatte. Am Morgen des 28. Oktober blieben viele Schulbänke in meiner Klasse leer. Als unsere Klassenlehrerin die Namen der Schülerinnen einzeln aufrief, meldeten sich viele nicht mehr. Wortlos legte sie dann das Schulheft der Betreffenden beiseite. Selten wohl war es so mucksmäuschenstill in einem Klassenzimmer wie an diesem Morgen. Wir waren schon alt genug und hatten genügend gehört und gese-

hen, um uns vorstellen zu können, was in der Nacht zwischen dem 27. und 28. Oktober in jenen Straßen Berlins vor sich gegangen war, in denen vornehmlich jüdische Familien aus dem Osten gewohnt hatten.«[239]

Ruth Stern, ehemalige Schülerin der jüdischen Samson-Raphael-Hirsch-Schule, erlebte diese im Oktober 1938 durchgeführte Aktion der Nazis in Frankfurt so:

»In meiner Klasse kam es eines Tages vor, daß die Hälfte der Kinder nicht mehr da war. Alle Kinder und Familien, die in Polen geboren waren, waren über Nacht zurück nach Polen geschickt worden. An der Grenze standen die Nazis und warfen die armen Juden raus, und auf der polnischen Seite wollten die Polen sie nicht reinlassen. Ich habe viele von meinen Freundinnen auf diese Weise verloren.«[240]

Salomon Horn war zu diesem Zeitpunkt dreizehn Jahre. Er berichtet:

»Am 6. Oktober 1938 gab Polen bekannt, daß alle polnischen Pässe ab 31. Oktober 1938 ungültig würden für alle Polen, die mehr als fünf Jahre im Ausland gelebt hatten. Das war gegen die ungefähr 50000 polnischen Juden gerichtet, die damals in Deutschland wohnten. Um diese Regel zu verhindern, entschloß sich die deutsche Regierung, alle polnischen Juden am 28. Oktober zu verhaften und nach Polen zu transportieren. Die internationale Presse schenkte diesen Ereignissen wenig Aufmerksamkeit, obwohl Tausende durch diese Maßnahmen heimatlos wurden und viele dadurch später umkamen. Außerdem wurde all dies überschattet von der ›Reichskristallnacht‹, die am 9. und 10. November 1938 stattfand.

1938 wohnte ich in einem jüdischen Kinderheim in Frankfurt am Main, der Flersheim-Sichel-Stiftung, wo mein Bruder Bernhard und ich schon seit 1933 wohnten. In dieser Zeit lernten wir, daß Deutsche uns als minderwertige und böse Menschen ansahen. Im Mai hatte ich meine Bar Mizwa, und nach jüdischem Gesetz war ich jetzt ein Mann. Ich war dreizehn Jahre alt. Spät am Abend des 27. Oktober wurde ich ins Büro des Heims gerufen. Der Direktor sagte mir, ich sollte ein paar Sachen einpacken und nach Hause gehen. Ein Polizist der nahen Station sei vorbeigeschlichen und hatte dem Direktor empfohlen, mich nach Hause zu schicken. Er hätte Befehl, mich am Morgen zu verhaften, und ›wenn er nicht da ist, kann ich ihn ja nicht verhaften‹, hätte er gesagt. Ich war wie vor den Kopf geschlagen. Warum wollte man denn mich, einen dreizehnjährigen Jungen, verhaften? Ich fuhr mit der Straßenbahn zu meiner Mutter, und zusammen versuchten wir zu bereden, warum das geschehen sei und was wir tun sollten. Wir entschlossen uns, früh am Morgen zum polnischen Konsulat zu gehen.

Um ungefähr vier Uhr wurden wir durch lautes Klopfen und Klingeln geweckt. Drei SS- oder Gestapo-Männer kamen in unser Schlafzimmer und befahlen, daß wir uns schnell anziehen sollen. ›Ihr könnt einen kleinen Koffer packen und dürft sonst nichts mitnehmen‹, bellten sie. Die Angst in der vorigen Nacht war nichts gegen die Angst, die wir jetzt hatten. Vorher dachten wir, es wäre alles ein Irrtum; jetzt wußten wir, daß es keiner war. Wir drei Kinder waren polnisch, weil unser Vater Pole war, aber wir wußten nichts über Polen, wir kannten nicht einmal die Sprache. Ich war besonders aufgeregt, weil einer der SS-Männer im Schlafzimmer blieb, während meine Mutter sich umzog. Ich mußte auch dabeibleiben. Der Grund, der dafür angegeben wurde, war ein Befehl, damit die Verhafteten sich nicht das Leben nehmen würden.

In ein paar Minuten waren wir bereit. Ohne Frühstück, mit ein paar Dingen und fast ohne Geld wurde meine Familie mitgenommen. Einer der SS-Männer schaute mich an und sagte: ›Wir haben deinen Namen nicht auf unserer Liste, deshalb darfst du nicht mitkommen.‹ Meine Mutter, die immer noch dachte, daß unsere Verhaftung irgendwie ein Irrtum war, rief mir zu, zum polnischen Konsulat zu gehen, um zu sehen, ob uns der Konsul helfen kann. Es war keine Zeit zum Verabschieden, keine Zeit, Angst zu haben, daß ich auf einmal ganz allein war. Von einem Moment zum anderen war meine Familie weg.

Ich erinnere mich kaum, wie ich zum Konsulat kam mit meinem kleinen Koffer. Als ich dort ankam, standen viele Leute vor der Tür, die darauf warteten, daß das Konsulat geöffnet würde. Nach ein bis zwei Stunden kam eine Sekretärin heraus und sagte: ›Geht nach Hause! Der Konsul hat keine Zeit für euch und kann nichts für euch tun!‹ Wir waren erschüttert. Bis zu dieser Zeit, trotz des starken Antisemitismus in Polen, war der Konsul immer noch ein gewisses Symbol des Schutzes für uns. Unsere polnische Staatsangehörigkeit hatte uns doch ein bißchen vor den Nazis geschützt. Wahrscheinlich war meine Familie schon auf einem Zug nach Polen. Da ich nicht wußte, was ich tun sollte, ging ich zum Hauptbahnhof. In einer Bäckerei kaufte ich ein Dutzend Brötchen für mich und meine Familie, falls ich sie doch noch finden würde. Als ich am Bahnhof ankam, war er voll mit Menschen. Lastwagen und Grüne Minnas kamen dauernd an, voll mit verwirrten Juden, die von SS- oder SA-Männern bewacht wurden. Ein Bild, das mir noch deutlich in Erinnerung geblieben ist, war eine junge Frau im

Bademantel, der von einem Lastwagen geholfen wurde. Sie schien Schmerzen zu haben, konnte fast nicht heruntersteigen, und als sie sich zum Wagen umdrehte, warf ihr ein braunhemdiger SA-Mann ein kleines neugeborenes Baby zu. Ich sehe noch heute die kleinen Arme und Beine des Babys, als es durch die Luft flog.

Ich lief an den Bahnsteigen entlang und suchte meine Familie. Es schien, als ob mehrere tausend Menschen da wären, alle von braunen und schwarzen Uniformen bewacht. Ich dachte nicht daran, daß ich allein hätte zurückbleiben können, oder, was noch schlimmer gewesen wäre, daß ich allein in ein fremdes Land hätte geschickt werden können. Ich hatte kein Geld, konnte nicht Polnisch sprechen und kannte niemanden in Polen. Wenn ich daran gedacht hätte, wäre ich sicher von Panik überwältigt worden. Nach einer schrecklich langen Zeit fand ich meine Familie. Sie hatten den ersten Zug verpaßt, in dem auch mein Onkel David und meine Tante Fannie waren, die später in Auschwitz umkamen.«[241]

Mit dem nächsten Zug wurde die Familie von Salomon Horn nach Polen abtransportiert. In seinem Bericht heißt es weiter:

»Nach einiger Zeit hielt der Zug an einer Station an. Viele deutsche Juden waren dort und hatten eine Suppenküche aufgestellt. Mehrere der streng orthodoxen Juden wollten nichts essen, weil es nicht koscher war, aber ein berühmter orthodoxer Rabbiner, der auch im Zug war, versicherte, daß unter diesen speziellen Umständen das Essen gegessen werden dürfte. Es war für die meisten die erste Mahlzeit des Tages; sie mußte für den Rest des Tages und auch für den ganzen nächsten Tag reichen. Für viele war es die letzte gute Mahlzeit ihres Lebens. Ich erinnere mich noch, wie überrascht wir waren über dieses Zeichen der Freundschaft und Brüderschaft der deutschen Juden. Die meisten von ihnen empfanden keine große Liebe für ihre ostjüdischen Brüder und sahen uns als schmutzig und zu einer niederen Schicht gehörend an. Aber Hitler schaltete uns alle als minderwertige Menschen gleich und lehrte uns, endlich zusammen zu sein in unserem Schicksal.

Während der Nacht kamen wir an der Grenze an. Wir wurden in einen Tunnel geführt, der zur Grenze führte. Es herrschte großer Lärm und große Verwirrung, und ich kann und werde die schrecklichen Stunden, die nun folgten, nie vergessen. Mehr als dreitausend Menschen waren in diesen Tunnel gepackt, mit ihren Koffern, die sie am Boden entlang schoben. Eiskalte Tropfen regneten dauernd von der Decke auf uns herab. Niemand wußte, warum wir da waren, und was mit uns geschehen würde. Es ging langsam vorwärts, ein paar Schritte pro Stunde. Nur ab und zu kam eine Familie durch die Tür am Ende des Tunnels. Glücklicherweise kamen wir nie durch dieses Tor.

Unsere Familie war bei den letzten, die die Treppen herunterkamen. Für eine Weile blieben wir am Ende des Tunnels, denn die Luft schien dort etwas besser zu sein. Wir wußten ja nicht, daß jede Verzögerung des Vorwärtsdrängens uns vor einem schrecklichen Tod rettete. Für ein, zwei Stunden war ein bißchen Platz am Ende des Tunnels. Ein paar Juden aus Kattowitz konnten uns etwas Essen und Wasser bringen. Zwei oder drei Ärzte versuchten, den Kranken zu helfen. Ich half einem dieser Ärzte, holte ihm Wasser und tat andere kleine Dinge für ihn. Viele Leute kamen direkt vom Krankenbett oder Spital auf den Transport, und der Arzt verlangte, daß er diese Leute in das dortige Krankenhaus überführen könnte, aber dazu bekam er nicht die Erlaubnis. Selbst Kinder mit ansteckenden Krankheiten wie Scharlach oder Masern mußten bei uns bleiben. Nach ungefähr zwei, drei Stunden wurde ich heiser, hatte hohes Fieber und fühlte mich sehr krank.

Dann kam ein weiterer Zug an, und wir wurden vorwärts gedrängt. Jetzt war kaum Platz zum Umdrehen, und niemand konnte sich hinsetzen. Es war unmöglich, zur Toilette zu gehen oder etwas zu essen oder zu trinken zu bekommen. Eine Gruppe ostpreußischer SS-Männer kam zu uns in den Tunnel. Sie waren offensichtlich betrunken, ihre Pistolentaschen waren offen, und ihre Hände lagen auf den Pistolen. Ehe sie durch den Tunnel gingen, schrien sie Befehle, einen Pfad in der Mitte freizumachen, damit sie nicht von den ›Dreckjuden‹ angetastet würden. Wir wußten, wie antisemitisch die Ostpreußen und Polen waren, und hatten schreckliche Angst, was sie uns antun würden. Selbst wir Kinder, die in Deutschland geboren waren, wußten von den Pogromen in Rußland und Polen. Obwohl wir wie die Sardinen eingepackt waren, machten wir einen Pfad in der Mitte frei. Die SS-Männer gingen hin und zurück und schrien uns dabei an als ›Dreckjud‹ oder ›Saujud‹. Ich war überzeugt, daß sie nur auf eine Gelegenheit warteten, uns zu erschießen, und ich versuchte, mich so gut wie möglich zu verstecken.

Während einer ihrer Promenaden wurde ein Mann unglücklicherweise in den Pfad vorgestoßen. Als die SS-Männer näherkamen, warf einer von ihnen den Mann zurück und schlug ihm mit der Faust brutal ins Gesicht. Es war kein Platz für ihn umzufallen, er wurde von der Masse gehalten und schnell aus dem Weg genommen. Seine Nase war gebrochen und er blutete lange. Jeder hoffte, daß dies das Ende des Vorfalls sein würde, und daß nicht noch mehr Menschen geschlagen würden. Man kann sich unseren Schrecken nicht vorstellen, als die Tochter des Mannes, ein süßes und sanftes geisteskrankes Mädchen von ungefähr sechzehn Jahren auf den SS-Mann zusprang und ihm mit den Fäusten auf die Brust schlug. Sie schrie verwirrt ›Du – du – du –‹. Wir standen wie versteinert da und befürchteten, daß nun etwas Schreckliches geschehen würde. Aber anstatt wütend zu werden, schaute dieser besoffene Unmensch sie fast ängstlich und fragend an, stieß sie leicht zurück und marschierte aus dem Tunnel heraus.

Vierzehn lange Stunden standen wir in diesem Tunnel. Keiner von uns wußte, daß die Familien, die durchkamen, später schrecklich in den Konzentrationslagern in Polen ermordet werden würden. Andere blieben in Lagern zwischen den Grenzen und starben später an Typhus oder anderen schrecklichen Krankheiten. Wir wußten nur, daß wir mehr als dreißig Stunden nicht geschlafen und fast nichts zu essen und zu trinken hatten, und hofften, bald durch diese Türe zu kommen. Als wir endlich zum Ende des Tunnels kamen, ging die Tür auf, und ein riesiger Mann, der wie Göring aussah, mit einer eleganten SS-Uniform und vielen Orden, kam in den Tunnel herein. Er rief ›Ruhe!‹ und hielt eine kurze Rede, die damit endete, daß uns durch eine spezielle Gnade des Führers die Erlaubnis gegeben wurde, wieder nach Hause zurückzufahren. Wir waren vollkommen überwältigt, aber doch froh darüber.

Der Tunnel wurde schnell leer nach dieser Rede, und wir gingen alle zu den Gleisen zurück. Wir mußten mehrere Stunden auf die Züge warten, und ich schlief auf dem Boden auf meinem Mantel und meinem Koffer ein. Als ich aufwachte, war mein Halsweh weg und meine Stimme wieder normal. Auf der Rückfahrt wurden wir wieder an den Stationen von deutschen Juden mit Essen und Getränken versorgt. In Frankfurt warteten viele deutsche Juden mit ihren Autos, die uns alle nach Hause fuhren, und die die ganze Nacht über andere Familien nach Hause brachten. Jetzt waren wir wieder zu Hause und froh, daß alles wieder so wie früher war. Am nächsten Tag ging ich ins Kinderheim zurück, und meine Familie versuchte, wieder ein normales Leben zu führen.«[242]

Besonders beeindruckt war der 13jährige offensichtlich von der unverhofften Solidarität, die deutsche Juden ihren Leidensgenossen ohne deutschen Paß zukommen ließen.[243]

So stellte sich die Situation der nichtdeutschen Juden im Oktober 1938 dar. Gerade noch vier Wochen Zeit blieb für die Hoffnung, wieder ein »normales Leben« führen zu können. Dann, am 9. November 1938, kam es zum größten antisemitischen Pogrom der Neuzeit in Westeuropa. Als Vorwand diente die Tat von Herschel Grynszpan, der in Paris einen NS-Diplomaten erschossen hatte, um die Welt auf die Oktoberdeportationen aufmerksam zu machen – seine »Familie [war] mit dem gleichen Transport nach Polen gebracht« worden.[249]

Das Novemberpogrom von 1938

Ruth Spangenthal-Mack erlebte diesen Tag der Brandstiftung, der Morde und des Totschlages als 15jährige Schülerin. Sie berichtet:

> »Meine Schwester und ich überquerten die Bockenheimer Landstraße am 10. November 1938. In einiger Entfernung hatten wir eine Art Aufruhr wahrgenommen. Und wir begegneten zufällig einem Freund unserer Familie, der uns zuflüsterte, daß er gehört habe, daß alle Synagogen brennen würden. Meine Schwester und ich versuchten, der Westend-Synagoge auf der Freiherr-vom-Stein-Straße so nahe wie möglich zu kommen: vor uns befand sich eine Riesen-Menschenmenge – einige ganz still, andere sehr laut. Ich sah ein Feuerwehrauto in der Ferne, das jedoch nicht im Einsatz war. Vermutlich war es dort, um die Ausweitung des Feuers auf das benachbarte Wohngebiet zu überwachen. Ich wünschte, ich könnte sagen, daß ich näher gewesen wäre, um zu sehen, aber es war unmöglich. Wir hatten Angst, ich hatte einen großen Kloß in meinem Hals – ich konnte es nicht begreifen, warum all dies geschehen mußte.
>
> Ich besuchte das Josephine-Reiß-Institut, das sich in dem Hauptgebäude der Synagoge befand, gegenüber von Freiherr-vom-Stein-Straße und Friedrichstraße. Ich hatte das Gefühl, daß einige der jüdischen Mitglieder versuchten, die Thora zu retten, aber ich glaube, das war unmöglich. Während ich aufwuchs, habe ich mit meiner Schwester und mit meinen Eltern diese wunderschöne Synagoge oft besucht. Ich habe nie eine gesehen, die der Schönheit dieser Synagoge gleichkam. Meine Mutter war eine der freiwilligen Helferinnen bei der Registrierung der ursprünglich großzügigen Spenden.
>
> Die Hitze des Feuers erreichte uns trotz einigen Abstands, und ich bin sicher, daß ich das Zersplittern von Glas und Marmor gehört habe. In was für einer Hilflosigkeit befanden wir uns. Wir weinten und konnten nicht verstehen, warum all das geschehen mußte, und natürlich waren wir unheimlich entsetzt. Meine Schwester war 18 Jahre alt und ich ungefähr 15. Ich war unter der Leitung von Studienrat Frank Rothschild im Jugendchor. Ich glaube, der Chor existierte schon vor dem

Vorfall von 1938 nicht mehr, weil wir alle zu viel Angst hatten, daran teilzunehmen. Das Erlebnis im November hat einen bleibenden Eindruck in mir und in allen, die es miterlebt haben, hinterlassen. Ich wollte in England, wo ich von 1939 bis 1946 gelebt habe, in keine Synagoge gehen, schon gar nicht ohne meine Familie.«[245]

Diesen »bleibenden Eindruck«, diese unbeantwortete Frage nach dem »Warum«? und die damit zusammenhängende Angst schildern besonders jene besonders eindrucksvoll, die einen Überfall auf ihr Zuhause miterleben mußten. Hank R. Schwab, ehemaliger Schüler des Frankfurter Goethe-Gymnasiums, der 1939 mit seinen Eltern in die USA fliehen konnte, war am 9. November in Berlin. Er berichtet folgendes:

»Ich glaube, es war am 9. November 1938, als ich aus meinem illegalen Rundfunkapparat von Luxemburg hörte, daß alle männlichen Juden in Frankfurt verhaftet wurden. Ganz naiv rief ich meine Mutter telefonisch an und fragte: ›Wie geht es dem Pa?‹ Sie antwortete ›in Code‹: ›Er ist auf Reisen gegangen.‹ Ich sagte ihr: ›Reg dich nicht auf, ich komme, um bei dir zu sein.‹ Ich nahm den nächsten Zug nach Frankfurt, aber um drei Uhr morgens stand ein Mann an der Tür und fragte nach mir. Es war ein SS-Mann, und die haben unseren Geheimcode gebrochen und herausgefunden, daß ich in Frankfurt war. Ich wurde auf die Polizeistation Niedenau und von dort zur Festhalle gebracht, wo Hunderte von anderen Juden warteten, und dann ging es nach Buchenwald. Ich traf dort meinen Vater und Onkel und viele andere Freunde und Verwandte. Ich war dort fünf Wochen. Ich habe mehr Tote, Folterungen und Unglück gesehen in diesen fünf Wochen als der Frontsoldat, der sechs Jahre im Krieg war.«[246]

Ruth Stern, deren Eltern im Vernichtungslager Treblinka ermordet wurden, erlebte den 9. November so:

»Jedes Jahr erinnere ich mich an den 9. November 1938, den schlimmsten Tag meines Lebens. Mein armer Vater wurde vor mir und meinem Bruder auf der Straße fast totgeschlagen, wir gingen sofort mit ihm ins Hospital. Als wir später nach Hause kamen, war alles zerstört, alles kaputt; meine Mutter hat geweint, und ein junger Mann hatte sich in unserem Haus das Leben genommen. Sein Name war Walter Hess. Ich habe heute noch eine Narbe an meinem Oberschenkel, die von dem zerbrochenen Glas stammt.«[247]

Unvergeßlich war dieses Ereignis auch für Norbert Strauss, der damals elf Jahre alt war.

»Ich kann mich genau an die ›Kristallnacht‹ erinnern. Der Bruder meines Vaters, der mit Frau und Kindern in Schmitten im Taunus gelebt hatte (der Geburtsort meines Vaters; meine Mutter kam aus Hamburg) und schon vor einigen Jahren von den Nazis gezwungen worden war, Schmitten zu verlassen, war nach Frankfurt gezogen und führte ein koscheres Restaurant auf der Zeil. Am 9. November 1938 brachen die Nazis in sein Restaurant und seine dahinter liegende Wohnung ein und zerstörten alles. Deshalb zog er mit seiner Familie zu uns. In derselben Nacht kamen die SA- und SS-Leute in unsere Wohnung und verhafteten meinen Onkel und meinen Vater. Sie wurden zur Festhalle gebracht, wo Tausende von Juden bis auf weiteres festgehalten wurden. Als wir herausgefunden hatten, wo mein Vater war, nahm mich meine Mutter im Taxi mit zur Festhalle, um zu versuchen, ihm etwas zu essen und eine Decke zu bringen. Als wir bei der Festhalle ankamen, schrien uns Tausende von Nazis vor der Festhalle an und bewarfen uns mit Steinen. Das Resultat war, daß wir so schnell wie möglich dort weggingen, ohne meinem Vater irgend etwas geben zu können.

Am nächsten Morgen versuchten mein Bruder und ich, mit dem Fahrrad zur Schule zu fahren (was wir normalerweise taten, um der Hitlerjugend entkommen zu können, die immer nach Juden suchte, die sie verprügeln konnte), aber als wir am Uhrtürmchen ankamen, hielten wir an, weil wir die Synagoge an der Friedberger Anlage in Flammen sahen, und die Feuerwehr stand einfach darum herum, ohne den Versuch zu unternehmen, zu löschen. Ein Passant riet uns, wieder nach Hause zu gehen, was wir auch taten. Wir hatten für längere Zeit keine Schule, und danach wurden unsere Klassen in das Philanthropin verlegt, obwohl die Hirsch-Schule immer noch als separate Schule innerhalb des Gebäudes verwaltet wurde.

Zusammen mit anderen Juden wurde mein Vater nach Buchenwald gebracht und dort vier Wochen lang festgehalten. Er wurde entlassen, als es meiner Mutter gelungen war, die Behörden davon zu überzeugen, daß mein Vater ein Frontsoldat der Wehrmacht im Ersten Weltkrieg gewesen war und versprochen hatte, daß er Deutschland innerhalb von sechs Monaten verlassen würde.«[248]

Auch Jakob Tannenwald beschreibt dieses Ereignis als den entscheidenden Einschnitt in seinem Leben:

»Trotz der vielen Einschränkungen der Nazis an jüdischen Schulaktivitäten konnten wir, d.h. meine Mitschüler und ich, verhältnismässig normal bis zur ›Kristallnacht‹ am 10. November 1938 unsere Schulzeit absolvieren. Von da an fing es erst richtig mit der Judenverfolgung an. Mein Vater und ein Onkel von mir flüchteten in den Wald unweit von Frankfurt und blieben dort drei Tage versteckt. Alle Lehrer meiner Schule wurden in das KZ-Lager Buchenwald gebracht, so dass die Schule ohne Lehrer blieb. Die Klassen, welche bis damals separate Jungen- und Mädchenklassen waren, wurden zusammengetan, und die Lehrerinnen, die bis damals nur Mädchenklassen unterrichtet hatten, mussten nun gemischte Klassen mit doppelter Schülerzahl unterrichten.

Während der drei Tage, an denen sich mein Vater im Walde versteckte, hatten wir zu Hause zweimal ›Besuch‹ von der Gestapo. Sie suchten meinen Vater, und während des Suchens wurden alle unsere Möbel demoliert. Mein Vater und mein Onkel stellten sich am dritten Tag der Polizei, da sie niemals die Möglichkeit gehabt hätten, sich über die Grenze in Sicherheit zu bringen. Sie wurden am nächsten Tag nach Dachau abgeschoben.

Meine Mutter blieb nun alleine mit zwei kleinen Kindern, mit meinem damals fünfjährigen Bruder und mit mir und mit der Fabrik meines Vaters, die sie nach dem Nazigesetz verkaufen musste, da es den Juden verboten war, Inhaber eines Unternehmens zu sein. Sie verkaufte auch schliesslich die Fabrik (eine Bürsten- und Pinselfabrik) für einen Spottpreis. Für meine Mutter war es klar, dass unsere Familie nichts mehr in Deutschland zu suchen hatte, und bei der ersten Gelegenheit, der Auswanderung des jüdischen Waisenhauses unserer Gemeinde Ende Dezember 1938, schickte sie mich mit den Waisenkindern in die Schweiz, damit wenigstens eines der Kinder in Sicherheit war.«[249]

Für Lore Confino, geb. Jacobi, war das Pogrom und ihre darauf folgende Flucht nach England in fürchterlicher Weise mit dem Tod ihes Vaters verbunden:

»Die Nazis brannten damals Synagogen nieder und zerstörten die Wohnungen von Juden. Ich wohnte in der Scheffelstrasse hinter dem Philanthropin. Da kamen Nazis mit langen eisernen Stangen. Mein Vater stand an der Tür und zeigte seine zwei Eisernen Kreuze (er war Feldwebel im Ersten Weltkrieg) und dachte, man würde uns schonen. Aber er wurde zur Seite gestossen, und wir – d.h. mein Vater, meine Grosseltern und ich – wurden in die Küche getrieben, und dann kam ein furchtbarer Krach, als die eisernen Stangen auf die Möbel und das Geschirr niederkamen. Meine Großmutter war überzeugt, man würde uns umbringen. Und dann war plötzlich alles ruhig. Wir kamen aus der Küche und sahen unsere Wohnung zerstört – die Möbel zerschlagen; die Bücher, die meine Mutter mit viel Liebe gesammelt hatte, auf dem Boden, und einige mit Tinte begossen. Die Vorhänge waren abgerissen, und die ganze Wohnung war in einem unbeschreiblichen Zustand. Aufgrund der ›Kristallnacht‹, die noch viel Schlimmeres andeutete, haben meine englischen Verwandten mich nach England bestellt. Mein Vater kam zum Abschied mit mir an den Bahnhof. In derselben Nacht erlitt er einen Schlaganfall aus lauter Sorge und Kummer und starb drei Monate später.«[250]

Alex Messerer, der 1937 Abitur gemacht hatte, wurde verhaftet und in Frankfurt zur Sammelstelle an die Festhalle gebracht:

»Ich glaube, was sich mir beinahe unheilbar einprägte, war die Szene in der Festhalle, der Sammelpunkt vor dem Transport nach Dachau, mehr als der Transport in zusammengequetschten Gutswaggons oder sogar Dachau selbst, mit den stunden- und tagelangen Stehparaden im eisigen Wetter in dünnen Sommergefängnisuniformen, rummarschieren und überfüllten Blocks. Es war eine Szene aus Dante und ich dachte damals, so was gibt es ja gar nicht, das muß ein böser Traum sein, oder ein anderer Planet. Da standen diese arroganten Typen in schwarzer SS-Uniform (und auch einige in Zivil), jagten, schlugen, peinigten und degradierten Leute aus allen Schichten mit dem sadistischen Vergnügen der Macht über andere Menschen. Und wehe den ehemaligen Frontsoldaten mit ihren eisernen Kreuzen, die waren ein besonderes Ziel. Und das war, was wir damals nicht verstehen konnten, nur die Spitze des Eisberges.«[251]

Curtis L. Mann erlebte als zwölfjähriger Schüler der jüdischen Schule Philanthropin den November 1938 und die Rückkehr seiner jüdischen Lehrer aus dem KZ Buchenwald so:

»Am Morgen der ›Kristallnacht‹ [...] ging ich zur Schule wie gewöhnlich. Als die verschiedenen Schüler im Schulhof ankamen, berichteten sie, daß verschiedene Synagogen brannten. Erst mußten wir draußen warten, und dann so um halb zehn schickte man uns nach Hause, weil die Lehrer Angst hatten, daß man die Schule vielleicht auch verbrennen würde, und sie deshalb unsere Sicherheit nicht garantieren konnten. Ich ging direkt nach Hause, und als die Mutter fragte, wieso ich denn so früh heimkäme, da sagte ich ihr: ›Alle Synagogen brennen!‹ Alle meine Lehrer wurden ins KZ gesteckt, und wir hatten keine Schule bis Neujahr 1939. Zu der Zeit waren einige Lehrer aus dem KZ herausgelassen worden, und der Unterricht fing wieder an. Die Lehrer sahen schrecklich aus; ihnen waren alle die Haare geschoren worden, und die meisten hatten viel Gewicht verloren – so 30 bis 40 Pfund. Manche von ihnen waren verprügelt worden, und andere hatten schwer unter dem kalten Wetter gelitten. Einer verlor ein Bein, es erfror.«[252]

In seinem Buch »Jüdischer Alltag in Deutschland 1933–1945« zieht G.-B. Ginzel die Bilanz des blutigen Novemberpogroms 1938: »91 jüdische Menschen waren ermordet und annähernd 30 000 verschleppt worden. Über 1000 Synagogen und eine unbekannte Zahl von Privatwohnungen verwüstet.«[253]

Mit dem 9. November begann eine neue Phase nationalsozialistischer Politik bis hin zur angestrebten Vernichtung all jener deutschen Juden, die noch nicht geflohen waren. Für über 160 000 der damals 500 000 Juden in Deutschland endete der NS-Terror im Ghetto Lodz, in Treblinka, in Auschwitz-Birkenau, »im Osten«, wie es im Gestapo-Jargon auf den Todeslisten hieß. Allein in Frankfurt am Main wurden über 10 000 Mitglieder der Jüdischen Gemeinde namentlich aufgeführt, die in die Vernichtungslager in Polen deportiert wurden, unter ihnen 1300 Kinder und Jugendliche. So gibt es kaum einen Bericht von ehemaligen jüdischen Schülerinnen und Schülern aus Frankfurt am Main, in denen nicht die Ermordung von Schulfreundinnen und Schulfreunden, Verwandten, Geschwistern und Eltern beklagt wird.[254]

Frankfurter Schüler in Auschwitz-Birkenau

Konnten die bisherigen Kapitel dieses Buches hinreichend mit den Berichten der jüdischen Überlebenden dokumentiert werden, so liegt es in der tragischen Logik der Sache, daß es zum Thema jüdische Schüler in den Vernichtungslagern kaum dokumentierte Berichte gibt. Der Weg in die Vernichtungslager begann mit der Verhaftung – meist in der eigenen Wohnung. In einem Merkblatt vom 21. August 1941 an die für die Verhaftung eingesetzten Gestapo-Beamten hieß es: »Die Juden werden versuchen, Sie durch Bitten oder Drohungen oder sonst etwas weich zu stimmen oder sich widerspenstig zeigen.

Sie dürfen sich dadurch in keiner Weise beeinflussen und in der Ausführung Ihrer Pflichten hindern lassen.«[255] In preußisch-deutscher, korrekter Art wird nicht nur der Weg zur Ermordung genauestens beschrieben, sondern auch präzise der Raub aller Wertgegenstände organisiert und schriftlich festgehalten. Zur Täuschung der für die Ermordung vorgesehenen Menschen werden auf allen Gegenständen Namensschilder angebracht, aber nicht nur dort: »Außerdem muß jeder Jude ein Schild um den Hals tragen, auf dem sein Name, Geburtstag und Kennkartennummer angegeben sind.«[256]

Friedrich Schafranek war ein Frankfurter Schüler, der im Ghetto Lodz schon seinen 16 Jahre alten Bruder Herbert und seinen Vater verloren hatte: »Meine Mutter und ich wurden am 25. August 1944 nach Auschwitz verschleppt, wo meine Mutter von Mengele in die Gaskammer geschickt wurde.«[257] Herr Schafranek schreibt in einem Brief: »Beim Durchlesen der Deportationsliste ist mir ganz komisch geworden, denn so viele Namen, die dort erscheinen, waren gute Freunde und Freundinnen von mir.«[258] Über sein unerwartetes Zusammentreffen mit Frankfurter Schulfreunden in unmittelbarer Nähe der Gaskammern von Auschwitz-Birkenau berichtet er:

> »Kurt Marx traf ich in Birkenau. Als ich mit dem Transport aus Lodz nach Birkenau kam, ging ich am nächsten Tag von meinem Block am Zaun entlang, der das Arbeitslager vom Quarantänelager abgrenzte. Ich hatte schon zwei Tage nichts mehr zu essen bekommen. Da hörte ich auf der anderen Seite, wie sich ein paar junge Burschen in gutem Frankfurterisch unterhielten. Ich rief hinüber, ob sie von Frankfurt seien, und sie bestätigten es, und als ich sagte, wer ich bin (ich nannte meinen Spitznamen, ich war der große Scheffel, mein Bruder der kleine Scheffel) haben sie mir gleich ein Stück Brot über den Zaun geworfen. Das war sehr gefährlich, denn der Wachposten hätte auf uns schießen können. Wir haben uns einige Male so treffen können, und jedes Mal warfen sie etwas für mich über den Zaun.«[259]

Als 15jähriger Sinto in Auschwitz-Birkenau

Der Frankfurter Sinto Herbert (Ricky) Adler wurde nach seiner Verhaftung aus der Schule heraus nach einem Aufenthalt im sogenannten Zigeunerlager in Frankfurt zusammen mit anderen Sinti nach

Abb. 9: An der Rampe von Auschwitz-Birkenau (Foto: Archiv der Gedenkstätte Haus der Wannsee-Konferenz, Berlin)

Auschwitz-Birkenau deportiert. Über seine Zeit in Auschwitz berichtet er:

»Als wir in Auschwitz ankamen, mußten wir alle aus dem Viehwagen heraus. Familien mußten sich zusammen aufstellen. Jeder, der da zusammen gestanden hat, wurde anschließend von den SS-Leuten und den Kapos, die schon im Lager waren – es waren Juden, Sinti, Roma, politische Häftlinge –, weitergetrieben. Die SS-Leute liefen mit ihren Maschinenpistolen und Hunden herum. Dann wurden wir in eine Baracke geführt. Dort war der SS-Arzt Mengele. Das war der schlimmste Mann, den ich je in meinem Leben gesehen habe. Ich glaube, wenn ich ihn gekriegt hätte, […] ich weiß nicht, was ich getan hätte.

An dem Abend wurden wir tätowiert. Jeder bekam eine Nummer. Ich habe die Nummer Z 2784. Z stand für Zigeuner. Als dies geschehen war, wurden wir von den SS-Leuten in das Lager Auschwitz-Birkenau (Auschwitz II) gebracht, das sogenannte Zigeuner-Lager. Dort standen Baracken. In diesen Baracken waren dreistöckige Betten aufgestellt. Um 18.00 Uhr mußte man raustreten, da wurde gezählt, wieviele Menschen in einer Baracke waren. Nach zwei Tagen hat mein Vater dann seine drei Brüder wiedergesehen. Sie waren ebenfalls nach Auschwitz gebracht worden. Oben befanden sich in jeder Ecke etwa zehn Meter hohe Wachtürme. Unsere Männer mußten zur Lagerarbeit raus, sie mußten eine Kanalisation bauen. Mein Vater war diese Arbeit sicherlich nicht gewöhnt. Er war Postangestellter und hat immer am Schreibtisch gesessen. Durch die ganze Arbeit, durch die Entkräftung und durch die Schläge, die er erhalten hatte – er wurde schwer verletzt –, bekam er Bauchtyphus und Fleckfieber. Er starb nach einigen Monaten.

Es waren noch drei Geschwister meines Vaters, mein Bruder, meine Mutter und ich im Lager. Wir sind anschließend in verschiedene Lager verschleppt worden. Mein Bruder ist nach Buchenwald weggekommen und meine Schwester nach Bergen-Belsen. Ich wurde von einem SS-Mann zu sich genommen, der zu mir sagte: ›Komm, du siehst so lebendig aus; du kannst ein bißchen Musik mit deiner Gitarre machen. Du kannst bei mir sauber machen, Kaffee kochen, Hosen bügeln, dann kriegst du auch etwas für deine Eltern zum Essen.‹ Das tat ich dann auch. Da war ich etwa 15 ½ Jahre alt. Es war 1943, fast 1944. Nachdem ich bei dem SS-Sturmbannführer Keilmann gearbeitet hatte, bekam ich Butter, Brot, Käse.

Die ankommenden Transporte beschränkten sich nicht nur auf Sinti und Roma. Es kamen vor allem Juden und politische Häftlinge. Sie stammten aus Jugoslawien, Dänemark, Holland, Belgien und überall aus Frankreich. Sie wurden sofort an die Rampe gebracht. Dort standen Leute, die ihnen sagten, wo sie hingehen sollten, die ihnen sagten, daß sie gebadet werden würden, und daß sie ihre Kleidung abgeben müßten. Es hieß, sie würden alles wiederbekommen. Sie kamen rein in die Gaskammer. Sie wurden sofort vergast und verbrannt. Tag und Nacht waren vier oder fünf Kamine der Krematorien im Einsatz. Ich habe dabeigestanden. Ich wurde durch den Befehl eines SS-Sturmbannführers bei einem besonderen Kommando eingesetzt. Hinter uns stand ständig die SS. In der Nähe befanden sich Körbe aus weißem Draht oder auch aus Holz. Dort mußten wir getrennt Gold oder Brillen sammeln. Die Ankommenden fragten uns natürlich, was mit ihnen getan werden würde. Wir mußten antworten: ›Nichts, ihr geht da nur rein, ihr werdet gebadet, bekommt neue Kleider, solche, die wir anhaben, also Häftlingssachen, und anschließend kommt ihr wieder raus und in das Lager dort drüben.‹ Die Leute konnten ja noch sehen, daß dort Leute gestanden und geguckt haben. Wir wußten aber, daß die Leute nicht mehr lebendig herauskommen würden. Ich habe in diesem Kommando ein dreiviertel Jahr gearbeitet, da war ich fast 16 Jahre alt.

Nachdem mich meine Mutter nicht mehr besuchen durfte, fragte ich den SS-Sturmbannführer nach dem Grund. Dieser antwortete, die Leute in dem Lager hätten eine Verschwörung vor, sie wollten gegen die SS-Leute angehen. Das war aber überhaupt nicht wahr. Der wahre Grund war, daß die SS wußte, daß die Russen immer näher kamen. Das Lager sollte aufgelöst werden. Viele Menschen, die noch im Zigeunerlager waren, Frauen, kleine Kinder, wie z. B. meine kleinen Schwestern, Ursula, sechs Jahre alt, und Gertrud, acht Jahre alt, meine Mutter und meine älteste Schwester Gisela, 17 Jahre alt, wurden verbrannt. Das habe ich selbst nicht mehr gesehen, denn kurz vorher schnappte mich der SS-Mann und meinte, ich solle auf einen Lastwagen. Ich weigerte mich noch, weil ich zu meiner Mutter wollte. Der SS-Mann versicherte mir, daß meine Mutter auch noch kommen würde. Ich habe zwar wie verrückt geschrien, aber es half alles nichts. Der Transport mit mir ging anschließend nach Oranienburg/Berlin. Meine Mutter und drei Geschwister habe ich nie wiedergesehen.

Als wir in Oranienburg ankamen, traf ich noch andere Menschen aus dem Lager, die ich nach meiner Mutter und meinen Geschwistern aus dem Zigeunerlager fragte. Die antworteten mir, daß keiner mehr dort sei, da die SS alle Menschen, die noch am Leben waren, verbrannt hatten. Tag und Nacht brannten diese Öfen. Wir konnten einfach nicht verstehen, daß sie die Leute einfach umbringen konnten. Ich habe meine Eltern und meine drei Geschwister nie mehr gesehen. Nach etwa einem halben Jahr Aufenthalt in Oranienburg kamen wir von dort nach Buchenwald. Die Russen und Amerikaner näherten sich, so daß die SS etwas tun mußte. So bin ich von einem Lager ins andere gekommen. Ich war in Dachau, Bergen-Belsen und zuletzt in Ravensbrück/Mecklenburg gewesen. Dort befand sich das Männerlager und gegenüber das Lager der Frauen. Da habe ich nach etwa eineinhalb Jahren meine vierte Schwester gesehen. Aber ich konnte keinen Kontakt aufnehmen. Auf der einen Seite standen die Frauen, auf der anderen Seite die Männer und hinter uns die SS-Leute. Wir konnten uns lediglich etwas zurufen, ansonsten konnten wir nichts machen.

Nachdem etwa wieder zehn Tage vergangen waren, wurden wir nachts um drei Uhr aus den Baracken geholt. Wir mußten uns anziehen und auf die Lastautos steigen. Es war ein großes Durcheinander, viele SS-Leute, Scheinwerfer. Man wußte gar nicht, was da passierte. Mit den Lastautos sollten wir in ein anderes Lager weggebracht werden. Wohin wir sollten, das wußte ich nicht. Wir waren mitten auf dem Transport, als uns die Russen erreichten. Dadurch wurde ich befreit. Das war Anfang 1945.

Die SS-Leute wurden von den Russen erschossen, andere sind abgehauen. Wir wurden zunächst in einer Schule untergebracht. Dort stand eine Baracke, wo wir erstmals von den Russen zu essen bekamen. Wir waren etwa 30–40 Kinder im Alter zwischen 9 und 16 Jahren. Wir sind dann nach drei Wochen nach Hannover gebracht worden. Dort wurden wir eingekleidet und wurden gefragt, wo wir früher gewohnt hatten. Ich bin dann in Frankfurt zu meinem Onkel gegangen. Wir waren insgesamt drei Brüder und in der Familie 29 Personen. Von den 29 Personen sind drei herausgekommen. Das ist meine Schwester, sie ist 67 Jahre alt und wohnt in Frankfurt, mein Bruder, er wohnte in Fulda und ist voriges Jahr an einem Herzinfarkt gestorben. Er wurde 65 Jahre. Und ich. Alle anderen sind im Lager umgekommen.«[260]

Dr. Mengele selektiert die Jugendlichen

Joseph Kleinmann berichtete im Eichmann-Prozeß in Israel über einen Vorgang im Vernichtungslager Auschwitz-Birkenau. Am 3. August 1943 wurden dort im sogenannten Zigeunerlager in der Nacht 3000 Sinti und Roma ermordet. Kurz danach, im September 1943, erinnert sich Joseph Kleinmann, kam der Befehl zur »*Blocksperre*«, und alle Jungen mußten zu einem Fußballplatz kommen, der von den jugendlichen Sinti und Roma vor ihrer Ermordung benutzt worden war.

»Jeder Blockführer brachte seine Jungen auf das Fußballfeld. Es war ein großer Platz [...]. Wir 2000 wurden in Gruppen aufgeteilt. Plötzlich ging ein Zittern über den ganzen Platz, als hätte uns ein elektrischer Strom getroffen. Der ›Todesengel‹ war erschienen. Dr. Mengele auf einem Fahrrad. Jemand ging zu ihm hin, nahm ihm das Fahrrad ab und lehnte es gegen die Baracke. Ich stand mit meiner Gruppe neben der Straße. Dr. Mengele legte seine Arme verschränkt auf den Rücken, seine Lippen waren wie immer zusammengepreßt. Er betrat den Platz und hob den Kopf, damit er den ganzen Platz überblicken könne. Sein Blick fiel auf einen Jungen, der 15, vielleicht auch 14 Jahre alt war, in diesem Alter etwa, und der nicht weit von mir stand, in der ersten

Reihe. Es war ein Junge aus dem Ghetto Lodz. Ich erinnere mich noch genau an sein Gesicht. Er war blond, mager und von der Sonne sehr verbrannt, und sein Gesicht war voll von Sommersprossen.

Er stand in der ersten Reihe. Mengele ging zu ihm hin und fragte ihn: ›Wie alt bist du?‹ Der Junge zitterte und sagte: ›Ich bin 18 Jahre alt.‹ Ich sah sofort, daß Dr. Mengele sehr erregt wurde. Er schrie: ›Ich werd's euch zeigen! Bringt mir einen Hammer, Nägel und eine Latte!‹ Sogleich machte sich jemand auf den Weg, während wir dastanden und ihn in vollkommener Stille ansahen. Todesstille herrschte auf dem Platz. Er stand in der Mitte, und alle schauten auf ihn. Inzwischen kam jemand mit dem Werkzeug und stand auch schon neben Mengele. Der ging zu einem Jungen, der in der Nähe stand. Es war ein hochgewachsener Junge, er stand in der ersten Reihe, hatte ein rundes Gesicht, sah gut aus. Zu diesem ging Mengele also hin, packte ihn an der Schulter und führte ihn zu einem der Fußballtore. Der Mann mit dem Werkzeug ging mit. Mengele stellte den Jungen neben das Tor und befahl, die Latte horizontal etwas über dem Kopf des Jungen zu befestigen. Dann befahl er der ersten Gruppe, einzeln hintereinander unter der Latte durchzugehen. [...]

Wir hatten bereits verstanden, daß die Kleinen, die nicht an die Latte heranreichten, in den Tod gehen würden. [...] Es gab keine andere Bedeutung. Es war allen hundertprozentig klar, warum sie unter der Leiste durchgehen mußten. Alle waren sehr aufgeregt. Jeder wollte noch ein paar Zentimeter Höhe erreichen, jeder versuchte, sich zu strecken. Ich verzweifelte, denn Jungen vor mir, die größer waren als ich, erreichten die Latte nicht. Jeder, dessen Kopf nicht die Latte berührte, mußte auf die andere Seite des Platzes gehen, zu den Kleinen, die zum Tode verurteilt waren. Mein Bruder stand neben mir. Um ihn machte ich mir keine Sorgen. Er war ein hochgewachsener Junge, er hatte gerade Geburtstag, er war eben 16 Jahre alt geworden. Es gelang ihm, die Latte zu berühren. Ja, da stand ich nun völlig verzweifelt da. Ich dachte, daß mein Leben somit zu Ende sei. Plötzlich flüsterte mir mein Bruder zu: ›Mach etwas, wenn du am Leben bleiben willst!‹ Mir war, als erwache ich aus dem Schlaf, und begann nach Rettung zu suchen. Rasend schnell arbeitete es in meinem Kopf. Mein Blick fiel auf ein paar Steine, die verstreut am Boden lagen. Ich hob einige auf, ohne bemerkt zu werden. Ließ sie unter der Latte zu Boden gleiten, und sie ließen mich wachsen. Die Kleinen brachte man in die Gaskammern, man vernichtete sie in den Gaskammern. Tausend von uns blieben zunächst verschont. Da hatten wir begriffen, einem Vernichtungssystem ausgeliefert zu sein.«[261]

Die Schulkinder der Sinti und Roma

Bei der Lektüre der vorhandenen Bücher zum Thema »NS-Zeit an den Schulen« ergibt sich, daß kaum Analysen über die Diskriminierung und Vertreibung der Kinder der Sinti und Roma vorliegen, weder unter den wissenschaftlichen Publikationen noch unter den Einzelanalysen bestimmter Schulen. Dafür gibt es verschiedene Gründe. Einer davon ist, daß Projekte zur Erforschung der Schulgeschichte meist an Gymnasien durchgeführt werden. Die Kinder der Sinti und Roma in Deutschland besuchten jedoch aufgrund der seit ca. 600 Jahren währenden Diskriminierung kaum oder gar nicht die höheren Schulen. Hinzu kommt, daß das Schicksal der Sinti und Roma bei der Erforschung der NS-Zeit bis in die 70er Jahre hinein so gut wie gar nicht einbezogen wurde. Es ist das Verdienst der Bürgerrechtsbewegung der Sinti und Roma, des Zentralrats der Deutschen Sinti und Roma, daß sich dies inzwischen geändert hat. Dennoch ist es bis heute nicht gelungen, daß die Aufklärung ihres Schicksals während der NS-Zeit ebenso umfassend betrieben wird, wie es mittlerweile bei der Erforschung des Schicksals der jüdischen Bevölkerung geschieht. Die fortdauernde Diskriminierung der Sinti und Roma in Deutschland ist gewiß der wichtigste Grund dafür.

Die überlebenden deutschen Sinti und Roma leben heute zum allergrößten Teil wieder in ihren alten Wohnorten und haben eine weitere, 40 Jahre dauernde Ausgrenzung und Diskriminierung mitgemacht. Das Ausmaß der täglichen Verletzungen ist für einen Nicht-Sinto sehr schwer zu begreifen. Ein Beispiel soll dies verdeutlichen: Als die Frankfurter Arbeitsgemeinschaft gegen den Antisemitismus die Namen der ermordeten Kinder der Sinti aus Frankfurt auf die große Gedenktafel zu den Namen der 1300 ermordeten jüdischen Kinder und Jugendlichen setzen wollte, erhoben die überlebenden Eltern und Verwandten gegen eine Veröffentlichung der vollständigen Namen Einspruch. Sie hatten Angst vor der fortgesetzten Diskriminierung der überlebenden Familienangehörigen. Den über 100 Berichten überlebender jüdischer Schülerinnen und Schüler aus Frankfurt am

Main steht ein einziger Bericht eines überlebenden Sinto-Schülers gegenüber. Es wäre jedoch falsch, das Thema Sinti und Roma aus diesem Grunde ganz auszuklammern. Man kann diesen Punkt nur offen ansprechen. Einzig eine umfassende Aufklärungsarbeit kann erreichen, daß die Geschichte des Völkermordes als die Geschichte der Ermordung der jüdischen Bevölkerung *und* der Sinti und Roma begriffen wird. Nur so kann verhindert werden, daß die Sinti und Roma weiterhin wie »Opfer 2. Klasse« behandelt werden.

Gemeinsames Schicksal der Juden, Sinti und Roma

Es gab viele Unterschiede in der Art und dem Umfang der Diskriminierung, die einmal genauer untersucht werden sollten. Die Besonderheiten der Hetze gegen die Juden einerseits und die gegen Sinti und Roma andererseits sprechen für sich. Schon der deutlich größere Umfang der antisemitischen Propaganda zeigt, daß die Diskriminierung der Sinti und Roma nicht so stark vorangetrieben werden mußte, da die Vorurteile bereits weit verbreitet waren. Das bedeutet jedoch nicht, daß die Diskriminierung der Sinti und Roma durch die Nationalsozialisten »nicht so schlimm« gewesen sei, sondern belegt lediglich, daß sie in sehr großem Umfang im Bewußtsein aller Bevölkerungsteile schon in der Weimarer Republik fest verankert war. Bei den organisierten Transporten der jüdischen Bevölkerung in die Vernichtungslager wurde ohne große Debatte jeweils »ein Waggon für die Zigeuner« angehängt. Bei den Massenmorden der Einsatzgruppen im Osten nach Beginn des Krieges gegen die Sowjetunion wurden wie selbstverständlich nicht nur Angehörige der jüdischen Bevölkerung, sondern auch die Roma erschossen.

Es gab eine unterschiedliche Art der Diskriminierung der Sinti und Roma einerseits und der jüdischen Bevölkerung andererseits. Die Analyse dieser Unterschiede eröffnet den Blick jedoch nicht nur auf das vielseitige »Repertoire« der NS-Ideologen, sondern auch auf den vielschichtigen Rassismus in Deutschland. Eine Analyse dieser Unterschiede ist sicher notwendig. Die unterschiedlichen Klischees und die unterschiedliche »Erlaßlage« ändern jedoch – und das ist wesentlich – nichts am gemeinsamen Schicksal beider Bevölkerungsgruppen, am identischen, grausamen Ergebnis der NS-Politik: »Zigeuner«, Sinti und Roma wurden wie die Juden als »außereuropäische Rasse« eingestuft, erfaßt, diskriminiert, deportiert und schließlich vernichtet.

Zur Methode der Vertreibung der Sinti und Roma aus den Schulen

In einem Runderlaß zur »Bekämpfung der Zigeunerplage« gab Heinrich Himmler bereits am 6. Juni 1936 Anweisungen an die Behörden, festzustellen, »ob die Zigeunerkinder der Schulpflicht genügen«.[262] Formal wurden die Kinder der Sinti und Roma, die deutsche Staatsbürger waren, bis 1942 beschult. Dies geht u. a. aus einem Dokument vom Februar 1942 aus Frankfurt hervor, in dem es heißt: »Die schulpflichtigen Kinder besuchen eine in der Nähe gelegene Volksschule. Sie werden innerhalb der einzelnen Klassen von den übrigen Kindern gesondert gesetzt. Das Jugendamt kümmert sich insofern um ›Zigeunerkinder‹, als diese die eigene Jugend gefährden könnten. Durch die Lagerunterbringung ist diese Gefahr natürlich sehr herabgemindert. Gez. Unterschrift: Korten. 17. 2. 1942.«[263] Die deutschen Sinti-Kinder in Frankfurt mußten schon lange, genauer gesagt seit August 1937, in »Zigeunerlagern« leben, die schließlich zur Konzentrierung der »Zigeuner« und ihrer spätere Deportation in die Vernichtung dienten.

Das entscheidende Mittel, um die deutschen Sinti und Roma endgültig aus den Schulen zu vertreiben, war der Erlaß des Reichsministers für Wissenschaft, Erziehung und Volksbildung vom 15. Juni 1939, der bewußt nicht veröffentlicht wurde. Nach diesem Erlaß konnten »Zigeunerkinder« von der Schule verwiesen werden, soweit sie in »sittlicher und sonstiger Beziehung für ihre deutschblütigen Mitschüler eine Gefahr bilden«. Auch Lehrer taten sich mit Eingaben hervor. Der stellvertretende Leiter der Freiligrath-Schule in Fechenheim schrieb in einem Brief, daß schon wieder vier »Zigeuner«-Kinder die Freiligrath-Schule besuchten. Er behauptete, diese Kinder seien »völlig bildungsunfähig. Auf keinen Fall aber können wir als deutsche Lehrer es verantworten, diesen Kindern mehr Zeit zu widmen als unseren arteigenen Kindern, und das müßten wir tun, um ihnen auch nur einigermaßen die Grundbegriffe des Lesens, Schreibens und Rechnens beizubringen.«[264] Der Ratsherr Dr. Korten zitierte auch den Brief einer Mutter, die schrieb: »Auch fassen die ›Zigeuner‹-Kinder mit ihren unsauberen Händen alles an, so daß die Kinder die schlimmsten Krankheiten, wie Ausschläge, usw. mit nach Hause bringen. Ich darf wohl hoffen, daß Sie die Sache prüfen und diese Mißstände beseitigen.«

Ein bewährtes Mittel war die Überweisung der Kinder der Sinti und Roma in Hilfsschulen. Genau dieses Mittel schlug Dr. Korten vor:

> »Daß *jedes* [Hervorh. im Orig.] Zigeunerkind eine Gefahr für unsere deutschen Kinder bildet, wollen wir als feststehende Tatsache ansehen. Deshalb möchte ich bitten, daß einmal Fraktur geredet wird und daß sämtliche 24 Zigeunerkinder der Hilfsschule überwiesen werden. Wenn wir Nationalsozialisten uns bemühen, unserem deutschen Volk den Rassenbegriff beizubringen, dürfen wir unsere Kinder keineswegs mit dem verlausten Zigeunerpack auf einer Schulbank sitzen und mit ihm gemeinsam an den sozialen Einrichtungen, wie Schulspeisung usw. teilnehmen lassen.«[265]

Der antwortende Stadtrat Dr. Keller war ebenfalls sehr unglücklich darüber, daß dieses »Problem« nicht administrativ geregelt wurde. Er schlug vor, einfach alle Sinti und Roma in den Tod zu schicken: »Es wäre natürlich am besten, wenn von oberster Stelle von Berlin aus Fraktur geredet und man sämtliche Zigeuner nach dem Osten verweisen würde.«[266] Diese Forderung wurde schließlich durch die Deportation aller Sinti und Roma, überwiegend in das Vernichtungslager Auschwitz-Birkenau, realisiert. Die Verzögerung war das Ergebnis einer Lücke in den verschiedenen Erlassen und Gesetzen, so daß die Vertreibung der Sinti und Roma aus den deutschen Schulen zunächst nicht über zentrale Erlasse funktionierte. Stadtrat Dr. Keller schrieb: »Die Zigeunerfrage beschäftigt uns seit längerer Zeit, und es sind schon viele Versuche gemacht worden, die Zigeunerkinder restlos aus den Schulen herauszubringen. Man hatte vor Jahren vorgeschlagen, besondere Zigeunerschulen oder Zigeunerklassen zu gründen, um die Zigeunerkinder zu isolieren. Dadurch würde aber das Übel vermehrt, denn Frankfurt würde dann eine Anziehungskraft für die Zigeuner, und wir würden uns vor ihnen nicht mehr retten können.«[267] Schließlich wurden, mit Begründung der Verringerung des Lehrpersonals, alle »Zigeuner«-Kinder vom Schulbesuch ausgeschlossen.[268]

Der Schulleiter der Frankfurter Willmann-Schule, welche von einigen Kindern der Sinti besucht wurde, trat der Einmischung von Dr. Korten zur Entfernung der »Zigeuner«-Kinder offensichtlich entgegen – sei es aus Kompetenzstreitigkeiten, Konkurrenz oder aus moralischen Gründen. Er antwortete: »Die Schulleiter haben den strengen Befehl, nur die Weisungen ihrer vorgesetzten Behörde zu befolgen. Sie sind für mich eine außenstehende Stelle, ich kann Ihrem Ersuchen nicht nachkommen.«[269] Ein weiterer Runderlaß des Reichsministers für Wissenschaft, Erziehung und Volksbildung vom 22. März 1941 hat die Überschrift »Zulassung von Zigeunern und Negermischlingen zum Besuch öffentlicher Volksschulen«.[270] In diesem Erlaß wurde folgendes festgelegt: »Die Zulassung von Zigeunerkindern, die die deutsche Staatsangehörigkeit nicht besitzen und demgemäß nicht schulpflichtig sind, ist grundsätzlich abzulehnen.« Weiter hieß es:

»›Bei Zigeunerkindern, die die deutsche Staatsangehörigkeit besitzen und daher schulpflichtig sind, wird eine grundsätzliche Ablehnung der Aufnahme in die öffentlichen Volksschulen nicht angängig sein. Da die Zahl der Zigeunerkinder in der Regel hierfür nicht ausreicht, wird es auch nicht möglich sein, für sie besondere Schulen einzurichten. Soweit solche Kinder in sittlicher oder sonstiger Beziehung für ihre deutschblütigen Mitschüler eine Gefahr bilden, können sie jedoch von der Schule verwiesen werden. In solchen Fällen wird es sich empfehlen, die Polizeibehörde entsprechend zu benachrichtigen. Bei der Behandlung von Negermischlingen ist nach den gleichen Grundsätzen zu verfahren.‹ Dieser Erlaß ist nicht zu veröffentlichen.«

Schon am 28. Mai 1940 erwiderte der Oberbürgermeister von Frankfurt auf eine Anfrage von Ratsherr Dr. Korten:

»Die Beschulung der Zigeunerkinder ist, wie auch aus der von Ihnen angezogenen Auskunft des Rassenpolitischen Amtes hervorgeht, eine Frage, die noch nicht zur vollen Zufriedenheit gelöst werden konnte. Zunächst unterliegen die Zigeunerkinder deutscher Staatsangehörigkeit der gesetzlichen Schulpflicht. In Ffm. sind gegenwärtig in sechs Schulen 24 Zigeunerkinder vorhanden. In fünf Schulen saßen seither die Kinder schon getrennt. Auch für die die Hölderlin-Schule besuchenden drei Kinder ist die Trennung angeordnet. Den Weisungen des Herrn Reichserziehungsministers vom 15.6.1939 ist somit Rechnung getragen. In geeigneten Fällen werden Kinder auch von der Schule verwiesen.«[271]

Es wäre falsch, die länger dauernde, formal vorgeschriebene Beschulung der Kinder der deutschen Sinti und Roma unter den hier durch diese Schreiben nur angedeuteten Bedingungen als eine Privilegierung gegenüber den jüdischen Schülerinnen und Schülern anzusehen, die jüdische Schulen besuchen mußten und konnten. Die unterschiedliche Art der Diskriminierung und Ausgrenzung änderte nichts daran, daß beide Gruppen deutlich von als »arisch« angesehenen Schülerinnen und Schülern ausgegrenzt, beleidigt und diskriminiert wurden. Die jüdischen Kinder und die Kinder der Sinti und Roma hatten in Auschwitz-Birkenau das gleiche Schicksal zu erleiden. Stellvertretend für all jene Kinder der Sinti und Roma, die den letzten Weg in die Vernichtungslager antreten mußten und nicht überlebten, ist im folgenden der Bericht von Herbert (Ricky) Adler aus Frankfurt abgedruckt.

Von der Gestapo aus der Schulbank geholt:
Der Bericht des Sinto Herbert (Ricky) Adler

»Ich bin am 18.12.28 in Dortmund geboren und bin dort fast drei Jahre zur Schule gegangen. Wir sind dann nach Frankfurt umgezogen, als mein Vater Postangestellter in Frankfurt im Postamt Süd wurde. Wir bewohnten hier eine 4-Zimmer-Wohnung. So wurde ich in die Frankensteinerschule umgeschult und besuchte diese Schule von 1937 bis 1940.

Eines schönen Tages klopfte es an der Tür des Klassenzimmers, und wir als Lausbuben meinten, wir hätten etwas angestellt und dachten: Au, jetzt kriegste wieder eine druff. Der Rektor kam und sagte zu mir: ›Komm mal raus!‹ Der Lehrer fragte: ›Was ist denn los?‹ Der Rektor entgegnete: ›Ich muß mit dem Ricky mal sprechen.‹ Der Lehrer fragte: ›Was wollen Sie von ihm?‹ Sie gingen beide heraus, sprachen miteinander, und nach zehn Minuten kamen sie wieder herein. Der Lehrer sagte zu mir: ›Ricky, paß auf, da sind zwei Kriminalbeamte und die wollen dich mitnehmen. Du hast da was angestellt.‹ Ich sagte: ›Was?‹ Ich wußte ja nicht, was ich angestellt hatte. ›Gut, Ricky, kommst ja morgen wieder. Nimm deinen Ranzen mit, die Schulaufgaben machst du‹, entgegnete mir der Lehrer. Er lehnte sich an mich und meinte: ›Na ja, morgen bist du ja da.‹

Da ist mir ein bißchen komisch geworden, denn sowas hat der Lehrer nie getan. Ich bin dann heraus gegangen. Wie ich raus kam, stand bereits mein Bruder Heinz, der eine Klasse höher war, unten auch mit Kriminalbeamten. Die schnappten uns, steckten uns in ein Polizeiauto. Wir wurden in die Lehrgasse gefahren. Dort hatten sie schon meinen Vater von der Post geholt sowie meine anderen Geschwister von der Freiherr-vom-Stein-Schule [früher Kaiser-Friedrich-Gymnasium]. Nun waren wir in unserer Wohnung in der Lehrgasse. Dort sagten sie uns: ›Das und dies können Sie mitnehmen. Alles andere wird Ihnen morgen gebracht.‹ Mein Vater fragte: ›Was ist denn los, weshalb?‹ – ›Ich kann Ihnen nichts anderes sagen, nehmen Sie diese Sachen mit, alles andere bekommen Sie später.‹

Wir wurden dann auf ein Lastauto geschmissen und in die Dieselstraße gebracht. Es war ein Zwangslager – ungefähr 200 mal 70 Meter groß. Dort standen ungefähr 16 bis 18 Wagen. Der Platz war eingezäunt und auf ihm stand eine Holzbude. In ihr saßen zwei Polizisten: Herr Müller und Herr Himmelheber. Wir mußten uns dort einzeln reinstellen und wurden aufgeschrieben. Ich bin von einer 4-Zimmer-Wohnung in einen Wohnwagen gekommen; das war ein alter ausrangierter Möbelwagen, ohne Fenster, keine Toilette, kein Licht – gar nichts. Dort lebten wir zu neunt. Wir wußten gar nicht, was wir machen sollten. Wir waren Kinder und dachten, der Papa wird das schon regeln.

Da war ich 13 Jahre alt. Wir hatten nun den Wagen und in ihm befand sich ein Holzbett, ein Tisch und zwei Holzstühle und ein Fußboden – sonst gar nichts. Wir mußten um 18.00 Uhr dann alle zum Appell raus, dort wurde dann gezählt. So ging es eine ganze Zeit lang. Die Familien mußten sich alle einzeln melden. Die Polizisten wechselten ihren Dienst in drei Schichten. Waren die einen fertig, kamen die anderen, so ging es Tag und Nacht. Nach einer gewissen Zeit konnten wir dann wieder reingehen, wir haben im Lager gespielt. Wir durften weder die Schule besuchen noch draußen mit unseren Freunden zusammenkommen. Wir Kinder durften gar nicht mehr raus. Nur die Männer und Frauen, die Arbeit in Frankfurt hatten, durften das Lager verlassen. Ich war bis 1942 dort gewesen. Zu diesem Zeitpunkt ist das Lager dann so eng gewesen, daß keiner mehr hineinpaßte.

Die Nazis meinten, das Lager müsse evakuiert werden, nämlich in das Lager in der Kruppstraße, das noch größer war. Dieses Lager war bewachter. Nachts lief die Polizei mit Hunden herum, damit keiner abhauen konnte, obwohl sowieso keiner raus konnte. Es war alles mit Stacheldraht umzäunt, so daß eh keiner fliehen konnte. Und wer wäre von seiner Familie weggegangen? In dieser Kruppstraße haben wir als Kinder arbeiten müssen; wir mußten Lastzüge mit Pflastersteinen beladen. Mein jüngster Bruder, Rolf, gerade 10 Jahre alt, war mit dabei. Wir mußten Steine aufladen und diese 800 bis 1000 Meter weiter wieder abladen. Bei dieser Tätigkeit stand mein Bruder hinten an der Rampe, fiel runter und blieb mit der Schulter an einer LKW-Achse hängen. Wir schrien zwar, aber der Wagen war bereits 200 Meter gefahren, so daß mein Bruder zertrümmert wurde und dann starb.

Wir waren bis Mitte 1943 in der Kruppstraße gewesen. Dann wurde ein Transport nach Auschwitz zusammengestellt. Es kamen ungefähr 60 bis 80 SS-Leute mit Maschinenpistolen und trieben uns auf Lastautos. Wir wurden zum Ostbahnhof gebracht. Dort standen Viehwagen. In einen solchen Viehwagen wurden etwa 80 bis 100 Menschen eingepfercht. Es dauerte etwa drei Tage, bis wir in Auschwitz ankamen. Wir Kinder fragten, wo wir denn hinkämen. Wir hatten ja keine Ahnung. Die Eltern, die ebenfalls nachfragten, erhielten die Antwort: ›Ihr kommt in ein anderes Land, es ist Polen und der Name ist Oswenja. Dort werdet ihr angesiedelt, bekommt Häuser und müßt z. B. selber euer Brot backen.‹«[272]

Dritter Teil

Die NS-Schule und die »zweite Schuld«

Nach 1945:
»Als wäre nichts gewesen...«

Die Analyse der NS-Erziehungsziele, ihre Umsetzung in Erlassen, Richtlinien und Schulbüchern, vor allem aber die Analyse der Schulwirklichkeit anhand der konkreten Schuldokumente hat deutlich gemacht, daß die Schule als Teil des NS-Staates alles andere als ein Schlupfwinkel des Humanismus war. Im Gegenteil: Neben anderen, in mancher Hinsicht sicher gewichtigeren Instrumenten der Diktatur war die Schule ein Mittel zur Erziehung einer Generation junger Nazis, die aufgrund ihrer Autoritätshörigkeit, ihrer rassistischen Überzeugung und ihrer fehlenden humanen Grundeinstellung den Glauben an den NS-Staat in erster Linie durch dessen militärische Niederlage und nicht durch eigene Einsicht verloren.

Die Berichte der jüdischen Schülerinnen und Schüler standen nicht zufällig im Zentrum dieser Analyse. Ihre Schilderungen der Schulwirklichkeit, im engen Zusammenhang mit der gesamten Lebensrealität der NS-Zeit, zeigen, daß alle verharmlosenden Thesen und Theorien über die Schule zwischen 1933 und 1945 unwahr sind. Jene Apologeten, die von einer »normalen Schulzeit« und von »glücklichen Jahren« sprechen, sparen diesen Teil der antisemitischen Realität aus. Der Streit über die Frage, ob die Schule für das Regime systematisch und erfolgreich nutzbar gemacht wurde oder nicht, ist nicht neu. Ausgelöst wurde er von Erika Mann, die 1938 im Exil ein Buch mit dem Titel »Schule der Barbaren« veröffentlichte und für die Zeit von 1933 bis 1937 umfassend gezeigt hat, wie die Schule in ein Instrument der Inhumanität verwandelt worden war. Dieses Buch erschien 1986 in Deutschland unter dem etwas nichtssagenden Titel »Zehn Millionen Kinder«.[273]

Wesentlich an diesem Buch ist, daß Erika Mann die Themen Schulpolitik, Schulbücher und Schulerlasse in Zusammenhang mit der Gesamtsituation Deutschlands in den Jahren 1933 bis 1937 sieht. Sie schlußfolgert, daß jenen Eltern, die nicht wollten, daß ihre Kinder nationalsozialistisch erzogen werden würden, im Grunde nur die Konsequenz blieb zu emigrieren. Einleitend berichtet sie von einem

Ehepaar, das seine Emigration genau aus diesem Grund vorbereitete. Dem Kind sollte die Erziehung zu Unmoral und Lüge erspart bleiben. Die Emigration mißlang jedoch. Der Vater wurde nach Dachau deportiert, die Mutter kam ins Gefängnis. Den 14 Monate alten Sohn brachte man in ein NS-Kinderheim, um ihn »zu einem guten Nationalsozialisten« zu erziehen.

Hinter und vor der NS-Schule stand NS-Deutschland, stand die Drohung mit »Umerziehung« im Konzentrationslager. Erika Mann trifft den Kern: »[...] das deutsche Kind ist schon heute ein Nazi-Kind und nichts weiter. Die Schule, die es besucht, ist eine Nazi-Schule, die Jugendorganisation, der es angehört, ist eine Nazi-Organisation, die Filme, zu denen man es zuläßt, sind Nazi-Filme, und sein Leben gehört ohne Vorbehalt dem Nazistaat.«[274] Wie die Autorin auch darstellt, schließt das jedoch nicht aus, daß es – selbst nach der umfassenden Entlassung oppositioneller Lehrerinnen und Lehrer 1933 – Lehrer gab, die vereinzelt und sehr vorsichtig ihren Widerwillen gegenüber dem Regime zum Ausdruck brachten. Es schließt zudem nicht aus, daß es auch Schülerinnen und Schüler gab, die diese oder jene Anstrengungen unternahmen, um den ausgegrenzten jüdischen Mitschülerinnen und Mitschülern Sympathie zu bekunden oder sogar offen ihre Opposition gegenüber dem Regime zu zeigen.[275] Ausschlaggebend war jedoch, daß unzählige Male am Tag jeder Schüler, jede Schülerin mit »Heil Hitler« grüßen mußte, daß die Hakenkreuzflagge allgegenwärtig, die Ausgrenzung und Diskriminierung der Juden »völlig normal« und ständig gegenwärtig war.

> »Die Kinder sagen ›*Heil Hitler*‹ 50 bis 150 Mal am Tag. Die Grußformel, die Gesetz ist, wird unvergleichlich öfter ausgesprochen als jedes neutrale oder religiöse ›*Guten Tag*‹ oder ›*Grüß Gott*‹ je vorher. Man grüßt mit ›*Heil Hitler*‹ die Kameraden auf dem Schulweg, mit ›*Heil Hitler*‹ beginnt und schließt jede Unterrichtsstunde, ›*Heil Hitler*‹ sagt der Postbote, der Trambahnschaffner, das Fräulein im Laden, wo man die Hefte kauft. Rufen am Mittag die Eltern daheim nicht alsbald ›*Heil Hitler*‹, so machen sie sich strafbar und man könnte sie anzeigen. ›*Heil Hitler*‹ schreien die Jungens im ›*Jungvolk*‹ und in der ›*Hitlerjugend*‹, und ›*Heil Hitler*‹ die Mädchen im ›*Bund Deutscher Mädel*‹. – Mit ›*Heil Hitler*‹ wird auch das kindliche Abendgebet schließen, wenn das Kind seine Verpflichtungen irgend genau nimmt.«[276]

Erika Mann wußte, daß den Kindern die nationalsozialistische Indoktrination nicht bewußt war und auch nicht bewußt werden konnte, da sie zu allgegenwärtig war.[277]

>»Das Kind geht durch die Nazi-Straßen als ein Nazi-Kind. Nichts dort ist ihm auffällig, nichts der Erwähnung wert, oder gar der Kritik. Daß an den Zeitungskiosken beinahe nur noch Nazi-Zeitungen verkauft werden, ist selbstverständlich. [...] All dies gehört in den Nazi-Alltag, wie ›Blockwart‹, ›Hakenkreuz‹, ›Heil Hitler‹ und ›Juden ist der Eintritt verboten‹. All dies wirkt zusammen, um jene Atmosphäre zu schaffen, in der zu leben dem freigeborenen Menschen Qual bedeutet, – jene Luft, die zu atmen vergiftend ist. Die Kinder in Deutschland kennen keine reinere, denn diese weht überall, wo die Nazis regieren, und sie regieren überall und absolut, wo das deutsche Kind atmet, schläft, ißt, lernt, marschiert, heranwächst.«[278]

In den Deutschlandberichten der Zeitschrift der Exil-Sozialdemokraten »Sopade« hieß es zusammenfassend über die Situation in den Schulen 1939:

»Die Schuljugend ist vollständig vom Regime beherrscht. In der Schule werden sie begeistert für Hitler und die anderen Führer, aber auch für alles Militärische. Fast jede Woche gibt es einen anderen Anlaß, um die Kinder zu verwenden, und sie gehen mit Begeisterung mit und fühlen sich sehr wichtig. Die Schulaufgaben zeigen, welcher Wert darauf gelegt wird, überall die Führerverherrlichung einzuflechten. Da die Kinder gar nicht mehr wissen, was früher war, verwachsen sie ganz mit dem bestehenden System.«[279]

»Vergeßt auch nicht die kleinen Schurken des Systems!«

Im letzten Flugblatt der Widerstandsgruppe »Weiße Rose« um die Geschwister Scholl wird ein Neuanfang nach Ende des Krieges gefordert. In dem Flugblatt heißt es:

»Dieser Wiedergeburt muß aber die klare Erkenntnis aller Schuld, die das deutsche Volk auf sich geladen hat, und ein rücksichtsloser Kampf gegen Hitler und seine allzuvielen Helfershelfer, Parteimitglieder, Quislinge usw. vorausgehen. Mit aller Brutalität muß die Kluft zwischen dem besseren Teil des Volkes und allem, was mit dem Nationalsozialismus zusammenhängt, aufgerissen werden. Für Hitler und seine Anhänger gibt es auf dieser Erde keine Strafe, die ihren Taten gerecht wäre. Aber aus Liebe zu kommenden Generationen muß nach Beendigung des Krieges ein Exempel statuiert werden, daß niemand auch nur die geringste Lust je verspüren sollte, Ähnliches aufs neue zu versuchen. Vergeßt auch nicht die kleinen Schurken dieses Systems, merkt Euch die Namen, auf daß keiner entkomme! Es soll ihnen nicht gelingen, in letzter Minute noch nach diesen Scheußlichkeiten die Fahne zu wechseln und so zu tun, als ob nichts gewesen wäre!«[280]

Diese Forderungen betreffen natürlich alle Bereiche des NS-Regimes, nicht nur die Schule. Aber sie betreffen *auch* die Schule und ihre Lehrerschaft. In der »Neuen Erziehung«, der Zeitschrift der »Reichsvereinigung deutscher sozialdemokratischer Lehrer in der CSR« – einem Zusammenschluß von etwa 300 Lehreremigranten in der Tschechoslowakei –, wurde bereits im Mai 1933 die Frage nach der Schuld beantwortet: »An der Verseuchung der Jugend mit nationalsozialistischem Gewaltgeiste tragen die Hauptschuld die von der deutschen Republik bezahlten Lehrer. Die Geschichte wird ein hartes Urteil über sie fällen.«[281] Lutz van Dick setzte dieses Zitat an den Anfang seiner Untersuchung »Lehreropposition im NS-Staat« – und fügt an, daß dieses »harte Urteil« von seinem Buch weder relativiert, geschweige denn geleugnet werden kann.[282] Doch es zeigt sich, daß das »harte Urteil« der Geschichte in der Bundesrepublik Deutschland offiziell zumindest bis heute nicht gefällt wurde. Im Gegenteil, die Realität der NS-Schule wird weitgehend verharmlost, die Schuld der Lehrerschaft bagatellisiert oder bestritten. Daß dies so kommen würde, hatten die Mitglieder der »Weißen Rose« wohl schon geahnt.

Direkt nach 1945 nahmen die Alliierten bzw. die von ihnen eingesetzten Bürgermeister oder Magistrate die Schulfrage für kurze Zeit ernst. Eine der ersten Maßnahmen damals war die Suspendierung aller NS-Aktivisten unter den Lehrern und die Überprüfung aller Lehrerinnen und Lehrer, denen vorgeworfen wurde, an der nationalsozialistischen Verblendung einer ganzen Generation beteiligt gewesen zu sein.[283] In einem Beschluß des Magistrats der Stadt Berlin wird der »geistige und moralische Verfall des Schulwesens« in Deutschland während der NS-Zeit konstatiert. Es heißt dort:

»Die Naziherrschaft hat das gesamte Schulwesen von der Hilfsschule bis zur Universität völlig in den Dienst der faschistischen Parteipolitik, der Kriegsvorbereitung, des Rassenhasses und der chauvinistischen Verhetzung gestellt. Sofort nach dem Machtantritt Hitlers wurden alle fortschrittlichen, freiheitlichen Lehrer aus den Schulen gemaßregelt, z. T. in Zuchthäusern und Konzentrationslagern zugrunde gerichtet. Ein anderer Teil der Lehrer verließ, um der geistigen Folterung durch den Nazismus zu entgehen, freiwillig die Schulen. Das gesamte Lehrmaterial wurde mit dem Ungeist der faschistischen Rassen- und Kriegshetze, Geschichtsfälschungen und Entstellungen unumstrittener wissenschaftlicher Forschungsergebnisse durchsetzt. Dazu kam militärischer Drill und die von der Hitler-Jugend gezüchtete Mißachtung alles wirklichen Wissens, das nur durch ernstes Studium erworben wird.«[284]

Die aktiven Mitglieder der NSDAP, die Mitglieder der SA und der SS sowie die Aktivisten des NS-Lehrerbundes wurden auf Anweisung des Magistrats entlassen, die gesamte Lehrerschaft wurde überprüft. Die Entnazifizierungsverfahren der Alliierten, die Internierung derjenigen, die verdächtigt wurden, Verbrechen begangen zu haben, und schließlich die Nürnberger Prozesse sowie nachfolgende Prozesse gegen NS-Verbrecher – das alles wurde instrumentalisiert, um einer umfangreichen Geschichtsklitterung zu dienen. Seit der Gründung der BRD herrscht die öffentliche Meinung vor, daß die Alliierten angeblich »ungerecht« gegenüber dem deutschen Volk im allgemeinen und den »kleinen Nazis« im besonderen vorgegangen seien. Die Theorie von der »betrogenen Generation«, die »genug gelitten« habe, wurde kombiniert mit Klagen über die übertriebene Härte der Alliierten. Vermeintliche oder wirkliche Schwächen bei den »Entnazifizierungsverfahren« spielten eine große Rolle, vermeintlich oder wirklich zu Unrecht Inhaftierte wurden als Kronzeugen gegen die »alliierte Ungerechtigkeit« benutzt.

Wiedereinstellung und Weiterbeschäftigung von Lehrern

Die nach dem Krieg neugegründete Lehrergewerkschaft GEW organisierte in vielen Fällen Rechtsschutz für die Lehrer, die aus dem Schuldienst entlassen worden waren, und kämpfte für ihre Wiedereinstellung – ein ungeschriebenes Kapitel der Nachkriegsgeschichte, dessen Rekonstruktion nur anhand von Einzelfällen möglich ist, da die Rechtsschutzabteilungen der GEW die gesamten Vorgänge alle zehn Jahre aus Gründen der »Lagerkapazität von Akten« vernichten. Im Zuge dieser Bemühungen um die Wiedereinstellung der entlassenen Lehrer, die Mitglieder der NSDAP und Funktionäre des NS-Lehrerbundes waren, stellte man jenes Instrumentarium zur Verharmlosung der NS-Zeit an den Schulen her, das auch heute noch Verwendung findet: Jeder noch so kleine Konflikt zwischen den verschiedenen Dienststellen wurde hochstilisiert zum »Widerstand«. Willige Entlastungszeugen zur Ausstellung sogenannter Persilscheine wurden systematisch gesucht sowie ehemalige Schülerinnen und Schüler aufgespürt, die bestätigen sollten, daß man »doch 1944 nicht mehr an den Endsieg geglaubt« habe usw.

In der Folge einer gesamtgesellschaftlichen Entwicklung, in der die Waffen-SS rehabilitiert, die meisten inhaftierten Kriegsverbrecher wieder freigelassen und die sogenannte Normalität der Bundesrepublik in den Vordergrund gerückt wurde, hatte diese Methode beim »Kampf« zur Wiedereinstellung entlassener Lehrerinnen und Lehrer weitgehend Erfolg.[285] Zwei Beispiele sollen dies verdeutlichen: Im Vorwort des in der NS-Zeit an der Holbeinschule benutzten Geschichtsbuches »Von der Urzeit zur Gegenwart. Aufgaben und Stoff eines Geschichtsunterrichts auf rassischer Grundlage« aus dem Jahr 1936 (Verlag Moritz Diesterweg) wird ausdrücklich Dr. Kuno Lehr »für seine Mithilfe bei der Textgestaltung« (S. VI) gedankt. Wie der Titel bereits zeigt, ist dieses Lehrbuch ein antisemitisches Machwerk ersten Ranges. Dr. Kuno Lehr, Lehrer der Frankfurter Holbeinschule, war als Oberbannführer tonangebend in der Frankfurter Hitler-Jugend. Trotzdem überstand er problemlos die Entnazifizierung und konnte 1947 mit Hilfe von »Persilscheinen« ehemaliger Schüler der Holbeinschule nach einem Spruchkammerverfahren reibungslos den Schuldienst an einem benachbarten Gymnasium – der Schillerschule – wiederaufnehmen.

Das zweite Beispiel betrifft Dr. Wilhelm Bardorff. Seit 1934 war er Mitglied der SA, ab 1937 Scharführer und Ausbildungsleiter im NS-Lehrerbund. In seinem 1937 für eine Bewerbung um die Stelle als Schulleiter eingereichten Lebenslauf schreibt er über sich: »Meine von Anfang an fanatische Gegnerschaft gegen Marxismus und ›System‹ habe ich auch als ehemaliger Stahlhelmer vornehmlich in den Jahren 1924–26 in Straßenkämpfen in Frankfurt und Offenbach aktiv ausgetragen. Ich habe z. B. an jener berüchtigten ›Schlacht‹ an der Bockenheimer Warte im Oktober 1924 und an den verschiedenen Kämpfen während des Reichsfrontsoldatentages im Mai 1925 Schulter an Schulter mit der SA teilgenommen.«[286] Nach 1945 wurde er ohne Bezüge vom Schuldienst suspendiert und von einem alliierten Militärgericht wegen Verheimlichung seiner SA-Mitgliedschaft in einem Fragebogen zu einem Jahr Gefängnis verurteilt. Dies hinderte ihn jedoch nicht daran, 1955 Schulleiter der Holbeinschule zu werden. Ab 1956 war er Leiter des »Frankfurter Institutes für Lehrerfortbildung« im Rahmen der Hessischen Lehrerfortbildung, und auch in der Gewerkschaft Erziehung und Wissenschaft machte er Karriere: Bardorff war ab 1951 Vorsitzender der Vereinigung für Jugendkunde der GEW. Die Stadt Frankfurt hat den SA-Mann Bardorff stets in Ehren gehalten. Noch heute ist in dem der Stadt gehörenden Landschulheim »Wegscheide«, das er einige Jahre leitete, eine Straße nach ihm benannt.

Wohl an jeder Schule in der Bundesrepublik lassen sich solche Fälle recherchieren und belegen. Diese Menschen waren typische Vertreter der Lehrerkollegien in den 50er Jahren. Ihr »Andenken« wird in diversen Jubiläumsbroschüren hochgehalten. Ein dicht gewebtes Netz der Verdrängung schützt die altehrwürdigen Schulen weitgehend vor der Aufdeckung und Aufklärung ihrer Geschichte während der NS-Zeit. Auch dieser Teil der Realität nach 1945 hat viel mit dem Begriff der »zweiten Schuld« zu tun.

Jubiläumsbroschüren von Schulen nach 1945

Ähnlich wie bei Unternehmen, Finanzämtern, ja allen seit über 50 Jahren existierenden Institutionen in Deutschland gibt es auch in den Schulen Probleme, wenn ein runder Jahrestag gefeiert werden soll. Sei es nun der 100. oder der 75. – immer stören da diese »zwölf Jahre«. Während der 50er, 60er und bis in die 70er Jahre hinein wurde in den Jubiläumsbroschüren eine detaillierte Analyse der NS-Zeit an der eigenen Schule fast ausnahmslos ausgeklammert. Statt dessen streiften die Autoren in allgemeinen Phrasen diese »schlimme Zeit«, stellten insbesondere die Zerstörung des Schulgebäudes durch alliierte Luftangriffe in den Vordergrund und beklagten die Unregelmäßigkeit des Schulbesuches. Die Fotos der Schulleiter sind lückenlos aneinandergereiht, nackte Daten über Beginn und Ende ihrer Tätigkeit ersetzen die Beantwortung der Fragen: Warum wurde gerade dieser in der NS-Zeit eingesetzt, ein anderer jedoch abgesetzt, und was geschah mit ihnen nach 1945?

Auch dieses Thema soll durch ein konkretes Beispiel veranschaulicht werden. Eine typische Jubiläumsbroschüre dieser Zeit ist die 1959 erschienene Broschüre »75 Jahre Holbeinschule/Frankfurt am Main«. Hier wird die Zeit zwischen 1933 und 1945 auf zwei Arten behandelt. Da ist zum einen die Rede von »mehrtägigen Wanderungen« und Landschulaufenthalten. Für 1941 wird die »anerkennenswerte Leistung in der Seidenraupenzucht« hervorgehoben. Die Olympiade in Berlin, die verlängerten Winterferien und ähnliches finden ebenso Erwähnung wie die »Sammeltransporte« zur Kinderlandverschickung. Zum anderen gibt es zum Thema Politik und NS-Zeit nur einige knappe Bemerkungen. Für das Jahr 1933 nennt man die »Machtergreifung Hitlers«, im Jahre 1937 werden Luftschutzübungen und Knochensammlungen (»Jahresergebnis 3074 kg«) vermerkt, für 1939 die Feststellung: »Der Zweite Weltkrieg beginnt.« Der Zeitraum 1942 bis 1943 trägt die Überschrift »Stalingrad!« – kommentarlos und mit Ausrufezeichen. Es folgen Informationen über »den Terrorangriff auf Frankfurt« und die »schlichte Feier 1945« für den mit Foto abgebildeten NS-Schulleiter Striedinger, der in den höchsten Tönen gelobt wird. Sein Tod am 1. Juli 1950 wird – zusammen mit den Toten »draußen an der Front« – in einem Kasten »In Memoriam« ausdrücklich erwähnt.

Sorgsam wurde in dieser Jubiläumsschrift alles ausgespart, was die Holbeinschule in Zusammenhang mit dem Nationalsozialismus gebracht hätte. Nichts ist zu lesen über die ausführlich in der Schulchronik dokumentierte Indoktrinierung im Schulalltag. Kein Wort davon, daß und warum Schulleiter Striedinger am 26. April 1945 vom Dienst suspendiert wurde. Kein Wort über seine frühe Mitgliedschaft in der NSDAP und seine dortigen Funktionen. Über die jüdischen Schülerinnen und Schüler? Kein Wort. Es wäre in den 50er und 60er Jahren undenkbar gewesen, so etwas in eine Jubiläumsbroschüre aufzunehmen. So wundert es auch nicht, daß über einen der führenden Nazis in Frankfurt, jenen bereits erwähnten Dr. Kuno Lehr, nur zu lesen ist, daß er Lehrer an der Schule war. Das Wort »Entnazifizierungsverfahren« taucht in der ganzen Broschüre nicht auf.

Doch auch in den 50er und 60er Jahren gab es ein paar »Unruhestifter«, die an diesen »zwölf Jahren« rührten. Es waren die jüdischen Vertriebenen und die wenigen überlebenden Sinti und Roma, die nicht bereit waren, zu vergessen, und die ihre geringen Möglichkeiten auf Entschädigung wahrzunehmen begannen. Und so wurde – zumindest hinter verschlossenen Türen – von Amts wegen zwangsläufig die Frage gestellt, wie die Schulwirklichkeit in der NS-Zeit ausgesehen hatte. Davon handeln die Entschädigungsakten.

Entschädigungsakten und Schule

In den 50er und 60er Jahren eröffnete man den Überlebenden des Völkermordes im Rahmen sogenannter Wiedergutmachungsverfahren die Möglichkeit, einen »Ausbildungsschaden« anzumelden. Bei Vorlage einer Bestätigung ihres Schulbesuchs sollten damit all jene, die durch das NS-Regime ihre schulische oder berufliche Ausbildung unterbrechen mußten, eine Entschädigung erhalten.[287] Die Anträge und Verfahren mitsamt den entsprechenden Anfragen der Behörden an die Schulleitung sind in Frankfurt im Stadtarchiv fast vollständig vorhanden. Neun Ordner blieben zunächst im Stadtschulamt unter Verschluß, wurden dann aber nach Protesten und Initiativen in das Stadtarchiv verlagert, so daß die Dokumente ausgewertet werden konnten.

Eine ehemalige Schülerin des Elisabethen-Gymnasiums schildert ihr erfolgloses Bemühen um Entschädigung des »Ausbildungsschadens«:

»Ungefähr 1954 bis 1957 hörten wir dann, daß die deutsche Regierung beschlossen hatte, daß die Kinder, die ihre Schule und Erziehung nicht beenden konnten, einen Ersatzbetrag erhalten sollten. Ich bemühte mich darum mit dem folgenden Ergebnis: Direktor Sanders wurde auf eine Volksschule heruntergesetzt, weil er in erster Ehe mit einer Jüdin verheiratet gewesen war. Seine Kinder schickte er sofort ins Ausland. Aber auf meine Anfrage sagte er, daß wir ja noch weiter in die Schule hätten gehen können. Dies war nicht der Fall gewesen. Aber er war schon alt und verkalkt. Nun wurde bei meiner letzten Klassenlehrerin, Frau Weber, angefragt, die dann auch Direktorin der Schule wurde. Ihr Bericht war, daß ich eine mittelmäßige Schülerin gewesen sei, die ja doch nicht Medizin oder Jura studieren wollte, und infolgedessen die Schule nicht weiter zu besuchen gebraucht hätte. Obwohl ich nicht die Beste in der Klasse war, muß ich hinzufügen, daß Wilhelmin Schmitz und ich die ersten und einzigsten Kinder waren, die die 4. Klasse Volksschule überspringen durften und schon gleich in die Sexta gehen konnten. Damals hatten Religion und Politik noch nichts damit zu tun. Mir wurde dieser Antrag auf Wiedergutmachung abgeschlagen.«[288]

Im Grunde ist jedes einzelne dieser Verfahren ein Skandal. So wird allen jüdischen Kindern, die noch rechtzeitig emigrieren konnten und damit aber ihre Ausbildung unterbrachen, gerade diese Emigration zum Vorwurf gemacht. Mit kaum zu überbietendem Zynismus verweisen die Behörden auf jene jüdischen Schülerinnen und Schüler, die zum fraglichen Zeitpunkt noch nicht emigriert waren. Auf diese Weise wird anhand der NS-Erlasse und nicht anhand der geschichtlichen Tatsachen »festgestellt«, daß ein jüdisches Kind damals doch weiter die Schule hätte besuchen können, denn schließlich hätten dies andere jüdische Kinder noch bis 1941 getan. Dabei wird nicht berücksichtigt, daß die meisten jener Schülerinnen und Schüler, die hier als »Argument« benutzt werden, keinen regulären Antrag auf Ausbildungsschaden stellen konnten, da sie nach ihrer Deportation ermordet wurden.[289] Die unbestreitbare Tatsache, daß *jede* Emigration nach dem 30. Januar 1933 eine Vertreibung war, wird offensichtlich nicht zur Kenntnis genommen. Zudem zwang man die Antragsteller in die Rolle der Bittsteller bei jenen Behörden, die teilweise noch von all den großen und kleinen Anhängern des NS-Regimes durchsetzt waren, indem die Beweislast umgekehrt wurde: Die Verfolgten mußten das ihnen angetane Unrecht nachweisen.

Mag es am Frankfurter Schulamt auch diese oder jene Besonderheit gegeben haben, die grundsätzliche Verfahrensweise war in der BRD einheitlich: Umkehrung der Beweislast. Die staatlichen Behörden mußten folglich nicht recherchieren, um die Ablehnung eines Antrages zu begründen. Eine eigenständige Recherche zur Aufdeckung von Unrecht war nicht Aufgabe dieser staatlichen Stellen, sondern der Opfer. Der Aspekt der fehlenden Menschlichkeit bei den Beamten soll hier besonders hervorgehoben werden. Augenscheinlich gab es bei fast keinem Beamten das innere Bedürfnis, jene Menschen, denen soviel Unrecht angetan worden war, zu finden, um sie zumindest materiell zu entschädigen. Oft war genau das Gegenteil der Fall. Mit teilweise provokanten und haarsträubenden Argumenten wurde die Realität der NS-Zeit verzerrt, verleugnet oder beschönigt. In der Ausgabe der NS-Zeitung »Der Weltkampf« vom Juni 1936 schrieb Dr. Walther Scharrer auf S. 234 den Artikel »Judengegnerschaft und Höhere Schulen«. In ihm heißt es, daß über die Hälfte der jüdischen Schülerinnen und Schüler inzwischen die offiziellen nichtjüdischen Schulen verlassen haben. Er erklärt, daß »der Druck der Verhältnisse, aber nicht der Wortlaut der Gesetze die jüdischen Eltern zur freiwilligen Abmeldung ihrer Kinder (aus den höheren Schulen) zwang«.[290]

Es entsprach der Absurdität der damaligen Sprachregelung, daß der Autor das Wort »freiwillig« im gleichen Atemzug mit dem Wort »Zwang« nennt. Diese Darlegung widerspricht zudem der Herangehensweise jener Beamten, die nach 1945 nur das geschriebene Gesetz als Richtlinie gelten ließen. Es mag genügen, einige in ihrer Art typische Beispiele zu beleuchten, wie solche Anträge auf Entschädigung eines »Ausbildungsschadens« behandelt wurden.

Akten »durch Feindeinwirkung vernichtet«

Auf eine Anfrage zur Bescheinigung des Besuches der jüdischen Samson-Raphael-Hirsch-Schule konnte Herr Zeiher, seines Zeichens Stadtamtmann, lediglich bescheinigen, daß »sämtliche Schüler-Unterlagen der Samson-Raphael-Hirsch-Schule durch Feindeinwirkung vernichtet worden sind«.[291] An diesem Schreiben vom Juli 1955 läßt sich verschiedenes aufzeigen: Da ist zunächst der Begriff »Feindeinwirkung«. Eine offizielle staatliche Stelle teilt einer vertriebenen jüdischen Schülerin und ihrem Rechtsanwalt mit, daß die Schulakten aufgrund von »Feindeinwirkung«, sprich Bomben der US-Luftwaffe, nicht mehr existierten. Wie auch aus ähnlichen Bemerkungen noch ersichtlich sein wird, benutzte man hier kritiklos den NS-Jargon. Die »Feinde« – das waren nicht die staatlichen Stellen im nationalsozialistischen Deutschland, sondern die »anderen«, die Alliierten. Es ist zudem nicht nachprüfbar, ob es sich überhaupt so zugetragen hat. Oft genug vernichteten Schulleiter oder Lehrer selbst die belastenden Akten.[292]

Schon die Verwendung des Begriffs »vernichtet« unterstellt im Grunde eine Absicht. Daß die Nazis jene jüdischen Kinder vernichtet haben, denen die Flucht nicht mehr rechtzeitig gelang, taucht allerdings in keinem Aktenvermerk auf. Von 868 Anträgen der durch die NS-Rassengesetze und -Bestimmungen verfolgten Schülerinnen und Schüler auf Bescheinigung ihres Schulbesuchs in Frankfurt am Main wurden 735 – also 85 % – unter Berufung auf das Argument der »Feindeinwirkung« abgelehnt. Im übrigen sei noch erwähnt, daß die übrigen 133 tatsächlich ausgestellten Bescheinigungen in der Mehrzahl lückenhaft sind und sich oft nur auf den Besuch der Volksschule beziehen.

Gefahr für die »Ehre« der traditionsreichen Schulen

Schulleiter verschiedener Schulen waren der Ansicht, daß durch die »jüdischen Anfragen« die »Ehre« der Schule besudelt würde. Sie wurden nicht müde zu betonen, daß zumindest an ihrer Schule nichts Unrechtes geschehen sei. Vor allem aber verwies man immer und immer wieder auf jene jüdischen Schüler und Schülerinnen, die noch einige Jahre länger an der Schule gewesen waren. Niemand stellte sich dabei allerdings die Frage, ob sie dafür nicht mit dem Leben bezahlen mußten. Der Direktor des Helmholtz-Gymnasiums, Dr. G. Röhl, erklärt etwa: »Es ist nicht bekannt, daß im Jahre 1934 die Aufnahme jüdischer Schüler in die Helmholtzschule grundsätzlich verweigert werden konnte.«[293]

Die in der NS-Zeit tätige Schulleiterin der Humboldtschule antwortete auf die Anfrage einer jüdischen Schülerin: »Grundsätzlich erkläre ich, daß von seiten der Schule unter meiner Leitung keinerlei politischer Druck gegen unsere jüdischen Schülerinnen ausgeübt worden ist, der sie zum Abgang von der Anstalt hätte veranlassen können. Es bestanden auch keinerlei derartige Vorschriften [...]. Jedenfalls ist Ihr Abgang von der Schule völlig freiwillig und aus eigenem Entschluß erfolgt.«[294] Der Direktor der Musterschule erklärte 1961, ein jüdischer Schüler hätte noch nach »Ostern 1939/40 die Reifeprüfung ablegen können«.[295] Wußte er wirklich nicht, daß dies ab November 1938 in den regulären »deutschen« Gymnasien staatlich verboten war?

Die letzten jüdischen Schulkinder als Alibi

Auch die »Auswanderung« – sprich: die rechtzeitige Flucht – eines jüdischen Mädchens, das 1934 die Schillerschule verlassen mußte, wurde 1958 von der Schulleiterin Straßburger wie folgt erläutert: »Von seiten der Schule aus war hierfür kein Grund gegeben: Noch im Jahre 1936 legten jüdische Mädchen an der Schillerschule das Abitur ab.«[296] Eine ehemalige Schülerin schreibt dahingegen über das Jahr 1934: »Mit 15 Jahren mußte ich die Schillerschule gezwungenermaßen verlassen, weil ich Jüdin war.« Die Schulleiterin verstand dies offensichtlich als Angriff auf die »Ehre« der Schillerschule. Sie bestätigte zwar das Abgangsdatum, fügte jedoch hinzu: »Von den heute noch hier unterrichtenden Lehrkräften kann sich keiner mehr sicher auf Fräulein Hoffmann besinnen. Es ist jedenfalls soviel klar, daß zu dieser Zeit an der Schillerschule jüdische Schülerinnen noch Abitur gemacht haben.«[297]

So stand oft Aussage gegen Aussage. Eine Schülerin berichtete, daß sie wegen der jüdischen Herkunft eines Elternteils in einer Schule nicht aufgenommen wurde. Der Schulleiter Dr. Pfisterer erklärte daraufhin jedoch: »Es sind auch keine jüdischen Mischlinge in den Jahren 1935 und 1937 von der Aufnahme ausgeschlossen worden.«[298]

Besonders geschlossen stand 1962 das Kollegium der Herderschule hinter der Schulgeschichte. Eine jüdische Antragstellerin berichtete, sie hätte die Herderschule 1934 verlassen müssen, »da ihr der weitere Schulbesuch bei der nationalsozialistischen Atmosphäre unerträglich geworden sei«.[299] Der Schulleiter der Herderschule befragte daraufhin die älteren Lehrkräfte der Herderschule, ob dies stimmen könne, und erklärte, er habe »auch persönliche Erkundigungen bei älteren und pensionierten Lehrkräften« eingezogen: »Von den älteren Lehrkräften wurde mir versichert, daß der damalige Direktor, Herr Dr. Traub, sich durch besondere Toleranz auszeichnete. *Alle* [Hervorh. im Orig.] Schülerinnen wurden von ihm gleichmäßig geschützt, selbst, als gegenteilige behördliche Anordnungen vorlagen.«[300] Die ehemalige Schülerin sah das anders. Und selbst in den Akten aus der NS-Zeit wurde vermerkt, daß der Anteil der jüdischen Schülerinnen entsprechend den »behördlichen Anordnungen« an dieser Schule von 2,5 % im Jahre 1935 auf 1,3 % im Jahre 1937 gesenkt worden war.[301]

In einem anderen Fall erklärte eine Schülerin mit einem jüdischen

Elternteil, daß sie trotz ihrer Versetzung 1933 die Herderschule habe verlassen müssen. Die Antwort lautete: »Das Kollegium der Herderschule, soweit es in der damaligen Zeit an der Schule war und heute noch ist, bestätigt, daß eine zwangsweise Verweisung von der Schule nicht vorgekommen sei.«[302]

Streng nach Erlaßlage

Sehr allgemein, aber mit Nachdruck wurde auch dem Antrag einer jüdischen Schülerin entgegengetreten, die »behauptet« hatte, sie sei im Februar 1933 von der Fürstenberger Schule verwiesen worden: »Es ist uns im übrigen nicht bekannt, daß jüdische Schüler wegen ihrer Abstammung 1933 von der Schule verwiesen wurden. Eine solche Verweisung wurde bestimmt im Februar 1933 nicht vorgenommen.«[303] Der Rechtsanwalt der ehemaligen Schülerin antwortete mit einer Stellungnahme ihres Vaters:

»›Gegen Ende Februar 1933 wurde ihr der weitere Schulbesuch von der Schulleitung untersagt. Meine Frau hatte sich bei der Schulleitung beschwert, weil meine Tochter häufig judenfeindlichen Beleidigungen ausgesetzt war.‹ Wenn es auch zutrifft, wie Sie mitteilen, daß eine regelrechte Verweisung jüdischer Schüler von der Schule im Jahre 1933 noch nicht erfolgte, so erscheint es doch möglich, daß der Mutter meiner Mandantin von zuständiger Stelle nahegelegt wurde, ihr Kind von der Schule zu nehmen. Daß schon im Jahre 1933 Kinder jüdischer Eltern in den deutschen Schulen Beschimpfungen und Belästigungen ausgesetzt waren, wird niemand bestreiten können.«[304]

Die Antwort lautete:

»Unsere Mitteilung vom 18.10.1961, daß auf keinen Fall eine Verweisung eines jüdischen Schülers von einer öffentlichen Schule in Frankfurt am Main im Februar 1933 aus rassischen Gründen erfolgt ist, halten wir in vollem Umfang aufrecht. [...] Daß im Jahre 1933 jüdische Schüler und Schülerinnen belästigt wurden, ist bekannt; aber den Eltern Ihrer Mandantin ist im Februar 1933 sicherlich weder von der Schulleitung noch von dem Schulrat oder der Leitung des Schulamtes (sofern Sie diese drei Instanzen als ›zuständige Stellen‹ ansehen) nahegelegt worden, ihr Kind von der Schule zu nehmen.«[305]

Diesen Brief schrieb Stadtoberamtmann Deuser ausgerechnet am 9. November 1961. Man kann sich vorstellen, wie Ton und Inhalt auf die Überlebenden des Völkermordes gewirkt haben müssen.

Noch drastischer wies man jene Antragsteller zurück, die rechtzeitig die Flucht in ein anderes Land ergriffen hatten. Eine Antragstellerin berichtet, daß sie 1935 den Besuch der jüdischen Schule Philanthropin gezwungenermaßen abgebrochen habe, »weil ein akademisches Studium für eine jüdische Schülerin als aussichtslos« angesehen worden sei und sie in Anbetracht der weitreichenden Diskriminierung keine Universität mehr hätte besuchen können. In einer handschriftlichen Randbemerkung zu der Akte jenes Vorgangs heißt es: »Es ist mir völlig unverständlich, warum die Schülerin nach vier Jahren Philanthropin abgegangen ist [...]. Warum hat ausgerechnet diese Schülerin 1935 die Schule verlassen? Hat sie allein diese Einsicht gehabt, daß kein Abitur für einen Juden mehr möglich war?«[306]

Abgesehen davon, daß es ja um das Studium, genauer, die Unmöglichkeit eines Studiums ging, suggeriert die Art der Fragestellung, daß sie wohl von »Drahtziehern« und bösen Hintermännern beeinflußt worden sein muß, wo doch so viele Schülerinnen diese Schule noch bis 1941 besucht hatten – bis sie »ordnungsgemäß« in die Gaskammern nach Treblinka und Auschwitz-Birkenau abtransportiert wurden.

Zynischer Verweis auf schlechte Noten

Ähnlich demagogisch ist auch der Hinweis, daß aufgrund schlechter Schulnoten dieser oder jener jüdische Schüler an einem Gymnasium nicht aufgenommen worden sei. Dabei beruft man sich streng bürokratisch auf abstrakte Möglichkeiten der »Erlaßlage« – wohlgemerkt der Erlaßlage der NS-Schulbehörden. Ein Beispiel: Der Rechtsanwalt einer Schülerin, deren einer Elternteil jüdischer Herkunft war, kannte diese Mechanismen bereits und schrieb: »[Zwar] hätte die Antragstellerin theoretisch die Möglichkeit gehabt, die höhere Schule bis 1943 zu besuchen. Ich zweifele jedoch sehr daran, daß sie eine solche Absicht im Jahre 1938 hätte in die Tat umsetzen können. [...] Ich wäre Ihnen sehr verbunden, wenn Sie mir Mitteilung darüber machen könnten, wie es mit der Voraussetzung zum höheren Schulbesuch [...] im Jahre 1938 tatsächlich aussah.«[307]

Der zuständige Beamte, der sich in die Enge getrieben fühlte, antwortete: »Über die praktische Anwendung der Bestimmungen bestehen keinerlei Unterlagen. Von verschiedenen Schulen wurde uns jedoch bestätigt, daß in Frankfurt a. M. wenigstens bis zum Herbst 1938 für jüdische Mischlinge keine Schwierigkeiten gemacht wurden.«[308] Der Widerspruch ist offenkundig: Einerseits fehlten Unterlagen, obwohl mehrere hundert Anträge von Schülerinnen und Schülern mit ähnlicher Ausgangslage vorhanden waren. Andererseits gab es doch nicht näher bezeichnete Bestätigungen, daß »keinerlei Schwierigkeiten« existiert hätten.

Die angebliche Lösung der Frage, warum diese Schülerin keine höhere Schule besuchen konnte, fand der Beamte Deuser dann doch. Er hatte Zugriff auf die Kopie eines ihrer Zeugnisse, das er wie folgt kommentierte. »Nach einem hier in Abschrift vorliegenden Schulzeugnis vom September 1937, ausgestellt im Laufe des 4. Schuljahres, halten wir es für wenig wahrscheinlich, daß sie eine weiterführende Schule besuchen konnte. Alle Fächer sind nur mit ›genügend‹ beurteilt. Diese Leistungen waren früher schon in normalen Zeiten nicht ausreichend, um in eine höhere Schule einzutreten.«[309] Man ging also dazu über, Anträge auf Entschädigung auch mit Hinweis auf die angeblich schlechten Leistungen abzuwehren. Auf die Idee, daß auch die Beurteilung der schulischen Leistungen durch eine rassistisch gefärbte Brille vorgenommen wurde, kam Deuser nicht.

In einem anderen Fall gingen die Behörden in die Offensive. Ein Antragsteller, der vorgetragen hatte, daß er die Oberschule aufgrund des fehlenden erforderlichen »Ariernachweises« und der fehlenden Bestätigung der HJ-Zugehörigkeit nicht besuchen konnte, wurde gefragt: »Haben Sie nach Kriegsende Antrag auf Wiederaufnahme in eine Schule gestellt?«[310] Der Antragsteller schrieb zurück: »Ihre Anfrage, ob ich nach Kriegsende Antrag auf Wiederaufnahme in eine Schule gestellt habe, ist mir noch unverständlicher. Was hat dies mit der von mir gewünschten Bescheinigung zu tun? [...] Vielleicht können Sie mich darüber aufklären [...], ganz abgesehen davon, daß ich nach Kriegsende Geld verdienen mußte, um leben zu können und meine Eltern zu versorgen, die aufgrund der Verfolgungen während der NS-Zeit ihr gesamtes Vermögen und ihre Gesundheit verloren hatten.«[311] Der Antragsteller war übrigens nicht der einzige, der mit Nachfragen solcher Art belästigt wurde.

Eine einzige Ausnahme

Die Absurdität dieser »Überprüfungen« ist nur der Schulleitung der Bettinaschule in Frankfurt (früher Viktoriaschule) aufgefallen. Sie antwortete auf all diese Anfragen, daß aufgrund der Gesamtlage kein Zweifel daran bestehe, daß die jüdischen Schülerinnen zwangsweise die damalige Viktoriaschule verlassen mußten. Es ist gewiß kein Zufall, daß sich gerade an dieser Schule schon während der NS-Zeit im Kollegium deutlicher Widerstand gegen die antisemitischen Maßnahmen geregt hatte. Mehr als 860 Anfragen hat es in Frankfurt insgesamt gegeben. Außer der der eben erwähnten Schulleitung der Bettinaschule finden sich darunter nur zwei oder drei weitere akzeptable Antworten anderer Schulen. Diese Tatsache macht die »zweite Schuld« des Verdrängens und bürokratischen Verleugnens der NS-Realität durch die übrigen Schulleiter nur noch deutlicher.

Die in der NS-Zeit aus der Schule entfernte Frau Dr. Hoff erhielt auf ihre Anfrage von der Oberstudiendirektorin Dr. Fucker die Antwort, daß die jüdische Schülerin in der Tat im November 1933 die Viktoriaschule verlassen hatte: »Sie mußte die Schule verlassen, da ein weiteres Verbleiben auf den öffentlichen Schulen bei den damals herrschenden politischen Verhältnissen (Rassendiskriminierung) nicht möglich war.«[312] An anderer Stelle schrieb die Leiterin der Bettinaschule am 23. März 1960 auf eine haarsträubende Anfrage der Behörden: »Nach 1933 wurde der Besuch einer öffentlichen höheren Schule von Jahr zu Jahr für jüdische Schülerinnen mehr erschwert und überhaupt nur noch unter Ausnahmebedingungen gestattet, die Studienanstalt zu besuchen. Im Grunde war nach dem 1. April 1933 (Boykott) ein Besuch der höheren Schule unter den herrschenden politischen Umständen nicht mehr zumutbar.«[313]

Die besondere Diskriminierung der Sinti und Roma

In seinem Buch »Bürgerrechte für Sinti und Roma« hat Romani Rose im Kapitel *Der Betrug um die Wiedergutmachung* ausführlich dargestellt, mit welch fadenscheinigen Argumenten Sinti und Roma nach 1945 um berechtigte Ansprüche betrogen worden sind. Dabei muß erneut darauf hingewiesen werden, daß die Diskriminierung der Sinti und Roma auch heute in oft unerträglichem Maße weiterbesteht.[314] Oft genug handelte es sich bei denen, die nun die sogenannte Wiedergutmachung an den Sinti und Roma zu überprüfen hatten und sich fast immer gegen sie entschieden, um dieselben, die in der NS-Zeit an der Deportation der »Zigeuner« beteiligt waren.

Im Stadtschulamt in Frankfurt lagerten nicht nur die Anträge auf Ausbildungsschadensersatz von jüdischen Schülerinnen und Schülern, sondern auch die von Sinti und Roma. Wie aus den Schulamtsakten hervorgeht, waren am 6. Oktober 1941 noch 52 schulpflichtige »Zigeunerkinder« in Frankfurt am Main im Schulamt gemeldet. Das Hauptbuch des sogenannten Zigeunerlagers in Auschwitz-Birkenau, in dem aber nicht alle deportierten Sinti und Roma erfaßt sind, enthält die Namen sowie die Geburts- und Ermordungsdaten von 33 aus Frankfurt stammenden Kindern der Sinti und Roma: fünf Kinder im Alter von ein bis drei Jahren, fünf Kinder im Alter von sechs bis zehn Jahren, 17 Kinder im Alter von 11 bis 14 Jahren und sechs Jugendliche im Alter von 15 bis 18 Jahren. 22 Kinder im Alter von 6 bis 14 Jahren, also im schulpflichtigen Alter, wurden in Auschwitz-Birkenau ermordet. 20 überlebende Schülerinnen und Schüler stellten in den 50er Jahren Anträge zur Bestätigung des Schulbesuchs, um einen Ausbildungsschaden anzumelden.

Die widersprüchlichen Antworten sind erschreckend: Erst wird vermerkt, die Akten z. B. der Hölderlin-Schule seien vernichtet worden, dann wiederum stellt man mit Berufung auf die Aktenlage der Hölderlin-Schule fest, daß ein bestimmter Schüler dort nicht unterrichtet worden sei. Zudem zitierte man ungeniert aus den Begründungen und Akten der NS-Zeit. Im Gegensatz dazu, daß sich die Schulbürokraten immer auf eine sogenannte Ausnahmeregelung für die Aussonderung der Sinti und Roma aus den Volksschulen bezogen, heißt es am 20. November 1959 unter Berufung auf Dokumente der Gauleitung der NSDAP, Rassenpolitisches Amt, vom 6. September 1940: »Die damals mitgeteilten Richtlinien wurden – wie die Akten ergeben – nur im Einzelfall auf die Ausschulung von Zigeunerkindern angewandt, z. B. bei Verschmutzung, Erkrankung, Ausschlägen und dergleichen.«[315]

Die Kinder der Sinti und Roma wurden also wegen ihrer »Verschmutzung« nicht weiter beschult. Und dies soll außerdem nur in »Einzelfällen« durchgeführt worden sein. Während an einer anderen Stelle in den Akten behauptet wurde, daß bis Oktober 1941 die Kinder der Sinti und Roma verbleiben durften, heißt es in einem Brief vom 20. Januar 1967: »Es wird um Mitteilung gebeten, warum K. M. seiner Schulpflicht nicht nachgekommen ist; lagen gesundheitliche Gründe hierfür vor?«[316] Herr M. wurde im September 1936 geboren, also war 1942 das Jahr seiner Einschulung. Der Fragesteller, ein Einzelrichter aus Karlsruhe namens Fiebinger, hatte wohl 1967 von Auschwitz und der systematischen Deportation der Sinti und Roma dorthin noch nie etwas gehört. Die zynisch formulierte Frage nach den gesundheitlichen Gründen beweist, mit welcher Voreingenommenheit hier an berechtigte Entschädigungsansprüche herangegangen wurde. Die Antwort des Stadtschulamtes lautete: »Es wird angenommen, daß die Erziehungsberechtigten ihren Sohn nicht für den Schulbesuch gemeldet hatten.«[317] Dieselben Beamten behaupteten an anderer Stelle, daß Sinti und Roma bis Oktober 1941 beschult worden seien. Dies zeigt, mit welchen Mitteln versucht wurde, jegliche Ansprüche rechtlich abzuwehren.

Ein anderer Antragsteller, Herr M., der 1943 als siebenjähriges Kind nach Auschwitz-Birkenau deportiert wurde und dem als »Zigeuner« 1942 die Aufnahme in die Volksschule verweigert worden war, erhielt die Antwort, »daß die Zigeunerkinder ab Ostern 1941 vom Schulbesuch wegen ihrer Verwahrlosung beurlaubt waren«.[318] Die offizielle Sprachregelung der Nationalsozialisten wurde auch hier kritiklos übernommen. Und man kann nur von Zynismus reden, wenn der Magistratsrat Zeiher in diesem Zusammenhang das Wort »beurlaubt« verwendet. Denn hinter der Bezeichnung »Beurlaubung« stand die Deportation der Sinti- und Roma-Kinder nach Auschwitz-Birkenau.

Wes Geistes Kinder diese Beamten im Wiesbadener Regierungspräsidium waren, geht auch aus einer Anfrage von Herrn Bahlmann, eines Mitarbeiters, vom 18. September 1962 an das Stadtschulamt hervor. Im Zusammenhang mit dem Entschädigungsantrag eines

Sinto, der 1936 geboren und 1942 nicht von einer Volksschule aufgenommen worden war, schreibt er: »Ich bitte aus diesem Grunde um Auskunft über Ihre pädagogischen Erfahrungen mit Zigeunerkindern, insbesondere darüber, ob die Mehrzahl von ihnen die Volksschule mit oder ohne Erfolg besucht hat. Bereits für schätzungsweise Angaben über das bei jüngeren Zigeunern noch verbreitete Analphabetentum wäre ich Ihnen dankbar.«[319] Die hinter dieser Frage stehende Haltung ist offensichtlich. Es sollte noch in den 60er Jahren das Vorurteil belegt werden, daß »jüngere Zigeuner« ohnehin Analphabeten seien, ohnehin keine Volksschule mit Erfolg besuchen könnten und folglich eine Entschädigung nach Meinung einer solchen Behörde nicht gerechtfertigt sei.

Am 13. August 1968 berichtete der Stadtamtmann Wahler an das Landgericht in München über die Zusammenlegung der Riederwald-Schule mit der Pestalozzi-Schule. Es heißt dort: »Das war neben anderen, insbesondere hygienischen Gründen der Anlaß, alle Zigeunerkinder zusammenzufassen und gesondert zu unterrichten.«[320] Das Klischee von den »hygienischen Gründen« wird weiterhin kolportiert. Die »anderen« Gründe hingegen werden wohlweislich nicht näher bezeichnet.

Daß die Behörden auch vor Lügen nicht zurückschreckten, ergibt sich aus einer anderen Akte. Ein Sinto gab an, ein Jahr von einem gewissen Lehrer Hain unterrichtet worden zu sein, und bittet um Auskunft über seinen Schulbesuch. In einer handschriftlichen Notiz hieß es: »Wir haben hier lediglich den Lehrer a.D. Otto Hain feststellen können.«[321] Im offiziellen Antwortschreiben vom 7. Februar 1962 ist dann jedoch zu lesen: »Einen Lehrer Hain konnten wir in den Verzeichnissen der fraglichen Zeit in Frankfurt am Main nicht ermitteln.«[322]

Die ablehnende Reaktion der bundesrepublikanischen Behörden auf die Wiedergutmachungsanträge der Sinti und Roma ist nicht weiter verwunderlich. Im Runderlaß E 19 vom Februar 1950 heißt es: »Die Prüfung der Wiedergutmachungsberechtigung der Zigeuner und Zigeunermischlinge [...] nach den Vorschriften des Entschädigungsgesetzes hat zu dem Ergebnis geführt, daß der genannte Personenkreis überwiegend nicht aus rassischen Gründen, sondern wegen seiner asozialen und kriminellen Haltung verfolgt und inhaftiert worden ist.«[323] Und sogar das höchste deutsche Gericht, der Bundesgerichtshof, verkündete 1956 in einem bis heute nicht revidierten Urteil: »Die Zigeuner neigen zu Kriminalität, besonders zu Diebstählen und zu Betrügereien. Es fehlen ihnen vielfach die sittlichen Antriebe zur Achtung vor fremdem Eigentum, weil ihnen, wie primitiven Urmenschen, ein ungehemmter Okkupationstrieb eigen ist.«[324]

Zusammenfassend stellt Romani Rose fest:

> »In aller Regel wurden Entschädigungsrenten für erlittenen Gesundheitsschaden völlig und meist auch Einmalzahlungen von nur einigen hundert Mark von den Wiedergutmachungsämtern abgelehnt. Denn die Gesundheitsschäden, z. B. schwere Unterleibserkrankungen durch Kältetests in den Konzentrationslagern, seien nicht auf die Verfolgung, sondern auf das ›Zigeunermilieu‹ und den ›unsoliden Lebenswandel‹ nach 1945 zurückzuführen gewesen.«[325]

Und Karl Brozik, der Leiter der *Claims Conference* für Deutschland, zog nach seiner Analyse der bundesrepublikanischen Entschädigungspraxis den Schluß:

> »Eine weitere Gruppe, deren Verfolgung zwar nach dem Gesetzestext des BEG anerkannt ist, deren Ansprüche aber in der Praxis der Entschädigung nur äußerst schwierig zu positiven Ergebnissen gebracht werden konnten, sind die Sinti und Roma. Tiefsitzende Vorurteile gegen die ›Zigeuner‹ führten in den Wiedergutmachungsverfahren zu krassen Ungerechtigkeiten. Die rassische Verfolgung der Sinti und Roma wurde lange mit Himmlers sog. ›Auschwitz-Erlaß‹ vom 16. 12. 1942 festgelegt. Davor seien sie nur aus ›kriminalpräventiven Gründen‹ in die KZs gekommen, obwohl jedem Verantwortlichen bewußt war, daß sie den rassistischen Nürnberger Gesetzen ebenso unterworfen waren wie die Juden [...]. Als Sachverständige zur Klärung der rassischen Verfolgung wurden in den Wiedergutmachungsverfahren oft nur die Kriminalpolizisten gehört, die zuvor die Einweisung in die KZs verfügt hatten. Diese ›Sachverständigen‹ konnten in ihrem früheren Tun natürlich nichts entdecken, das eine rassische Verfolgung belegt hätte.«[326]

Die Rehabilitierung der NSDAP-Lehrer, die Vertuschung der nationalsozialistischen Vergangenheit der einzelnen Schulen vor allem in Jubiläumsbroschüren, die Umkehrung der Beweislast bei den Entschädigungsverfahren der jüdischen Schülerinnen und Schüler sowie der Schulkinder der Sinti und Roma – das alles sind Symptome einer gesamtgesellschaftlichen Erscheinung, die Ralph Giordano die »zweite Schuld« genannt hat.

Vierter Teil

Das Passau-Syndrom

Hindernisse bei der Erforschung der NS-Zeit an den Schulen

1987 erschien Ralph Giordanos Buch »Die zweite Schuld«. Der Autor hatte die NS-Zeit und auch die NS-Schulzeit in Deutschland als jüdisches Kind und Jugendlicher miterlebt, hatte mit wachen Augen das NS-Regime und das »Kollektiv der Nazi-Anhänger« aus nächster Nähe beobachtet. Nach 1945 beobachtete und analysierte er dann die Mechanismen der Verdrängung und Verleugnung von Schuld ebenfalls aus nächster Nähe. Viele seiner Thesen findet man heute in allgemein gehaltenen Reden wieder. Manches wird auf einer abstrakten Ebene sogar allgemein akzeptiert. Doch sobald es konkret wird, sobald die grundlegenden Überlegungen und Schlußfolgerungen auf die Analyse von konkreten Berichten der NS-Zeit und ihrer Nachgeschichte ab 1945 angewendet werden, erst dann zeigt sich, von welchem Gewicht die Analysen und Schlußfolgerungen Giordanos sind. Seine Thesen lassen sich ohne große Probleme auch auf die Analyse der »Schulzeit unterm Hitlerbild« und auf den Umgang mit Schulgeschichte in der NS-Zeit nach 1945 anwenden.

Seine grundlegende Einschätzung besteht darin, daß sich das zwischen 1933 und 1945 existierende »nationale Kollektiv der Hitleranhänger« (A. und M. Mitscherlich) im Mai 1945 mit dem Schrei »Wir sind nie Nazis gewesen« in Luft aufgelöst hat. Die »zweite Schuld« besteht in der Verdrängung der ersten Schuld nach 1945. Und dabei geht es hier nicht in erster Linie um die Schuld der großen Henker, der Eichmanns, Himmlers und Hitlers, sondern um die Schuld einer ganzen Generation der »Anhänger, Befürworter, Großsprecher, Nutznießer und Mitläufer«.[327]

Ralph Giordano geht des weiteren von der These aus, daß der »große Friede mit den Tätern« nach 1945 umfassend war und einherging mit einem Verlust an humaner Orientierung, der sich unter anderem in der ständig wiederkehrenden Floskel zeigte, »daß alles doch nicht so schlimm gewesen ist«. Giordano wußte, worauf er sich mit dem Begriff der Schuld gegen das 40 Jahre alte, »feingesponnene Netz der Nachsicht« eingelassen hatte: Wer die Frage der Schuld anspricht, der verletzt den ungeschriebenen bundesdeutschen »Polit-Knigge«.[328] Er machte deutlich, daß bei einer ehrlichen Analyse der NS-Zeit dem Thema eine »Anklage ganz natürlich innewohnt« und sich niemand als Ankläger »aufspielen« muß, wie so oft unterstellt wird.

Es könnte hier eine lange Liste von Zitaten folgen, aus denen hervorgeht, mit welcher von Giordano entlarvten Ängstlichkeit zeitgenössische professionelle und nichtprofessionelle Historiker die Frage nach der »Schuld« von Lehrern und indoktrinierten Schülern behandeln. Es sind genau diese Wissenschaftler, die stets fast stereotyp betonen, es ginge nicht um »Schuldzuweisung«, sondern um bloße Aufklärung. Sie verleugnen aber damit, daß der objektiv existierende Zusammenhang zwischen Aufklärung und Aufdeckung von Schuld untrennbar ist. Jeder, der heute, 50 Jahre nach dem 8. Mai 1945, irgendwo beginnt, ein Stück zugeschüttete NS-Geschichte freizulegen, trifft auf die von Giordano beschriebene Mischung aus Verdrängung der Schuldgefühle und Aggressionen gegen überlebende Opfer des Terrors, die nichts anderes taten, als die Wahrheit auszusprechen.

Die Erforschung der NS-Zeit an den Schulen erlebte Anfang der 80er Jahre einen Aufschwung. Unterstützt wurden solche Aktionen zum Beispiel durch den Schülerwettbewerb »Deutsche Geschichte« um den Preis des Bundespräsidenten.[329] Nach der Ausstrahlung des Filmes »Holocaust« im Jahre 1979 und dem unerwartet großen Interesse der Jugendlichen an diesem Thema wurde 1980/81 als Thema des Wettbewerbs »Alltag im Nationalsozialismus 1933–1939« festgelegt. 1982/83 folgte »Alltag im Nationalsozialismus 1939–1945«. Insgesamt wurden 3340 Beiträge von Schülerinnen und Schülern eingeschickt, nicht wenige davon handelten über die »eigene« Schule. Interessant ist vor allem die hohe Quote der Einsendungen von Schülerinnen und Schülern der 8. bis 10. Klasse. Beim Forschen über die NS-Zeit in den zwei letzten Jahrzehnten steht das Beispiel Passau stellvertretend für die Erfahrung, daß diese Art der Forschung auch heute noch oft als ausgesprochene »Nestbeschmutzung« angesehen wird. Dies gilt besonders dann, wenn die Rolle einer bestimmten Ortschaft, einer bestimmten Institution, einer konkreten Behörde oder einer bestimmten Schule beleuchtet wird. Dann nehmen die Betroffenen eine immer wieder zu beobachtende Abwehrhaltung ein: »Bei uns war es nicht so schlimm! Bei uns hat es das nicht gegeben!«

Dieter Rebentisch, Leiter des Stadtarchivs Frankfurt am Main, schreibt zu Recht: »Über Hitler reden, ist leicht. Die nationalsozialistische Diktatur oder ›den Faschismus‹ zu verurteilen, ist unverfänglich. Wo aber der Nationalsozialismus nicht mehr eine anonyme Kategorie ist, sondern zur eigenen Biographie oder zur Vergangenheit des Nachbarn oder Freundes gehört, ist die Bewältigung dieser Epoche der deutschen Geschichte weiterhin tabuisiert.«[330]

Drohungen in Passau

Die Erfahrungen, die Anna E. Rosmus mit solch einer abwehrenden, ja feindseligen Haltung gemacht hat, wurden durch den Film »Das schreckliche Mädchen« von Michael Verhoeven weltbekannt. Interessanterweise fand dieser Film hier in Deutschland nicht solche Beachtung wie z. B. in den USA. Anna Rosmus begann 1983 als Schülerin, über die NS-Zeit in Passau zu forschen. Sie setzte ihre Arbeit auch als Studentin fort und wurde deshalb von großen Teilen der Passauer Bevölkerung gemieden und sogar verachtet – selbst zu einem Zeitpunkt, als ihre Forschungen in der Lokalpresse noch eine gewisse Anerkennung fanden.

Nun ist gerade Passau, im tiefsten Niederbayern gelegen, ein besonderer Ort. Eichmann und Kaltenbrunner wohnten in Passau und bereiteten von dort den Einmarsch nach Österreich vor. Am Gymnasium Leopoldinum war Himmlers Vater Lehrer. Daß es neben den staatlichen Schulen viele kirchliche Schulen gab, prägte die Stadt ebenfalls. Auf die Fragen des Autors nach ihren Erfahrungen mit der Behandlung der NS-Zeit in ihrer Schule und nach den Reaktionen auf ihre Forschungsbemühungen als Schülerin und Studentin antwortete Anna Rosmus im April 1989: »Zu meiner Schulzeit wurde die NS-Zeit in zwei Stunden ›abgehandelt‹, als territoriale Frage. Widerwärtig. Ich handelte mir den Zorn des Lehrers ein, weil ich mich demonstrativ mit dem Rücken zu ihm setzte.«[331] Nach ihren Möglichkeiten zur Erforschung der Schulakten gefragt, antwortete sie, man habe zunächst bis auf einen Fall »völlig abgeblockt«. »Erst die Schreiben vom Kultusministerium haben bei staatlichen Schulen Abhilfe geschafft. Die kirchlichen (Juden waren dort) verweigern bis heute jede Einsicht. Generell: Die Angst ist groß, Schüler dürfen nicht ran. Das Thema Juden, vor allem regional, wird weitgehend ausgeklammert, obwohl einzelne Schüler direkt danach fragen.«[332] Kirchliche Schulen haben also noch 1989, obwohl sie von jüdischen Schülern besucht wurden, die Akteneinsicht verweigert.

Aus dem Schreiben des Bayrischen Kultusministeriums, aufgrund dessen Anna Rosmus wenigstens als Studentin die Akteneinsicht an staatlichen Schulen – konkret am Leopoldinum-Gymnasium – erlaubt wurde, geht deutlich hervor, mit welchen Schwierigkeiten sie im Passau des Jahres 1984 zu kämpfen hatte. Da heißt es, man sei »ausnahmsweise damit einverstanden«, daß der Antragstellerin Einsicht in Schulakten gewährt wird. »Individuelle Angelegenheiten« von Lehrern und Schülern – also Disziplinarfälle oder Personalakten – durfte sie jedoch nicht einsehen. Außerdem mußte sie vor Einsichtnahme unterschreiben, daß sie sich bewußt sei, daß dies »zivilrechtliche und strafrechtliche Folgen [...] nach sich ziehen kann (z. B. Verpflichtung zu Schadenersatz und Widerruf, Verurteilung wegen übler Nachrede)«.[333] In mehreren Büchern schildert die so Belehrte, daß genau jener Fall auch eintrat, als sie mutig die NS-Zeit in Passau erforschte und ihre Erkenntnisse veröffentlichte.[334]

Köln: Von der Schule geekelt

Zwei Jahre später rührten eine Lehrerin und zwei Lehrer eines Kölner Gymnasiums – Sibille Westerkamp, Hans Hengsbach und Otto Geudtner – »in der braunen Suppe« und wurden von einem Widerstand besonderer Art überrascht. Anhand der Schulakten erforschten sie die Geschichte der eigenen Schule. Ihre ursprüngliche Absicht war es gewesen, den »Ruf« der Schule durch Fakten zu belegen. Denn vom Kölner Apostel-Gymnasium hieß es, daß dort angeblich großer Widerstand gegen die Nazis geleistet worden sei. Bereits zu Beginn der Forschungsarbeit stellte sich jedoch heraus, daß die Schule ihrem Ruf ganz und gar nicht gerecht wurde. Die drei Lehrer recherchierten gründlich und stellten schließlich das Buch »Ich bin katholisch getauft und Arier« zusammen.[335] Die Beschreibung des Apostel-Gymnasiums als einem »Hort des Widerstandes« hatte sich als Märchen erwiesen.

Auch bei dieser Arbeit waren Probleme vorprogrammiert. Im Vorwort des Buches heißt es: »Bei unseren Untersuchungen erfuhren wir neben bereitwilliger Hilfe häufig Ablehnung. Personen und Institutionen, von denen man Interesse für das Thema hätte erwarten müssen, erschwerten unsere Arbeit.«[336] Entlastung zu Forschungszwecken wurde den dreien nicht gewährt. Es gab zudem Komplikationen beim Druck, denn plötzlich tauchten finanzielle Probleme auf. Die Schule bezog nicht einmal im nötigen Umfang Schulexemplare des Buches, ganz zu schweigen davon, daß es im Schulunterricht nicht eingesetzt wurde. Aufgrund ihrer engagierten Forschungsarbeit galten die drei Lehrer rasch als »Nestbeschmutzer«: »Im Lehrerzimmer des Kölner Apostel-Gymnasiums empfängt sie eisiges Schweigen [...], unter der Hand wird der Vorschlag gehandelt, ihnen doch die Versetzungsanträge gleich ausgefüllt ins Fach zu legen.«[337]

Nun meldeten sich auch ehemalige Schüler zu Wort. Einer schrieb: »Ich glaube nicht, daß der Schüler Baum, nur weil er Jude war, die Schule verlassen mußte«, und sprach von einer »Schmähschrift«. Das allgemeine Verhalten an der Schule konnte bald als »Mobbing« bezeichnet werden. Wolfgang Keim schreibt in einem Bericht über Forschungstendenzen der 80er Jahre über die drei Lehrerinnen und Lehrer dieser Schule:

> »Um so betroffener mußten sie sein, als sie sich nach Fertigstellung und Veröffentlichung ihrer Arbeit vom Schulleiter, dem Kollegium, der Elternschaft, den Ehemaligen und sogar einem größeren Teil der Schülerschaft gemieden und regelrecht ausgegrenzt sahen. Da die drei dem psychischen Druck auf Dauer nicht standhalten konnten, blieb ihnen nichts anderes übrig, als sich versetzen zu lassen. [...] Daß in einer solchen Schule die Anbringung einer Gedenktafel für die Opfer des Faschismus keine Chance hat, versteht sich fast von selbst.«[338]

Wolfgang Keim folgert zu Recht, daß solche schmerzlichen Erfahrungen zeigen, wie wenig die in den 50er, 60er und 70er Jahren dominierenden Widerstände gegen jede Form der kritischen Auseinandersetzung mit der NS-Zeit überwunden worden sind.[339]

Weitere Beispiele: Hamburg, Kassel, Darmstadt

Wie bereits erwähnt, wurde die NS-Zeit an den Schulen in Hamburg am systematischsten erforscht. Aber auch hier ging es zunächst nicht ohne Schwierigkeiten ab. Anfang 1989 schrieb Ursel Ertel-Hochmuth, nachdem sie in der überregionalen Presse über das Verbot, die Schulchroniken in Frankfurt zu sichten, gelesen hatte: »Bei uns war das früher wohl ähnlich, man fand formale Gründe, um ›heiße Eisen‹ aus der Vergangenheit nicht an die Öffentlichkeit gelangen zu lassen, z. T. wurde die Geschichte der eigenen Institution in den Jahren 1933 bis 1945 auch gar nicht als ›Thema‹ gesehen. Inzwischen hat sich da in Hamburg der Umgang auch mit NS-Schuldokumenten geändert, nach meiner Erinnerung seit Ende der siebziger Jahre.«[340] Es gibt also auch positive Erfahrungen.

Die Kasseler Gerhart-Hauptmann-Schule z. B. publiziert seit 1983 in vielfältiger Weise Schülerarbeiten und Befragungen Prominenter über die NS-Schulzeit. Hier stand der Schulleiter fest an der Seite der Schülerinnen und Schüler. Dadurch sowie durch eine gute Öffentlichkeitsarbeit erlangte dieses Projekt allergrößte Bedeutung: Es hat sozusagen »Pilotcharakter«. Aber selbst unter diesen fast optimalen Bedingungen (die Schüler reisten z. B. zusammen mit dem damaligen Bundespräsidenten von Weizsäcker zur Gedenkstätte Yad Vashem in Jerusalem) gab es Schwierigkeiten. So wurde eine Übersetzung ins Japanische von staatlichen Stellen abgelehnt: Nestbeschmutzung bitte nicht auch noch im »Ausland«! Ein kommunistischer Lehrer namens Wilhelm Hammann, auf Initiative der Schülergruppe in Yad Vashem geehrt für die Rettung jüdischer Kinder im KZ Buchenwald, wurde für die Namensgebung einer Schule vorgeschlagen. Der Vorschlag wurde abgelehnt.[341] Auch die hervorragende Analyse der Kasseler Schülerinnen und Schüler blieb nicht ohne Widerspruch. Eine im Auftrag des Hessischen Kultusministeriums vom Hessischen Institut für Bildungsplanung und Schulentwicklung herausgegebene Broschüre »Über die Höheren Schulen im Nationalsozialismus« griff in unfairer Weise die sorgfältig recherchierten Ergebnisse dieser Schülerinnen und Schüler an. Dabei ging es um eine sehr grundsätzliche Frage.

Zunächst griff man die wissenschaftlich bewiesene Erkenntnis an, daß die Schule in der NS-Zeit eine Nazi-Schule gewesen ist:

Man stellte schon im Titel dieser Broschüre die scheinbar unschuldige Frage:[342] »Höhere Schulen im Nationalsozialismus – Erziehung zu nationalsozialistischer Weltanschauung und Staatsgesinnung?« Im Innenteil zeigt sich schnell, daß es sich hier nicht um eine Fehlleistung bei der Titelsuche handelte, sondern um das bewußte Infragestellen von gesicherter wissenschaftlicher Erkenntnis über die nationalsozialistische Ausrichtung der höheren Schulen. Die Autoren bauschten die in der Tat existierenden Brüche innerhalb des nationalsozialistischen Schulsystems und den in der Tat hier und da existierenden Widerstand gegen die nationalsozialistische Indoktrinierung auf, um damit das Wesentliche in den Hintergrund zu drängen.

Man versuchte weiterhin, nicht nur die Kasseler Schülerinnen und Schüler, sondern auch die umfassende wissenschaftliche Analyse von Flessau zu diffamieren. All jenen, die von einer NS-Schule sprechen, wurde unterstellt, daß diese Auffassung nicht ein Ergebnis von Analysen, sondern eine unbewiesene Hypothese sei, also eine Art »Vorurteil«: »Dieses Verständnis scheint zunächst weithin geprägt durch die Suche nach der *nationalsozialistischen Schule*, nicht nach der *Schule im Nationalsozialismus* [Hervorh. im Orig.].«[343] In der Kasseler Analyse heißt es nämlich: »Nach Abschluß unserer Dokumentation konnten wir der Schlußfolgerung Flessaus zustimmen: ›Die Schule wurde zum Vollzugsorgan einer Partei‹.«[344] Kurt-Ingo Flessau hatte geschrieben: »Die nationalsozialistische Schule stellt sich dar [...] als Instrument eines Herrschaftssystems, einer politischen Interessengruppe, nämlich der NSDAP und ihrer Organisationen, die den Staat in ihre Gewalt gebracht und ihn zum totalen Staat gemacht haben. Die Schule wurde zum Vollzugsorgan einer Partei und wichtige, ja wichtigste Instanz im Bildungsbereich, indem sie, teils bedingungslos, die Aufträge der Machthaber ausführte [...].«[345]

Statt sich wirklich inhaltlich mit der gründlich bewiesenen These Flessaus auseinanderzusetzen, ließen die Verfasser vom Hessischen Institut für Bildungsplanung und Schulentwicklung die Einschränkung »teils bedingungslos« einfach unter den Tisch fallen und unterstellten dann, nach Flessaus Meinung seien alle Schulen als hundertprozentig nationalsozialistisch einzuschätzen. Dies hatte Flessau jedoch nie behauptet; er hatte lediglich das entscheidende Resultat, die nationalsozialistische Ausrichtung der Schulen, festgehalten. Welche Position und Zielsetzung hinter solchen Attacken steht, wird deutlich, wenn man sich folgende Einschätzung der Verfasser besagter Broschüre vor Augen führt: »Die hier untersuchten höheren Schulen waren keine totalitären Schulen, nicht willfährige Bildungs- und Erziehungsinstitutionen, die bedingungslos zur Umsetzung des Führerbefehls in den pädagogischen Alltag hinein bereit waren, an denen allein eine ›Pädagogik des Nationalsozialismus‹ herrschte.«[346] Offensichtlich ging es darum, die Frage, was das Wesentliche und was die Ausnahme war, zu umgehen, um die damaligen NS-Schulen und ihre Lehrerinnen und Lehrer in Schutz zu nehmen.

Dabei verwickelten sich die Verfasser zwangsläufig in einen Widerspruch: Während einerseits so getan wurde, als hätte es größere Spielräume an den Schulen gegeben und als hätten diese Schulen nicht im wesentlichen zur Indoktrinierung gedient, waren sie andererseits angesichts der sachlichen und zwangsläufig anklagenden Aussagen jüdischer Schülerinnen und Schüler gezwungen, zuzugeben, daß die Lehrerinnen und Lehrer der damaligen Zeit keine andere Möglichkeit hatten, als die Erziehung zum »Herrenmenschen« durchzuführen: »Weitgehend im öffentlichen Raum wirkend und direkt oder indirekt der Kontrolle von Schulaufsicht, Schulleitung, Kollegium, Schülerschaft, Elternschaft und Parteigliederungen ausgesetzt, die schon vor 1933 vom konservativen Konsens abweichende, beispielsweise pazifistische Haltungen nicht zugelassen hatte, waren die Handlungsspielräume für Lehrerinnen und Lehrer eng.«[347] Das war sehr richtig und genau beobachtet. Doch daraus ergibt sich auch, daß die nationalsozialistische Indoktrination an jeder Schule stattfand (ausgenommen die jüdischen Schulen). Ideologische Erziehung, Feiern und Bücher waren die Regel, diese oder jene oppositionelle Bemerkung von Lehrerinnen und Lehrern die Ausnahme. Daß die Kasseler Schülerinnen und Schüler sowie Flessau recht hatten, wird in besagter Broschüre zudem dort klar, wo aus Briefen jüdischer Schülerinnen und Schüler zitiert wird.

Ähnlich denen in Kassel sind die Erfahrungen einer Schülergruppe an der Justus-Liebig-Schule in Darmstadt. Im September 1991 wurde nach längerer Forschungsarbeit mit Unterstützung des Schulleiters eine Gedenktafel für ermordete jüdische Bürger aus Darmstadt angebracht. Neben sehr positiver Resonanz innerhalb und außerhalb der Schule gab es jedoch – wie offensichtlich unvermeidlich – auch Probleme. Die vorhandenen Aussagen von Gestapo-Beamten mußten schließlich mit Namensschwärzungen versehen werden. Auch die Gedenktafel selbst war nicht unumstritten. Bei der Aufstellung der Tafel sagte Studiendirektor Artur Prosig:

»Die Anbringung dieser Mahntafel in der Schule – wohlgemerkt, nicht die Nachforschung und Aufarbeitung dieses Stückes schuleigener Geschichte – stieß allerdings, das will ich Ihnen nicht verhehlen, auch auf Bedenken. [...] ›Rückt die Schule damit nicht in ein schlechtes Licht?‹ hieß es da, ›Gehört eine solche Tafel überhaupt in eine Schule?‹ und mehr ein Seufzer: ›Wenn ich die Treppe hinaufgehe, muß ich mir nun immer sagen lassen, daß ich zu dem Volk gehöre, das diese schrecklichen Dinge getan hat.‹ Lassen Sie mich kurz auf die Überlegungen eingehen. Ob die Justus-Liebig-Schule ein schlechtes Bild in der Öffentlichkeit bietet, weil sie diese Tafel anbringt und damit alte Sünden aufdeckt? Ich denke nicht! Dies wäre zu Recht wohl eher der Fall, wenn sie es nach Aufarbeitung des Archivmaterials unterließe.«[348]

Moritz Neumann, der damalige Vorsitzende der Jüdischen Gemeinde Darmstadt und heutige Vorsitzende des Landesverbandes der Jüdischen Gemeinden Hessens, sagte bei der Einweihung der Gedenktafel:

»Schon damals, als Alte, Kranke, Erwachsene, Jugendliche und kleine Kinder in perfekter Organisation zusammengetrieben, amtlich erfaßt und abgehakt wurden, schon damals wurde die Krankheit, diese plötzliche Einschränkung der Sehkraft, dieser Verlust des Wahrnehmungsvermögens, verbunden mit partiellem Gedächtnisschwund erstmals in epidemischer Ausbreitung erkennbar. Dieser Gedächtnisverlust, der Schüler ihre jüdischen Mitschüler vergessen ließ, Mieter ihre jüdischen Nachbarn, Geschäftsleute ihre jüdischen Kunden – jedenfalls die wenigen, die überhaupt noch geblieben waren.«[349]

Abschließend bemerkte er:

»Ich betone: Es ist gut, daß es diese Tafel der Erinnerung nun doch gibt. Ich betone: Es ist traurig, daß man die Aufstellung dieser Tafel heute noch, im Jahre 1991, erklären, ja sogar verteidigen muß. Und ich denke, hier haben einige Leute guten Grund, sich zu schämen.«[350]

*Die Erfahrungen der Arbeitsgemeinschaft gegen den
Antisemitismus / Holbeinschule in Frankfurt am Main*

Die Arbeitsgemeinschaft gegen den Antisemitismus/Holbeinschule analysierte die NS-Zeit an der eigenen Schule seit 1988. Die Geschichte dieser Arbeit kann gleichzeitig auch als Geschichte einer Bewältigung von Hindernissen bezeichnet werden. Hindernisse, die einerseits von den Schulbehörden, andererseits aber von der eigenen Schule, konkret vom Schulleiter der Holbeinschule, in den Weg gelegt wurden. Über viele Jahre arbeiteten in der Arbeitsgemeinschaft gegen Antisemitismus Schülerinnen und Schüler der Holbeinschule zusammen mit ehemaligen Schülern und Schülerinnen dieser Schule – auch schon vor 1988.[351]

Unmittelbarer Anlaß zur Beschäftigung mit der NS-Zeit an der Schule war eine Projektwoche im Juli 1988. Damals gab es bereits erste Hindernisse. Eine aufmerksame Schulsekretärin hatte die AG darauf hingewiesen, daß die vollständigen Akten der NS-Zeit im Keller der Schule lagerten. In der Projektwoche sollten diese Akten nun ausgewertet werden. Am 10. Juli 1988 teilte das Hessische Kultusministerium jedoch mit, daß aus sogenannten Datenschutzgründen die Chronik nicht in die »Hände der Schüler« gelangen dürfe.[352] Der Leiter des staatlichen Schulamtes in Frankfurt, Dr. Bleienstein, der das Anliegen der AG unterstützte, schlug der Stadt Frankfurt vor, die Schulchronik zur »allgemein zugänglichen Quelle« zu erklären. Die Presse berichtete überregional über die Auseinandersetzung um dieses Thema, zum Teil mit Schlagzeilen wie »Datenschutz für die Täter«[353] und »Chronikstreit vor dem Minister«.[354] 1990 wurden sowohl an das Frankfurter Stadtparlament als auch an den Hessischen Landtag Anträge gestellt, den »uneingeschränkten Zugang zu diesen Chroniken und Schuldokumenten« der NS-Zeit zu gewähren. Diese Anträge wurden abgelehnt.[355]

Die daraufhin von der AG gegen Antisemitismus angeforderte Stellungnahme des Hessischen Datenschutzbeauftragten ergab jedoch, daß für Daten, die sich auf Lehrer in Ausübung ihrer amtlichen Tätigkeit beziehen, »kein Schutzbedürfnis« bestehe. Der Datenschutzbeauftragte des Landes Hessen führte aus, daß sich dies z. B. auch auf die »Anordnung eines Schulleiters, jüdische Schüler aus dem Unterricht zu entfernen«, beziehe.[356] Im November 1989 regte die Frank-

```
                    Entwurf
            für ein Formblatt zur Arbeit am Schularchiv  198
                                      ........................
Name der Schule




Hiermit erkläre ich, daß ich/mein Sohn/meine Tochter bei
der Arbeit mit Archivalien der          schule im Rahmen
des Unterrichts über die Zeit des Nationalsozialismus die
Grundsätze des Personenschutzes achten werde/wird.

Hierzu gehört, daß bei Abschriften von Dokumenten Namen
nicht oder nur mit geänderten Anfangsbuchstaben genannt
bzw. daß bei Kopien von Dokumenten die Namen unkenntlich
gemacht werden. Nur Personen der Zeitgeschichte dürfen
mit vollem Namen genannt werden.

Als Personen der Zeitgeschichte sind solche etwa vom Orts-
gruppenleiter der NSDAP bzw. ähnlich exponierte Funktions-
träger der NS-Nebenorganisationen an aufwärts zu bezeichnen.

Persönlich anlastbare kriminelle Handlungen dürfen nur Er-
wähnung finden, wenn sie juristisch geklärt wurden.

Über persönlich bekannte Personen, die in den Archivalien
verzeichnet sind, ist Stillschweigen zu bewahren.


_____            _____
Ort, Datum                      Unterschrift des Schülers/
                                des Erziehungsberechtigten
```

Abb. 10: Formblattentwurf zum Täterschutz (Aus: Hess. Institut für Lehrerfortbildung [Hg.], Spuren des Faschismus in Frankfurt, Frankfurt am Main 1985)

furter Schuldezernentin in einem Brief an alle Schulen sogar an, sich mit den NS-Dokumenten der eigenen Schule zu beschäftigen. In diesem Brief ist die Rede von einem »landesweiten Erlaß«, der demnächst alle Fragen des Datenschutzes regeln solle. Ein solcher landesweiter Erlaß steht jedoch bis heute aus.[357] Im Bericht des Magistrats der Stadt Frankfurt vom 24. November 1992 heißt es: »Nicht geschützt sind Daten über Aussagen, Handlungen von Personen, die im Rahmen der Ausübung ihrer amtlichen Tätigkeit erfolgen.«[358]

Angesichts dieser positiven und negativen Erfahrungen legte die AG gegen Antisemitismus dem Hessischen Kultusminister im Januar 1990 das Konzept für ein Projekt mit dem Titel »Die Nazizeit an den Schulen in Frankfurt am Main erforschen« vor. Als eines der Ziele wurde dort gefordert, Ehrentafeln für die ermordeten jüdischen Schülerinnen und Schüler sowie die ermordeten Schülerinnen und Schüler der Sinti und Roma an jeder einzelnen Schule aufzustellen. Konkret hieß es in dem Antrag an das Hessische Kultusministerium unter der Überschrift »Tafel des Erinnerns«:

> »Am wichtigsten ist sicherlich, daß möglichst viele Schülerinnen und Schüler, aber auch Lehrerinnen und Lehrer, Eltern sich intensiv mit diesem Thema beschäftigen. Ein zielgerichtetes Arbeiten erleichtert jedoch auch diesen Prozeß. Die Herstellung von Broschüren und Berichten, Ausstellungen und Video-Filmen im Verlauf der Arbeit an den einzelnen Schulen ist ein bewährtes Mittel. Aber es ist auch nötig, an jeder älteren Schule ein deutliches Zeichen zu setzen. Die von der Schule vertriebenen Schülerinnen und Schüler, die gequälten und ermordeten Opfer der Völkermordpolitik der Nazis dürfen nicht vergessen werden.
>
> Daher sollte als sichtbares Zeichen und als Mahnung eine ›Tafel der Erinnerung‹ für die namentlich ermittelten Opfer der Nazis an der jeweiligen Schule fest installiert werden. Die Ausgestaltung, der genaue Text, der Ort, das Material usw. – das alles sind Punkte, die an der jeweiligen Schule diskutiert und festgelegt werden sollten. Kernpunkt allerdings dabei wird sein, ob die Völkermordpolitik der Nazis mit den Vorgängen an der eigenen Schule in Zusammenhang gestellt und nicht verharmlost wird. Kernpunkt wird weiterhin sein, daß ein solches deutliches Zeichen einen zentralen Platz in der Schule erhält.«[359]

Dieses Konzept wurde von einer Reihe von gesellschaftlich relevanten Organisationen – dem Landesverband Hessen der jüdischen Gemeinden, dem DGB Hessen, der GEW Hessen, dem Hessischen Jugendring, der Landesschülervertretung in Hessen und von Yad Vashem in Jerusalem – unterstützt. In einem Schreiben von Yad Vashem vom 10. Oktober 1989 heißt es: »Wir wünschen Ihnen und der GEW viel Erfolg bei Ihren Bemühungen, den Schülern das Aktenmaterial zur Geschichte ihrer Schulen zugänglich zu machen und diese Geschichte somit zu veranschaulichen und konkret vor Augen zu führen, was sicherlich einer der besten Wege ist, bei jungen Leuten die

Bereitschaft zur Auseinandersetzung mit der Vergangenheit zu wekken.«[360] Fünf Monate nach Antragstellung antwortete das Hessische Kultusministerium, damals in Händen der CDU, daß »personelle, materielle sowie finanzielle Mittel für die Durchführung der von Ihnen vorgeschlagenen Vorbereitungsarbeiten« nicht zur Verfügung stünden.[361] Nach einem Protestbrief des Vorsitzenden der Hessischen GEW, Klaus Müller, begründete Herr Stillemunkes im Auftrag des Hessischen Kultusministeriums die Ablehnung des Projektes wie folgt: »Schulbezogene Projekte müssen von der einzelnen Schule ausgehen und von schuleigenen Kräften getragen, sie dürfen nicht übergestülpt werden.«[362]

Nachdem dieser erste Anlauf gescheitert war, trafen sich von August 1991 an Schülerinnen und Schüler der Holbeinschule und ehemalige Schülerinnen und Schüler, um vorerst selbständig die NS-Zeit an der Holbeinschule und die Schicksale jüdischer Schülerinnen und Schüler in Frankfurt allgemein zu erforschen. Im Laufe der Zeit konnte die AG etliche Ergebnisse vorweisen. Aufgrund der erreichten Aufmerksamkeit in der Öffentlichkeit gelang es schließlich doch, sämtliche Dokumente der Holbeinschule sichten zu können. Unterstützung gab es auch durch das Hauptamt der Stadt Frankfurt, die einen Brief der Arbeitsgemeinschaft an 1600 aus Frankfurt vertriebene jüdische Schülerinnen und Schüler mit Anfragen über ihre damaligen Erlebnisse verschickte. Gleichzeitig wurden die Namen von 1300 jüdischen Schülerinnen und Schülern, die von den Nazis ermordet worden waren, aus den Gestapo-Akten und Deportationslisten abgeschrieben und veröffentlicht. Die aus aller Welt eintreffenden Berichte jüdischer ehemaliger Schülerinnen und Schüler aus Frankfurt wurden in dem Buch »Berichte gegen Vergessen und Verdrängen« veröffentlicht. Die Dokumente der Holbeinschule selbst wurden ebenfalls ausgewertet und in einer Broschüre sowie in einer Ausstellung zusammengefaßt und veröffentlicht.[363]

Der Konflikt mit dem inzwischen von der SPD geführten Hessischen Kultusministerium spitzte sich jedoch zu. Im Dezember 1992 wurde dort ein Gespräch angesichts der unberechtigten Vorwürfe, daß die Briefe jüdischer Vertriebener nicht verantwortungsvoll behandelt worden seien, abgebrochen und ein Rechtsanwalt eingeschaltet. Offensichtlich war der umfangreiche Briefwechsel mit den jüdischen ehemaligen Frankfurter Schülerinnen und Schülern dem Hessischen Kultusministerium ein Dorn im Auge. An den ehemaligen Frankfurter Schüler Herrn Goldsmith in Florida schrieb das Hessische Kultusministerium hinsichtlich des Projekts der Arbeitsgemeinschaft: »Soweit Kontakte mit ehemaligen Schülerinnen und Schülern in das Projekt einbezogen werden sollen, soll sich dies ebenfalls auf die ehemaligen Schülerinnen und Schüler der Holbeinschule beschränken.«[364] In demselben Brief behauptete der Hessische Kultusminister weiter, es ginge in dem Projekt der AG gegen den Antisemitismus/Holbeinschule nicht »in erster Linie [um] Gedenktafeln für frühere jüdische Schülerinnen und Schüler. Solche Gedenktafeln existieren bereits an vielen Schulen. Für die Anbringung solcher Tafeln muß die Initiative von den Schulen selbst ausgehen. Es widerspräche meinem Verständnis von Autonomie der Schule, würde ich in diese Entscheidung lenkend oder regelnd eingreifen.«[365]

Die Behauptung, daß Gedenktafeln bereits an »vielen Schulen« existieren, ist – gelinde ausgedrückt – eine grobe Unwahrheit. Es wird hier deutlich, wie man sich im Ministerium durch die wohlklingende Formulierung von der »Autonomie der Schule« aus der Verantwortung stehlen wollte. Das Bestreben, die Arbeit der AG abzuwerten, wird auch an dem Versuch deutlich, den Kontakt mit jüdischen Schülerinnen und Schülern, die nicht an der Holbeinschule waren, zu untersagen. Nach einer Fülle von weiteren Auseinandersetzungen, die hier nicht dokumentiert werden können, erhielt der Autor als Leiter der Arbeitsgemeinschaft im Mai 1993 den Auftrag, eine Broschüre über die NS-Zeit an der Holbeinschule zu erstellen. Damit wurde aber nur eine weitere Etappe der Auseinandersetzung eingeleitet. Die Broschüre, die im Juli 1994 als Entwurf vorgelegt wurde, fand nicht die Zustimmung des Hessischen Kultusministeriums, sondern wurde mit Hilfe von vier (!) anonymen Gutachtern faktisch abgelehnt. Dem Autor der Broschüre gingen lediglich Auszüge aus den vier Gutachten zu. Zwei Gutachter legten ihre Ansicht über Zeitzeugen dar. Es heißt dort: »Es ist unverständlich, warum es Zeitzeugen mit und ohne Anführungszeichen gibt. Alle, sowohl ehemalige SS-Männer wie KZ-Häftlinge waren Zeugen ihrer Zeit.«[366] »Unakzeptabel sind die Ausführungen des Autors über die Zeitzeugen (S. 47). Hier wird zwischen ›guten‹ und ›schlechten‹ Zeitzeugen unterschieden.«[367]

Die betreffende Passage im Entwurf der Broschüre »Schülerinnen und Schüler erforschen die Nazi-Zeit an der Holbeinschule/Frankfurt Main« lautet:

> »Aber es muß hier in aller Deutlichkeit gesagt werden, daß ein großer grundlegender Unterschied zwischen zwei Kategorien von Zeitzeugen besteht: Jene ›Zeitzeugen‹ existieren, die in der Schule und der HJ, dem BDM und im sonstigen Leben mit der Nazi-Ideologie offen, aber auch subtil vollgepfropft wurden – auch und gerade, wenn sie durch ihr jugendliches Alter nicht in Verdacht kommen können, an Mordtaten direkt beteiligt gewesen zu sein. Jene ›Zeitzeugen‹, die alle Gespräche mit einem enormen ›Rechtfertigungszwang‹ verbinden, um Verständnis nicht nur für ihre Jugend, sondern indirekt auch für die Mehrheit des deutschen Volkes, die den Nazis folgte, werben und in einem Geflecht von richtigen Gesichtspunkten mit unmoralischen Legitimationen des angeblich ›Nichts-machen-könnens‹ alles andere als Sachaufklärung betreiben.
>
> Und es existieren die ›Zeitzeugen‹, die als Opfer oder innerlich gegen die Nazis eingestellte Jugendliche die NS-Zeit erlebt haben. Die Brüche im Leben, die hier eingetreten sind mit der Ermordung der Eltern und Geschwister, der eigenen Vertreibung, oft genug mit dem Überleben in Buchenwald und Dachau nach dem November 1938, die werden entweder vielleicht längere Zeit aus Angst vor dem aufbrechenden Schmerz verschwiegen, aber nicht aus ›Rechtfertigung‹. Sie werden jedoch in der Regel offen als Brüche benannt und beschrieben. Die Wahrheit, die Ehrlichkeit steht auf ihrer Seite, und zwar nicht nur subjektiv aus gefühlsmäßiger Solidarität, sondern objektiv als geschichtliche Wahrheit.«[368]

Die Analyse der »Schulzeit unterm Hitlerbild« und die Auswertung etlicher Publikationen zu diesem Thema zeigen, daß die Auffassung der anonymen Gutachter des Hessischen Kultusministers unannehmbar ist. Natürlich ist es nötig und wichtig, sich mit den Äußerungen und Publikationen der SS-Leute und anderer Nazis auseinanderzusetzen. Aber dies muß auf eine andere Art geschehen, als man sich mit den Äußerungen und Rückblicken der Opfer der NS-Verbrechen auseinandersetzt, die als wirkliche Zeitzeugen und als Gäste in den Schulen über ihren Leidensweg berichten. Es sei noch einmal deutlich wiederholt: Die von der NS-Ideologie geprägten sogenannten Zeitzeugen drängen sich ohnehin überall auf. Um sich ihrer Geschichtsklitterung zu erwehren, müssen ihre Behauptungen sowohl mit den

Akten der NS-Zeit als auch mit Berichten und Aussagen der jüdischen Schülerinnen und Schüler konfrontiert werden. Angesichts der faktischen Gleichbehandlung von SS-Leuten und KZ-Häftlingen wandte sich der Autor mit einer Beschwerde gegen das Hessische Kultusministerium an den hessischen Ministerpräsidenten Eichel, dessen Büro jedoch nur mit einem unverbindlichen Schreiben reagierte.[369]

Unabhängig von allen Versuchen, Unterstützung vom Hessischen Kultusministerium zu erhalten, wurde inzwischen die Forderung nach der Anbringung von »Tafeln des Erinnerns« durch eine öffentlichkeitswirksame Aktion nachhaltig unterstrichen. Die AG gegen den Antisemitismus hatte im März 1994 erneut ein Plakat mit den Namen der 1300 ermordeten jüdischen Kinder und Jugendlichen aus Frankfurt an einem Gebäude der Stadtwerke in Frankfurt – dort stand früher die Börneplatz-Synagoge, die von den Nazis niedergebrannt wurde – angebracht, nachdem ein solches Plakat einige Monate zuvor von einem Angestellten der Stadtwerke abgerissen worden war. Das erneute Aufhängen des Plakats wurde u. a. vom Vorsitzenden des Zentralrats der Juden in Deutschland unterstützt und von einer breiten Öffentlichkeit zur Kenntnis genommen.

Angesichts dieser positiven öffentlichen Unterstützung fallen die Widerstände seitens der Schulbehörde und der eigenen Schule[370] um so deutlicher ins Gewicht. Veranstaltungen der Arbeitsgemeinschaft mit prominenten Mitgliedern der jüdischen Gemeinde in Frankfurt wurden von höchstens ein oder zwei Lehrerinnen und Lehrern der Holbeinschule besucht. Die Zustände an der eigenen Schule wurden im übrigen im Laufe der Zeit derart unerträglich, daß der Leiter der AG gegen den Antisemitismus der ihm bereits zwei Jahre zuvor vom Leiter der Holbein-Schule nahegelegten Aufforderung, sich versetzen zu lassen, tatsächlich nachkam und die Schule unter Einreichung einer umfangreichen Dienstaufsichtsbeschwerde in Absprache mit dem Leiter des staatlichen Schulamtes im Sommer 1994 verließ.

Natürlich sind die in diesem Kapitel geschilderten Erlebnisse der Arbeitsgemeinschaften individueller Art. Wirft man jedoch einen allgemeinen Blick auf jene Projekte, die sich mit der Erforschung der »Schulzeit unterm Hitlerbild« beschäftigen, so stehen sich offensichtlich überall zwei grundsätzliche Erfahrungen gegenüber: Da ist zum einen die positive, engagierte Mitarbeit und das Interesse einer großen Zahl von Schülerinnen und Schülern, die positive Reaktion der

Öffentlichkeit und zahlreicher gesellschaftlich relevanter Institutionen und Organisationen. Auf der anderen Seite aber steht die oftmals nicht direkt ausgesprochene, sondern versteckt betriebene Behinderung der Arbeit jener Arbeitsgemeinschaften durch städtische und staatliche Behörden. Dies spiegelt jedoch nichts anderes wider als die beiden grundsätzlichen Tendenzen im Umgang mit der Vergangenheit und im Umgang mit der Schuldfrage im heutigen Deutschland.

Abb. 11: Ein Mitarbeiter der Stadtwerke reißt im Sommer 1993 das Plakat mit den Namen der ermordeten jüdischen Kinder und Jugendlichen aus Frankfurt ab. (Foto: Klaus Malorny)

Abb. 12: Nach einer Anfrage im Frankfurter Stadtparlament konnte dieses Plakat gemeinsam mit dem Vorsitzenden des Zentralrats der Juden in Deutschland, Ignatz Bubis, und dem Vorsitzenden des Landesverbandes Hessen der Sinti und Roma, Adam Strauß, erneut aufgehängt werden. (Foto: Klaus Malorny)

Schluß

Alexander Messerer, jüdischer Überlebender des Völkermordes, blickte im Jahre 1993 zurück auf seine Unterschätzung der Nazis 1933 und formulierte als »Lehre für die Zukunft«: »Wir glaubten naiverweise, daß die Hetze und Propaganda mehr rhetorisch war, und keiner konnte sich in seinen wildesten Träumen vorstellen, daß ein Land einen Teil seiner Bevölkerung wirklich vernichten würde und dann (im 20. Jahrhundert) versuchen würde, die Welt zu erobern [...]. Sogar die Helden in brauner Uniform und ihre blutdürstigen Lieder wurden nicht ernst genommen.«[371]

Anmerkungen

1 Ursula Randt, *Karolinenstraße 35*, Hamburg 1984. Zitiert nach W. Keim, *Erziehung im Nationalsozialismus. Ein Forschungsbericht*, Beiheft zur »Erwachsenenbildung in Österreich«, Wien 1990, S. 7 f.
2 *Die Verfassung des Deutschen Reiches vom 11. 8. 1919*, Stuttgart 1964, S. 48.
3 Zunächst sollte jedoch, wie der nachfolgende, von dem Sozialdemokraten Konrad Haenisch verfaßte Erlaß dokumentiert, gegen nationalistische Hetze vorgegangen werden:
»Erlaß an die Provinzialschulkollegien und -Regierungen.
1. Wo bisher der Geschichtsunterricht mit anderen Lehrfächern dazu mißbraucht wurde, Volksverhetzung zu betreiben, hat solches in Zukunft unbedingt zu unterbleiben, vielmehr einer sachgemäßen kulturhistorischen Belehrung Platz zu machen. Alle tendenziösen und falschen Belehrungen über den Weltkrieg und dessen Ursachen sind zu vermeiden.
2. Aus den Schulbibliotheken sind alle Schulbücher zu entfernen, welche den Krieg an sich verherrlichen.« (Erlaß Nr. 111 vom 15. 11. 1918 des Ministeriums für Wissenschaft, Kunst und Volksbildung. Zitiert nach: K. Schäfer, *Studien zur Frankfurter Geschichte. Schulen und Schulpolitik in Frankfurt am Main 1900–1945*, Frankfurt/Main 1994, S. 124.)
Eine Analyse der Schulbücher der Weimarer Republik zeigte jedoch, daß dieser Erlaß weitgehend auf dem Papier blieb. So veröffentlichte Oskar Hübner 1922 unter dem Titel »Das Lesebuch der Republik« eine Analyse der an Berliner Schulen gebräuchlichen Lesebücher. In der Analyse wies er nach, daß diese Lesebücher nicht dem Geist der Völkerversöhnung entsprachen. 1927 kam Siegfried Kaweraus in einer »Denkschrift über die Deutschen Geschichts- und Lesebücher vor allem seit 1923« zu dem Schluß, daß die von ihm untersuchten Bücher nach wie vor militaristische Völkerverhetzung betrieben. (Siehe hierzu AG Pädagogisches Museum (Hg.), *Heil Hitler, Herr Lehrer*, Reinbek 1983, S. 107.)
Flessau untersuchte nationalistische Tendenzen in den Schulbüchern der Weimarer Republik und stellte fest:
»Was Lesebücher, zudem Musik- und Geschichtsbücher an derlei Mythologien und Teilideologien enthalten, ist nicht erst 1933 als Ergebnis der ›Machtergreifung‹ in sie eingeflossen. Viel Gleiches oder Ähnliches hat mit der Absicht, volkstümliche Dichtung zu pflegen, eine deutschdidaktische Bewegung schon seit 1835 in Schule und Schulbücher hineingetragen. Gegen Ende 19. und im beginnenden 20. Jahrhundert nahm die Deutschkundebewegung diese Bestrebungen auf.« (K.-I. Flessau, *Schule der Diktatur. Lehrpläne und Schulbücher des Nationalsozialismus*, Frankfurt/Main 1979, S. 136)
4 Hierzu bemerkte Dieter Rossmeissl: »›Deutsch‹ war in Deutschland ohnehin in der neueren Geschichte nie nur ein beschreibender, sondern immer ein wertender Begriff. Was ›deutsch‹ war, blieb unübertroffen, was unübertroffen war,

nannte man ›deutsch‹. Dies ist die vornationalsozialistische Basis, auf der die Nürnberger Gesetze ebenso wuchsen wie z. B. die ›Deutschland-den-Deutschen‹-Parolen der Neonazis« (D. Rossmeissl, *Ganz Deutschland wird zum Führer halten... Zur politischen Erziehung in den Schulen des Dritten Reiches*, Frankfurt/Main 1985, S. 183).

5 In diesem Zusammenhang sei angemerkt, daß im folgenden bewußt der Begriff »Nazismus« verwendet wird, da sich gerade die Besonderheiten der Ideologie der NSDAP und die besonderen geschichtlichen Ursachen für die Nazi-Diktatur in diesem Begriff widerspiegeln. In engem Zusammenhang mit der Frage nach der Rolle der ökonomischen Faktoren sowie der durch die deutsche Geschichte bedingten ideologischen und psychologischen Faktoren steht die Frage nach den angemessenen Begriffen.

Am scheinbar sachlichsten ist der Begriff »Nationalsozialismus«, wertfrei und neutral zugleich. Die Übernahme also der Selbstbezeichnung. Der Begriff wird hie und da auftauchen, vor allem, wenn es sich aus der Darstellung von Autoren oder der Selbstdarstellung des Nazi-Regimes so ergibt. Aber sympathisch ist dem Autor dieser Begriff ganz und gar nicht, da er in vielerlei Hinsicht Teil der LTI, der *lingua tertii imperii*, der Sprache des Dritten Reiches, ist und somit eben Teil einer verlogenen und demagogischen Selbstdarstellung der NSDAP und des NS-Staates. Was war schon »sozialistisch« am Nazismus? Wurde etwa das Privateigentum an den Fabriken aufgehoben? War es »national«, Frankreich zu überfallen und auszurauben, ganz abgesehen von Polen und Rußland, selbst wenn »von der Etsch bis an die Memel« und auch noch der Belt (was absurd ist) mitgedacht wurde? War es »national«, die große Mehrheit der deutschen Staatsbürger jüdischen Glaubens, die ein Teil des deutschen Volkes waren, zu vertreiben und umzubringen? Nationalismus ist schlimm genug, aber der Nazismus war nicht einfach ein »übersteigerter« Nationalismus. Eines seiner Wesensmerkmale war die Losung »Heute gehört uns Deutschland, und morgen die ganze Welt«, die nur als imperialistisch zu bezeichnende Kriegführung zur Ausplünderung anderer Länder.

Außerdem diente und dient dieser Begriff einer den Antisemitismus, die Völkermordpolitik gänzlich und bewußt ausklammernden »Totalitarismus-Theorie« sowie einer dem Autor völlig falsch erscheinenden Gleichsetzung von »Nationalsozialismus« mit Kommunismus. Er dient damit einer Theorie, die nur Formen und Äußerlichkeiten vergleicht und einen wesentlichen, ja *den* wesentlichen Zug des Nazismus wie selbstverständlich außer acht läßt: die systematische, fabrikmäßige und staatlich organisierte Ermordung der europäischen Juden sowie der Sinti und Roma.

Der Begriff »Antifaschismus« wiederum hat eine Tradition, und zwar keine schlechte. Der Widerstand, der klein, aber in vielerlei Hinsicht dennoch sehr bedeutsam war, verstand sich in weiten Teilen, insbesondere seitens der KPD und der SPD, als »antifaschistisch«. In der Tat füllten sich die Konzentrationslager in Deutschland 1933 zunächst vor allem mit Mitgliedern der KPD und dann auch der SPD. Die Niederschlagung der Arbeiterbewegung durch eine staatliche, offen terroristische Diktatur war gewiß ein Wesensmerkmal des Nazi-Regimes in Deutschland. Der Vergleich mit dem Italien Mussolinis, dem Franco-Faschismus oder auch der Diktatur Pinochets in Chile während der letzten Jahrzehnte liegt nahe. Zudem verweist die hinter diesem Begriff in der Tradition der Arbeiterbewegung stehende Theorie durchaus zu Recht auf die große, ja entscheidende Rolle, die die großen Unternehmen, also das Kapital, spätestens ab 1930 beim Aufstieg der NSDAP spielten. Es mag sein, daß die Ablehnung des Begriffes »Faschismus« oft von einer bewußten oder unbewußten Vertuschung der Rolle der großen Unternehmen in Deutschland – Krupp, Siemens, Deutsche Bank, I.G. Farben... – begleitet ist. Mag sein, daß das Ausdruck eines durchdachten oder undurchdachten Antikommunismus ist.

Das Motiv des Autors, die Begriffe »faschistisch« und »antifaschistisch« nur in bestimmten Zusammenhängen zu benutzen, ist nicht von diesen Absichten geprägt. Vielmehr ist es in der Überlegung begründet, daß das »spezifisch Deutsche« mehr als nur eine Frage der Form ist. Die Einschätzung des Nazismus als »älterer Bruder« des italienischen Faschismus würde seine entscheidende Besonderheit ausklammern. Fritz Bauer zeigt, daß der Nazismus zwar Faschismus, aber eben nicht nur Faschismus war. Prof. Keim, der in umfassender und engagierter Weise in den letzten 15 Jahren zur Aufklärung über das nazistische Erziehungs(un)wesen beigetragen hat, benutzt u. a. den Begriff »NS-Faschismus«. Vielleicht wird sich dieser Begriff als eine Art Kompromiß durchsetzen. (Siehe W. Keim, *Erziehung im Nationalsozialismus*, Studienheft Nr. 9 Forum Wissenschaft, Beiheft zur Erwachsenenbildung in Österreich, 1990, S. 17.)

Da gerade in diesem Buch der Antisemitismus und die Politik des Völkermordes im Mittelpunkt stehen, um die Realität an den Schulen und ihre Wirkung auf die Jugend zu analysieren, wird meistens der Begriff »Nazismus« benutzt, zuweilen aus stilistischen Gründen auch der Ausdruck »Nazi-Regime«. Damit nicht der Eindruck einer stereotypen »Politsprache« entsteht (auch als Zugeständnis an den deutschen »Polit-Knigge«, wie es Ralph Giordano einmal treffend ausdrückte), heißt es auch öfter »NS-Staat«.

6 Siehe hierzu B. Ortmeyer, *Argumente gegen das Deutschlandlied. Geschichte und Gegenwart eines Lobliedes auf die deutsche Nation*, Köln 1991.
7 Aus diesem Grunde bezeichnete Blankertz die Nazi-Pädagogik mit gewissem Recht als »Un-Pädagogik«. (Siehe H. Blankertz, *Die Geschichte der Pädagogik*, Wetzlar 1982, S. 273.) Prof. Lingelbach schrieb dazu: »Wenn ›Erziehung‹ im nationalsozialistischen Deutschland als Herrschaftsmittel erscheint, das der Durchsetzung inhumaner politischer Zwecke dient, so wird es fraglich, ob sie sich damit nicht der Bewertung durch pädagogische Kriterien überhaupt entzieht.« (K.-C. Lingelbach, *Erziehung und Erziehungstheorien im nationalsozialistischen Deutschland*. Frankfurt/Main 1987, S. 18.) Allerdings muß uns dabei bewußt sein, daß der Begriff »Erziehung« auch vor 1933 in der Realität der Schulen keinesfalls immer Ergebnis humanistisch orientierter und aufklärerischer Pädagogik war, sondern mehr als Berufsausbildung und oft genug der Heranbildung gehorsamer Untertanen diente.
8 A. Hitler, *Mein Kampf*, München 1937, S. 459.
9 Ebd., S. 452.
10 Ebd., S. 455.
11 A. Hitler, *Rede in Reichenberg am 2.12.1938*. Abgedruckt im »Völkischen Beobachter« vom 4.12.1938. Zitiert nach Flessau, *Schule der Diktatur*, a. a. O., S. 36.
12 Zitiert nach E. Nyssen, *Schule im Nationalsozialismus*, Heidelberg 1979, S. 31.

13 Hitler, *Mein Kampf*, a. a. O., S. 69.
14 Ebd., S. 372.
15 Ebd., S. 311.
16 Ebd., S. 478 f.
17 Ebd., S. 456.
18 Ebd., S. 471.
19 Ebd., S. 474 f.
20 Ebd., S. 689.
21 Ebd., S. 739.
22 Ebd., S. 766.
23 Ebd., S. 742.
24 Ebd., S. 475 f.
25 Zitiert nach R. Rose, *Bürgerrechte für Sinti und Roma*, Heidelberg 1987, S. 13.
26 Zitiert nach W. Wippermann, *Das Leben in Frankfurt zur NS-Zeit II. Die nationalsozialistische Zigeunerverfolgung*, Frankfurt/Main 1986, S. 142.
27 Rossmeissl, *Ganz Deutschland...*, a. a. O., S. 116.
28 A. Hitler, *Sämtliche Aufzeichnungen 1905–1924*, S. 88 ff. Zitiert nach E. Jäckel, *Hitlers Weltanschauung*, a. a. O., S. 55.
29 A. Hitler, *Mein Kampf*, a. a. O., S. 186.
30 Ebd., S. 772.
31 A. Hitler, *Rede vor dem Reichstag nach stenographischem Bericht des Reichstages von 1939*, S. 16. Zitiert nach Jäckel, *Hitlers Weltanschauung*, a. a. O., S. 72.
32 H. Heiber (Hg.), *Goebbels-Reden*, Bd. 1, 1932–1939, Düsseldorf 1971, S. 249. Zitiert nach G. B. Ginzel, *Jüdischer Alltag in Deutschland 1933–1945*, Düsseldorf 1984, S. 211.
33 J. Walk, *Chinucho schel hajeled hajehudi bergermania hanazith hachok ibizuo* [Die Erziehung des jüdischen Kindes in Nazi-Deustchland, das Gesetz und seine Ausführung], phil. Diss., Band III, Jerusalem 1971, S. 50. Dieser Band wurde dem Autor freundlicherweise von Herrn Moshe Ayalon aus Haifa (Israel) fotokopiert und zur Verfügung gestellt.
34 Kommission zur Erforschung der Geschichte der Frankfurter Juden (Hg.), *Dokumente zur Geschichte der Frankfurter Juden 1933–1945*, Frankfurt/Main 1963, S. 19.
35 Ebd., S. 55.
36 Ebd., S. 55. Angemerkt sei noch, daß auch Theodor Heuss, der erste Präsident der Bundesrepublik, damals Mitglied der Zentrums-Partei, in dieser Abstimmung für das Ermächtigungsgesetz Hitlers votierte.
37 Ausgenommen von dieser Regelung waren: »Reichsdeutsche nichtarischer Abstammung, deren Väter im Weltkrieg an der Front für das Deutsche Reich oder für seine Verbündete gekämpft haben, sowie auch Abkömmlinge aus Ehen, die vor dem Inkrafttreten dieses Gesetzes geschlossen sind, wenn ein Elternteil oder zwei Großeltern arischer Abkunft sind.« (Zitiert nach Gamm, *Führung und Verführung*, a. a. O., S. 136.) Die 1933 von der Entlassung noch ausgenommenen jüdischen Kriegsteilnehmer wurden nach den Nürnberger Rassengesetzen zum Jahreswechsel 1935/36 zwangspensioniert. Im Runderlaß des Erziehungsministers vom 2. 7. 1937 hieß es: »Juden können nicht Leh-

rer oder Erzieher deutscher Jugend sein. Auch jüdische Mischlinge sind für den Beruf eines deutschen Jugenderziehers ungeeignet.« (Zitiert nach Eilers, *Die nationalsozialistische Schulpolitik*, Köln/Opladen 1963, S. 99.)
38 Siehe H. Schnorbach (Hg.), *Lehrer und Schule unterm Hakenkreuz. Dokumente des Widerstandes von 1930–1945*, Königstein/Taunus 1983, S. 19.
39 Laut Amtsblatt 19–21 (1933) des Regierungsbezirks Wiesbaden wurde das Gesetz in einer Stadt wie Frankfurt gegen sechs Schulleiter, 13 »Nichtarier« und 17 politisch als »unzuverlässig« eingestufte Lehrkräfte angewandt. Wie aus der Frankfurter Magistratsakte 5300/1 hervorgeht, waren es Ende 1933 bzw. Anfang 1934 weitere zehn »Nichtarier« und 14 Lehrkräfte aus politischen Gründen, die aus dem Schuldienst entlassen wurden. (Siehe auch K. Schäfer, *Schulen und Schulpolitik in Frankfurt am Main 1900–1945*, Frankfurt/Main 1994, S. 292.) In Berlin wurden im Jahre 1933 570 von 13 000 Personen – also 4,4 % – aus dem Schuldienst entlassen. Der Anteil der Volksschullehrer betrug 2,7 %, der Anteil der Gymnasiallehrer belief sich auf 4,7 %. Wesentlich höher war der Anteil bei den Schulleitern. Hier wurden 16 % an den Gymnasien und 13 % an den Volksschulen entlassen. (Siehe AG Pädagogisches Museum [Hg.], *Heil Hitler, Herr Lehrer*, a.a.O., S. 42 ff.) In Hamburg wurden vom 1933 bis 1935 637 Lehrerinnen und Lehrer entlassen, das waren 12 % der Lehrerschaft. (U. Hochmuth/H. P. de Lorent [Hg.], *Hamburg – Schule unterm Hakenkreuz*, Hamburg 1985, S. 13.)
40 Gesetz gegen die Überfüllung deutscher Schulen und Hochschulen vom 25. April 1933, § 4. Zitiert nach Gamm, *Führung und Verführung*, a.a.O., S. 135.
41 RGBe 33, S. 225–226. Zitiert nach B. Ortmeyer (Hg.), *Berichte gegen Vergessen und Verdrängen von 100 überlebenden jüdischen Schülerinnen und Schülern über die NS-Zeit in Frankfurt am Main. »Der Weg zur Schule war eine tägliche Qual«*, Alfter 1995[3], S. 168 f.
42 Magistrats-Akte 5330/2. Zitiert nach Schäfer, *Schulen und Schulpolitik*, a.a.O., S. 352.
43 Walk, *Chinchuo schel hajeled*, a.a.O., Band III, S. 3.
44 Ebd., S. 4.
45 *Dokumente zur Geschichte der Frankfurter Juden*, a.a.O., S. 105.
46 H. Focke/U. Reimer (Hg.), *Alltag unterm Hakenkreuz*, Reinbek 1984, S. 99 ff.
47 Ebd.
48 Ebd.
49 Walk, *Chinchuo schel hajeled*, a.a.O., Band III, S. 17.
50 Ebd., S. 17.
51 Ebd., S. 18.
52 J. Walk, *Jüdische Schule und Erziehung im Dritten Reich*, Frankfurt/Main 1991, S. 53.
53 »Völkischer Beobachter« vom 11. September 1935. Zitiert nach Walk, *Chinchuo schel hajeled*, a.a.O., Band III, S. 9.
54 Ebd., S. 11.
55 Erlaß des Reichsministers Bernhard Rust, wiedergegeben nach der Meldung Nr. 1372 des Deutschen Nachrichtenbüros vom 10. September 1935. Zitiert nach H. Boberach, *Jugend unter Hitler*, Düsseldorf 1982, S. 164.

56 Siehe J. Walk, *Jüdische Schule und Erziehung im Dritten Reich*, Frankfurt/Main 1991, S. 57.
57 Zitiert nach Gamm, *Führung und Verführung*, a.a.O., S. 139.
58 Ebd., S. 139f.
59 Auch der Religionsunterricht wurde, per Erlaß geregelt, mit »Heil Hitler« begonnen. Erika Mann schrieb, daß jede katholische Religionsstunde mit dem Wechselspruch »[...] ›Heil Hitler! Gelobt sei Jesus Christus, – in Ewigkeit Amen‹ [begonnen wurde] und schließt mit ›Gelobt sei Jesus Christus in Ewigkeit Amen, – Heil Hitler!‹, wobei die Reihenfolge laut Ministerial-Verordnung vom 5. Januar 1934 amtlich vorgeschrieben ist« (E. Mann, *10 Millionen Kinder*, München 1989, S. 96).
60 Zitiert nach Boberach, *Jugend unter Hitler*, a.a.O., S. 77.
61 Brief der Kultusminister an die Ministerialabteilung für die Volksschule, Stuttgart, 29. April 1937. Zitiert nach M. v. Hellfeld/A. Klönne, *Die betrogene Generation – Jugend im Faschismus*, Köln 1987², S. 157.
62 Zitiert nach Gamm, *Führung und Verführung*, a.a.O., S. 141.
63 Zitiert nach Hellfeld/Klönne, *Die betrogene Generation*, a.a.O., S. 178.
64 Walk, *Jüdische Schule*, a.a.O., S. 51.
65 R. Eilers, *Die nationalsozialistische Schulpolitik. Eine Studie zur Funktion im totalitären Staat. Staat und Politik*, Bd. 4, Köln/Opladen 1963, S. 100.
66 Nürnberger Prozesse, IMT, XXVII, PS 1816, S. 511. Zitiert nach Walk, *Jüdische Schule*, a.a.O., S. 64.
67 Zitiert nach Walk, *Chinchuo schel hajeled*, Band III, a.a.O., S. 41.
68 Protokoll 406 in Magistrats-Akte 5482.
69 Zitiert nach Walk, *Chinchuo schel hajeled*, Band III, a.a.O., S. 35.
70 Ebd., S. 36.
71 Walk, *Jüdische Schule*, a.a.O., S. 66.
72 Zitiert nach Walk, *Chinchuo schel hajeled*, Band III, a.a.O., S. 33.
73 Ebd., S. 38.
74 Erlaß vom 14.8.1939: »Die Reichsvereinigung der Juden ist verpflichtet, für die Schulung der Juden zu sorgen.« Vgl. Walk, *Jüdische Schule*, a.a.O., S. 213.
75 Zitiert nach Walk, *Chinchuo schel hajeled*, Band III, a.a.O., S. 49. Siehe auch Ortmeyer (Hg.), *Berichte gegen das Vergessen*, a.a.O., S. 173.
76 Im März 1942 wurden in Berlin die letzten drei jüdischen Schüler mit dem »Leistungszeugnis« ausgestattet, mußten jedoch wenige Tage später den letzten Weg in die Vernichtungslager in Polen antreten. (Walk, *Jüdische Schule*, a.a.O., S. 225) Aus teils amtlichen, teils geschätzten Zahlen geht hervor, daß es im Jahre 1933 55000 schulpflichtige jüdische Kinder im Alter von 6 bis 14 Jahren gab. Hinzu kamen noch die 15- bis 19jährigen, die das Gymnasium oder andere weiterführende Schulen besuchten (20000–25000). Aus der Statistik der offiziellen jüdischen Stellen im Jahre 1938 geht hervor, daß zu diesem Zeitpunkt nur noch 20000 schulpflichtige jüdische Kinder in Deutschland waren. Dazu kamen 1938 noch etwa 19000 Jugendliche zwischen 15 und 18 Jahren. Allein in der Zeitspanne von Mai 1938 bis Mai 1939 hat sich die Zahl der schulpflichtigen jüdischen Kinder um mehr als die Hälfte auf 8700 verringert. Von Oktober 1938 bis Februar 1939 konnten 12000 jüdische Kinder nach

Palästina und England gebracht und so gerettet werden. (Siehe Walk, *Jüdische Schule*, a.a.O., S. 21–25 und S. 210–215.)

77 Zitiert nach Walk, *Chinchuo schel hajeled*, Band III, a.a.O., S. 87.
78 Ebd., S. 87.
79 Ebd., S. 88.
80 Ebd., S. 90.
81 Siehe hierzu Eilers, *Die nationalsozialistische Schulpolitik*, a.a.O., S. 13 ff.
82 W. Keim, *Erziehung der Nazi-Diktatur*, Darmstadt 1995, S. 88.
83 Der NS-Pädagoge Paul Brohmer forderte bezeichnenderweise für den Biologieunterricht: »Immer wieder muß im Unterricht betont werden, daß die biologischen Gesetze, die man an Tieren und Pflanzen ermittelt hat, auch für den Menschen gelten, daß man also die Erkenntnisse, die man z. B. über die Vererbungserscheinungen bei diesen Lebewesen erarbeitet hat, in allgemeiner Weise auf den Mensch übertragen kann.« (P. Brohmer, *Biologieunterricht und völkische Erziehung*, Frankfurt 1933, S. 68–72. Zitiert nach George L. Mosse, *Der nationalsozialistische Alltag*, Frankfurt/Main 1993, S. 123.)
84 *Erziehung und Unterricht in der bayerischen Volksschule*, München 1942. Zitiert nach D. Rossmeissl, *Ganz Deutschland*, a.a.O., Frankfurt/Main 1985, S. 114.
85 Zitiert nach U. Adam, *Jugendpolitik im Dritten Reich*, Düsseldorf 1972, S. 68 f.
86 *Erziehung und Unterricht in der Volksschule*, Halle a.d.S./Breslau o.J., S. 2. Zitiert nach Flessau, *Schule der Diktatur*, a.a.O., S. 75.
87 *Erziehung und Unterricht in der Höheren Schule. Amtliche Ausgabe des Reichs- und Preußischen Ministeriums für Wissenschaft, Erziehung und Volksbildung*, Berlin 1938, S. 19. Zitiert nach Flessau, *Schule der Diktatur*, a.a.O., S. 98.
88 Flessau, *Schule der Diktatur*, a.a.O., S. 128.
89 Ebd., S. 84.
90 Ebd., S. 88.
91 E. Mann, *Schule der Barbaren*, Amsterdam 1938 und *School for Barbarians. Education under the Nazis*, New York 1938. Nachdruck im dtv-Verlag unter dem »entschärften« Titel *10 Millionen Kinder*, a.a.O., S. 61 f.
92 Siehe hierzu vor allem die umfassende Analyse von K.-I. Flessau, *Schule der Diktatur*, a.a.O. Die Schülerinnen und Schüler einer Kasseler Schule haben 45 Schulbücher aus der NS-Zeit gelesen und ausgewertet und bestätigen die Gesamteinschätzung der Analyse Flessaus. Siehe auch G. Platner (Hg.), *Schule im Dritten Reich. Erziehung zum Tod*, Köln 1988.
93 Siehe hierzu Eilers, *Die nationalsozialistische Schulpolitik*, a.a.O., S. 29.
94 E. Sablotny/A. Schmudde (Hg.), *Ewiges Volk 7*, S. 44 f. Zitiert nach Flessau, *Schule der Diktatur*, a.a.O., S. 153.
95 Ebd., S. 179.
96 E. Sablotny/A. Schmudde (Hg.), *Ewiges Volk 8. Ein Lesebuch für Höhere Schulen*, Leipzig 1940, S. 258. Zitiert nach Flessau, *Schule der Diktatur*, a.a.O., S. 179.
97 Ebd., S. 259. Zitiert nach Flessau, *Schule der Diktatur*, a.a.O., S. 180.
98 Zitiert nach K.-I. Flessau, *Schule der Diktatur*, a.a.O., S. 180.

99 G. Platner (Hg.), *Schule im Dritten Reich*, a.a.O., S. 297.
100 Der Begriff »Euthanasie« wird in Anführungszeichen gesetzt, da er im Grunde völlig irreführend ist, wenn es darum geht, die Morde an von den Nazis als »unwertes Leben« bezeichneten Menschen zu charakterisieren. Im Standardwerk von Ernst Klee, »*Euthanasie« im NS-Staat*, heißt es dazu völlig zu Recht gleich einleitend: »Euthanasie bedeutet ursprünglich soviel wie Sterbe-Hilfe. Seit den Massenvergasungen kranker Mitmenschen läßt sich das Wort nicht mehr unbefangen gebrauchen. Der Mißbrauch ist deutlich« (Ernst Klee, »*Euthanasie« im NS-Staat*, Frankfurt/Main 1991, S. 11).
101 Zitiert nach Flessau, *Schule der Diktatur*, a.a.O., S. 200.
102 Ebd., S. 201.
103 Siehe das Buch der Arbeitsgruppe Pädagogisches Museum (Hg.), *Heil Hitler, Herr Lehrer*, a.a.O.
104 R. Lehberger, »Schule unterm Hakenkreuz – Zu einem regionalgeschichtlichen Projekt von Lehrergewerkschaft und Universität«, in: W. Keim (Hg.), Pädagogen und Pädagogik im Nationalsozialismus – Ein unerledigtes Problem der Erziehungswissenschaft, Frankfurt 1992, S. 151. Siehe dazu auch die beiden Projektbände von U. Hochmuth/H. P. de Lorent (Hg.), *Schule unterm Hakenkreuz*, Hamburg 1985 und R. Lehberger/H. P. de Lorent (Hg.), *Die Fahne hoch. Schulpolitik und Schulalltag in Hamburg unterm Hakenkreuz*, Hamburg 1986.
105 O. Geudtner/H. Hengsbach/S. Westerkamp (Hg.), *Ich bin katholisch getauft und Arier*, Köln 1985.
106 In Hessen wurde in einer Broschüre des Hessischen Instituts für Lehrerfortbildung ein »Formblatt« entworfen, auf dem Eltern der Schülerinnen und Schüler unterschreiben sollten, daß Namen von Nazis geschwärzt werden müssen: »Persönlich anlastbare kriminelle Handlungen dürfen nur Erwähnung finden, wenn sie juristisch geklärt wurden.« (A. Rieber [Redaktion], Hessisches Institut für Lehrerfortbildung-Außenstelle [Hg.], *Spuren des Faschismus in Frankfurt*, Kassel 1985, S. 139), heißt es da einschüchternd. Ausdrücklich wird die Schwärzung von Namen unterhalb des »Ortsgruppenleiters der NSDAP« im Formblatt gefordert. Hinzugefügt war eine Begründung, daß diese Arbeit mit Schulakten »[...] in Hinsicht auf die hohe Verantwortung der eingegangenen Verpflichtung zur Geheimhaltung nur für Oberstufenschüler in Frage kommt.« (Ebd., S. 137) Neben den juristischen Keulen, die hier geschwungen werden, spielt auch das Argument eine große Rolle, daß nur ja keine »Schuldzuweisung« erfolge, die Namen daher ohne jeden Belang seien. Nun, so wichtig sind die Namen der einzelnen Nazi-Lehrer oder Nazi-Schulleiter manchmal wirklich nicht. Kann einmal der Name dieses oder jenes Lehrers in einem handschriftlichen Dokument nicht entziffert werden, muß nicht unbedingt ein Graphologe beauftragt werden. Aber genauer betrachtet wendet sich die Begründung für die Namensschwärzung gegen ihre Urheber. Wenn diese Namen »nicht so wichtig« sind, dann muß wirklich niemand sich der Mühe unterziehen, Stunde um Stunde alle Namen zu schwärzen. Dann muß diese Form der Zensur auch nicht mit großem juristischem Handwerkszeug durchgesetzt werden, um die unzensierte Veröffentlichung von Zeitdokumenten zu verhindern.

Nach Lektüre einer Broschüre über die Musterschule in Frankfurt, in der akribisch die Namen von Nazis geschwärzt worden waren, schrieb Prof. Dr. Kurt J. Altschul aus New York: »Was das Buch ›Schule im 3. Reich‹ betrifft, ist meine große Beschwerde, daß es alle Nazis schützt. Die Namen aller Schreiber wurden durchgestrichen und sie sind alle nicht zu lesen. Alle Bonzen sind von der Gegenwart geschützt worden. Das ist unverantwortlich und feige. Und vermutlich haben alle diese Brüder ihre Pension genossen und ihre Verbrechen vergessen. Das ist ein trauriger Mangel an Zivilcourage.« (Zitiert aus Ortmeyer [Hg.], *Berichte gegen das Vergessen und Verdrängen*, a. a. O., S. 33.) Genau aus dieser Argumentation heraus werden in diesem Buch keine Namen geschwärzt.

107 AG gegen den Antisemitismus/Holbeinschule (Hg.), *Die Erforschung der Nazi-Zeit an der Holbeinschule in Frankfurt/Main*, Frankfurt/Main 1994, S. 38.
108 Ebd., S. 38.
109 Ebd., S. 38.
110 Ebd., S. 38.
111 Ebd., S. 58.
112 Ebd., S. 65.
113 Ebd., S. 64.
114 Ebd., S. 51.
115 Ebd., S. 68.
116 Amtsleitung des NSLB (Hg.), *Für Fest und Feier*, Bayreuth 1936, S. 3. Zitiert nach Nyssen, *Schule im Nationalsozialismus*, a. a. O., S. 115.
117 *Erziehung und Unterricht in der Volksschule 1939*, S. 7. Zitiert nach ebd., S. 115.
118 AG gegen den Antisemitismus/Holbeinschule (Hg.), *Die Erforschung der Nazi-Zeit*, a. a. O., S. 39.
119 Ebd., S. 40.
120 H. U. Eggert (Hg.), *Der Krieg frißt eine Schule. Die Geschichte der Oberschule für Jungen am Wasserturm in Münster 1938–1945*, Münster 1990², S. 64.
121 AG gegen den Antisemitismus/Holbeinschule (Hg.), *Die Erforschung der Nazi-Zeit*, a. a. O., S. 42.
122 M. Andrich/G. Martin (Hg.), *Schule im 3. Reich. Die Musterschule. Ein Frankfurter Gymnasium 1933–39*, mit einer Einleitung von W. Abendroth, Frankfurt/Main 1983, S. 5.
123 Weiter heißt es in dem Erlaß: »Im neuen Staat haben neben Elternhaus und Schule die Bünde, in erster Linie die Hitlerjugend, die bedeutsame Aufgabe, die deutsche Jugend zu vollbewußten Gliedern des nationalsozialistischen Staates zu erziehen. Daher muß ich Wert darauf legen, daß dieser Erziehungsarbeit genügend Raum und jede erforderliche Unterstützung gewährt wird. Zugleich aber muß ich mit allem Nachdruck darauf bestehen, daß da, wo der Staat selbst Träger der Autorität ist, wie das in der Schule der Fall ist, diese Autorität in jeder Beziehung unerschüttert bleibt. Jeder Eingriff von außen her in die Befugnisse des Staates würde der nationalsozialistischen Staatsauffassung grundsätzlich widersprechen.« (Zitiert nach

R. Fricke-Finkelnburg [Hg.], *Nationalsozialismus und Schule. Amtliche Erlasse und Richtlinien 1933–1945*, Opladen 1989, S. 241.)
124 Zitiert nach Eilers, *Die nationalsozialistische Schulpolitik*, a.a.O., S. 122.
125 Zitiert nach Nyssen, *Schule im Nationalsozialismus*, a.a.O., S. 35.
126 M. Heinemann (Hg.), *Erziehung und Schulung im Dritten Reich*, Stuttgart 1980, S. 105.
127 Es handelt sich um das Gesetz über die Hitler-Jugend vom 1.12.1936. Vorausgegangen war eine seit dem Januar 1933 forcierte Kampagne zur Erhöhung der Anzahl der in der HJ organisierten Jungen und Mädchen: »Am Ende des Jahres 1933 sollen von insgesamt 7,529 Millionen Jugendlichen zwischen 10 und 18 Jahren 2,3 Millionen der HJ und ihren Gliederungen angehört haben, zwanzigmal soviel wie bei der Machtergreifung [...]. Die Schulen wetteiferten miteinander in dem Bestreben, möglichst bald melden zu können, daß 90% ihrer Schüler der HJ und ihren Gliederungen angehörten, was ihnen das Recht gab, die HJ-Fahne zu führen.« (Boberach, [Hg.], *Jugend unter Hitler*, a.a.O., S. 26.) Ende 1935 waren bereits 3,5 Millionen, also fast 50% der Jugendlichen, in der HJ organisiert.
128 AG gegen den Antisemitismus/Holbeinschule (Hg.), *Die Erforschung der Nazi-Zeit*, a.a.O., S. 44.
129 Ebd., S. 48.
130 Ab dem 1. August 1934 mußten die nicht der HJ angehörigen Schüler und Schülerinnen jeden Samstag mindestens zwei Unterrichtsstunden an einem nationalpolitischen Unterricht teilnehmen. Siehe Nyssen, *Schule im Nationalsozialismus*, a.a.O., S. 36.
131 Zitiert nach *Verschüttet – verdrängt – vergessen? Schüler und Lehrer erforschen die NS-Vergangenheit ihrer Schule*. Eine Sendung des Hessischen Rundfunks 2 von Manfred Köhler. Manuskript herausgegeben von der AG gegen den Antisemitismus/Holbeinschule, S. 10, Frankfurt 1993.
132 AG gegen den Antisemitismus/Holbeinschule (Hg.), *Die Erforschung der Nazi-Zeit*, a.a.O., S. 38.
133 Eine genaue Analyse über die konkreten Vorgänge einer solchen »Säuberung« sind dokumentiert in: Andrich/Martin (Hg.), *Schule im 3. Reich. Die Musterschule*, a.a.O.
134 AG gegen den Antisemitismus/Holbeinschule (Hg.), *Die Erforschung der Nazi-Zeit*, a.a.O., S. 38–56.
135 Ebd., S. 51.
136 Ebd., S. 70.
137 Ebd., S. 71.
138 Ebd., S. 73.
139 Ebd., S. 77.
140 Ebd., S. 79.
141 Ebd., S. 79.
142 Ebd., S. 77.
143 Ebd., S. 78.
144 Ebd., S. 53.
145 Ebd., S. 49.
146 Ebd., S. 49.

147 Die Jahre zwischen 1933 und 1945 haben dabei noch eine ganz besondere Bedeutung: Noch nie in der Weltgeschichte wurde ein derart umfassendes Gebäude von Lügen und lügnerischen Sprachregelungen durchgesetzt! Noch nie war in diesem Umfang ein ganzer Staatsapparat von oben bis unten nicht nur als Instrument des Terrors, sondern auch als Instrument der systematischen Lüge eingesetzt worden. Noch nie hatte ein Staatsapparat eine Bevölkerung in ihrer übergroßen Mehrheit so mit Verdummung und Lüge indoktriniert wie der NS-Staat mit Hitler und Goebbels an der Spitze. Und diese Indoktrinierung mit Lügen und Halbwahrheiten verschwand nicht mit einem Schlag nach 1945. Entsprechend schwierig ist der Umgang mit fast einer ganzen Generation von Menschen, die so von der Nazi-Indoktrination geprägt worden sind.

Stehen sie vorne auf erhöhtem Podest in der Rolle »geladener Gäste«, die »dabei waren«, dann führt die Berichtigung ihrer Geschichtsklitterung unweigerlich zu erheblichen Konflikten. Die Demontage verletzt übliche Gewohnheiten, stößt an die Grenzen eingeübter Höflichkeitsformen und ist in vielen Situationen nur mit allergrößtem Aufwand sowie guter Vorbereitung – und selbst dann nicht ohne Eklat – möglich.

Ursula Krause-Schmitt prägte in diesem Zusammenhang das Wort vom »ambivalenten Begriff des Zeitzeugen«: »[...] man dachte wohl eher an das ehemalige Mitglied der HJ als an die überlebenden Häftlinge von Auschwitz« (U. Krause-Schmitt, *Informationen*, Nr. 29–30 [1989], S. 8). Renate Leimsner berichtete in der *Allgemeinen Jüdischen Wochenzeitung* (Nr. 49 [1994], S. 11) unter der Überschrift »Zweierlei Zeitzeugen...« über den Unterschied des Ertrages von »Zeitzeugen« an einer Wiesbadener Schule. Da waren auf der einen Seite die jüdischen ehemaligen Schüler mit ihrer Darstellung der Diskriminierung, der psychischen und physischen Verletzungen und der Geschichte ihrer systematischen Vertreibung. Und da waren auf der anderen Seite die Angehörigen der Generation der »Flakhelfer«: »Aber ach, es war das alte Lied: In die HJ mußte man nun mal, es ging hauptsächlich um Geländespiele und Kameradschaft, die ›Reichskristallnacht‹ hat man, wenn überhaupt, nur am Rande mitbekommen, jüdische Mitschüler ›gab es nicht‹ oder ›die wurden nicht diskriminiert‹ und ›die KZs haben ja eigentlich die Engländer erfunden‹.«

148 Es gibt einige wenige in der NS-Zeit erzogene Zeitzeugen, die sich wirklich ihrer Vergangenheit stellen, ihre Mittäterschaft zugeben und zur Warnung offen aussprechen. So schreibt der Schriftsteller Franz Fühmann: »Meine Schulzeit insgesamt ist eine gute Erziehung zu Auschwitz gewesen: Non scholae, sed vitae discimus.« (Zitiert nach M. Reich-Ranicki [Hg.], *Meine Schulzeit im Dritten Reich – Erinnerungen deutscher Schriftsteller*, Köln 1982, S. 92.) Und seine Beteiligung am Pogrom 1938 schildert er folgendermaßen: »Als wir dann in Stiefeln zur Schule gingen, brannte eines Tages die Synagoge. [...] Ich sehe mich in Stiefeln und Braunhemd, in einer lautlos brodelnden Menge; ...Aber da ziehn wir schon eine Straße hinunter und schlagen wie rasend in zerklirrende Scheiben, stumm, verbissen, bis zur Erschöpfung; ich weiß nicht, woher wir die Knüppel hatten, wir haben plötzlich alle Knüppel, Glas regnet, knirscht unter den Stiefeln, ich sehe mein Gesicht in zersplitternden Spiegeln, neben ihm einen meiner Lehrer: Erhitzt, erschöpft, einen Knüppel in Händen.« (Ebd., S. 91)

Solche Berichte sind die große Ausnahme. Sie können verstehen helfen, wie Jugendliche an den Verbrechen der Nazis beteiligt und in die Verbrecherkameradschaft einbezogen wurden.

149 G. Platner, *Schule im Dritten Reich. Erziehung zum Tod*, Köln 1988, S. 39.
150 Reich-Ranicki (Hg.), *Meine Schulzeit*, a.a.O., S. 183.
151 H. Schmidt u. a. (Hg.), *Kindheit und Jugend unter Hitler*, Berlin 1994, S. 222.
152 Ebd., S. 222.
153 Ausgangspunkt des Begriffes der »zweiten Schuld«, nämlich der Verdrängung der Mitschuld an den Verbrechen zwischen 1933 und 1945, ist die genaue Beobachtung nach 1945, »[...] wie tief die Bindewirkung der Naziepoche war, ohne daß sich nun jemand auf ›Druck‹ berufen konnte« (Giordano, *Die zweite Schuld*, Hamburg 1987, S. 15). Über jene »Zeitverdränger« schrieb Ralph Giordano treffend: »Ausgezeichnetes Gedächtnis auf allen Sektoren des privaten Lebens und des politischen Daseins zwischen 1933 und Kriegsende, wo nichts Belastendes vermutet wird. Gedächtnisversagen gegenüber allen Ereignissen, die mit Unlust, Scham und Schuldgefühlen besetzt sein könnten« (Ebd., S. 36 ff.).
Ein schon »klassischer Fall« für die Analyse von Giordano über die selektive Wahrnehmung und Verdrängung der Generation der HJ-Schüler, die später zur Wehrmacht gingen, ist Altbundeskanzler Helmut Schmidt (SPD). »Die Herabsetzung der Juden empfand ich als ungerecht; daß aber Gefahr für ihr Leben entstehen würde, davon hatte ich keine Ahnung.« (Schmidt u. a. [Hg.], *Kindheit und Jugend*, a.a.O., S. 223) Offensichtlich hatte Helmut Schmidt vom 1. April, dem Boykottag, den Schlägereien und Hetztiraden überhaupt nichts mitbekommen, vom Pogrom 1938 ganz zu schweigen. Er schreibt weiter: »Ich bin ziemlich sicher, daß ich 1936 von der Tatsache der Verschleppung von Juden in Konzentrationslager nichts gewußt habe. Ich ahnte nicht einmal etwas von der Existenz des KZ Neuengamme innerhalb der hamburgischen Grenzen« (ebd., S. 234).
Zum November-Pogrom 1938 notierte er 1945 in der Kriegsgefangenschaft folgende Sätze: »›Scham über die Judenverfolgungen‹, und: ›Nunmehr klare Kontra-Stellung zum N. S., lediglich Hitler persönlich noch ausgenommen.‹ Daß ich Hitler von meinem Urteil ausnahm, entsprach einer Haltung, die 1938 vermutlich noch von manch anderem Menschen in Deutschland geteilt wurde; ich erinnere mich an die phrasenhafte Redensart: ›Wenn das der Führer wüßte!‹« (Ebd., S. 239). Es ist schwer begreiflich, daß jemand, der Bundeskanzler der Bundesrepublik Deutschland war, solche Sätze formuliert. Nicht besser wird es, wenn er dann schreibt: »Ich habe sehr lange gebraucht, bis ich begriff, daß Hitler die Quelle allen Übels war« (ebd., S. 240).
Und ohne zu bemerken, daß es nicht sehr glaubwürdig ist, schildert Helmut Schmidt seine Einschätzung der Wehrmacht: »Meine lange Soldatenzeit hatte jedoch auch ein Gutes: Seit 1937 bin ich jedem bewußten NS-Einfluß so gut wie entzogen gewesen.« (Ebd., S. 234) »Unter all den Soldaten, die ich bis dahin kennengelernt hatte, war keiner, der sich als Nazi zu erkennen gegeben hätte, insbesondere kein Vorgesetzter. Ich bin auch später in meiner ganzen Militärzeit bis hin zur Kriegsgefangenschaft 1945 nur einem einzigen Nazi begegnet, der auch als solcher auftrat« (ebd., S. 248).

Nach seiner Beförderung zum Oberleutnant berichtet er, daß sie im August 1939 Bremen mit einer 2-cm-Kanone »die Stadt gegen die erwarteten Bombenangriffe der Engländer verteidigten« (Ebd., S. 244). So wird aus dem Angriffskrieg bei Helmut Schmidt ein Verteidigungskrieg. Weiter schreibt er: »Wir haben damals noch einige der tieffliegenden amerikanischen Jabo-Flugzeuge abgeschossen.« (Ebd., S. 259) Kurz, Helmut Schmidt war an der Tötung von über 50 000 aliierten Luftfliegern beteiligt. Und er ist sich sicher: »Die Nazi-Ideologie brauchte mir keiner auszutreiben; denn die hatte ich nie aufgenommen« (ebd., S. 260).

154 Giordano, *Die zweite Schuld*, a.a.O., S. 77.
155 Schmidt u.a. (Hg.), *Kindheit und Jugend*, a.a.O., S. 10.
156 Auch wer wirklich an der Wahrheit interessiert ist, kann sich in Kleinigkeiten und Details irren. Wir kennen dies von den Auschwitz-Prozessen, wo die Häftlinge nach Datum und Uhrzeit von Tatvorgängen gefragt wurden und als »unglaubwürdig« eingestuft wurden, wenn sich ein Zeuge nicht mehr erinnerte, ob ein bestimmtes von den unzähligen Verbrechen mittwochs oder dienstags geschehen war. Aber was die Hauptsache angeht, wußten die Auschwitz-Häftlinge, worum es ging.
157 B. Ortmeyer (Hg.), *Berichte gegen Vergessen und Verdrängen – Von 100 überlebenden jüdischen Schülerinnen und Schülern über die NS-Zeit in Frankfurt am Main. »Der Weg zur Schule war eine tägliche Qual«*, Alfter 1995[3], S. 26. Dieses Buch entstand aus einem umfangreichen Briefwechsel mit aus Frankfurt vertriebenen jüdischen Schülerinnen und Schülern. Es wurden 1600 jüdische Emigranten angeschrieben. Aus 500 Briefen von 140 jüdischen Emigranten wurde dieses Buch zusammengestellt.
158 Ebd., S. 26.
159 Ebd., S. 67.
160 Ebd., S. 154.
161 Ebd., S. 47.
162 Ebd., S. 66.
163 Ebd., S. 56 ff.
164 Ebd., S. 30.
165 Ebd., S. 37.
166 Ebd., S. 103.
167 Zitiert nach Lutz van Dick, *Lehreropposition im NS-Staat*, Frankfurt/Main 1990, S. 46.
168 Ortmeyer (Hg.), *Berichte gegen Vergessen und Verdrängen*, a.a.O., S. 146.
169 Ebd., S. 66 und S. 92.
170 Ebd., S. 90.
171 Ebd., S. 93.
172 Ebd., S. 39.
173 Ebd., S. 157 f.
174 Ebd., S. 102.
175 Zitiert nach Hessisches Institut für Bildungsplanung und Schulentwicklung (Hg.), *Erziehung zu nationalsozialistischer Weltanschauung und Staatsgesinnung? Höhere Schulen im Nationalsozialismus*, Sekundarstufe I, 108. Im Rahmen des Projektes »Hessen im Nationalsozialismus«. Wiesbaden 1991, S. 183.

176 Ortmeyer (Hg.), *Berichte gegen Vergessen und Verdrängen*, a.a.O., S. 52.
177 Ebd., S. 64.
178 Ebd., S. 75.
179 Ebd., S. 75.
180 Ebd., S. 70.
181 Ebd., S. 96.
182 M. Maschmann, *Fazit: Kein Rechtfertigungsversuch*, Stuttgart 1963, S. 16. Zitiert nach H. Focke/U. Reimer, *Alltag unterm Hakenkreuz*, Reinbek 1984, S. 43.
183 Ortmeyer (Hg.), *Berichte gegen Vergessen und Verdrängen*, a.a.O., S. 53 f.
184 Ebd., S. 54.
185 Ebd., S. 75 f.
186 Ebd., S. 59.
187 Ebd., S. 58.
188 Ebd., S. 157.
189 Ebd., S. 28.
190 Ebd., S. 29.
191 Ebd., S. 92 f.
192 Ebd., S. 147.
193 Ebd., S. 106.
194 Ebd., S. 129.
195 Ebd., S. 106 f.
196 Ebd., S. 106.
197 Zitiert aus: G.-B. Ginzel, *Jüdischer Alltag in Deutschland 1933–1945*, Düsseldorf 1984, S. 209.
198 Reich-Ranicki (Hg.), *Meine Schulzeit*, a.a.O., S. 67 f.
199 Zitiert aus Hessisches Institut für Bildungsplanung und Schulentwicklung (Hg.), *Erziehung zu nationalsozialistischer Weltanschauung*, a.a.O., S. 184. Zu dieser Schilderung sei angemerkt, daß der Direktor der Schule, ein gewisser Dr. Becker, vor 1933 ein gemäßigter und beliebter Leiter der Volkspartei in Kassel war.
200 Ortmeyer (Hg.), *Berichte gegen Vergessen und Verdrängen*, a.a.O., S. 34.
201 Ebd., S. 61.
202 Ebd., S. 29.
203 Zitiert aus Hessisches Institut für Bildungsplanung und Schulentwicklung (Hg.), *Erziehung zu nationalsozialistischer Weltanschauung*, a.a.O., S. 183.
204 Ebd., S. 182.
205 Reich-Ranicki (Hg.), *Meine Schulzeit*, a.a.O., S. 61.
206 Ortmeyer (Hg.), *Berichte gegen Vergessen und Verdrängen*, a.a.O., S. 34.
207 Nach der Veröffentlichung dieses Berichts in einer Frankfurter Zeitung erhielt ich einen Anruf einer anderen ehemaligen Schülerin jener Lehrerin. Sie machte mir heftige Vorwürfe, daß dieser angeblich »gemeine« Bericht über Fräulein Moll veröffentlicht worden sei. Sie sei, so die Anruferin, immer sehr nett von Fräulein Moll behandelt worden. Auf meine Bitte, ihren Namen und ihre Adresse zu hinterlassen und die Erlebnisse aus ihrer Sicht zu schildern, antwortete sie mit Unverständnis: Sie glaube einfach nicht, daß so etwas geschehen sei, Frau Backer müsse lügen. Daß Fräulein Moll sich ge-

genüber einer jüdischen Schülerin anders, ja ganz gegensätzlich verhalten hatte als ihr gegenüber, konnte sie nicht begreifen.

208 Zitiert aus Hessisches Institut für Bildungsplanung und Schulentwicklung (Hg.), *Erziehung zu nationalsozialistischer Weltanschauung*, a. a. O., S. 185.
209 Ortmeyer (Hg.), *Berichte gegen Vergessen und Verdrängen*, a. a. O., S. 34.
210 H. Roth (Hg.), *Es tat weh, nicht mehr dazu zu gehören*, Ravensburg 1989, S. 22.
211 Hessisches Institut für Bildungsplanung und Schulentwicklung (Hg.), *Erziehung zu nationalsozialistischer Weltanschauung*, a. a. O., S. 24.
212 Ebd., S. 24.
213 Ortmeyer (Hg.), *Berichte gegen Vergessen und Verdrängen*, a. a. O., S. 119.
214 Ebd., S. 41.
215 Ebd., S. 42 f.
216 Ebd., S. 43.
217 Ebd., S. 150.
218 Ebd., S. 81.
219 Ebd., S. 57.
220 Ebd., S. 48.
221 Ebd., S. 48 f.
222 Siehe hierzu F. K. Prieberg, *Musik im NS-Staat*, Frankfurt 1982. Außerdem den interessanten Bericht von Marcel Reich-Ranicki, in dem er schildert, wie Gerhart Hauptmann sich in der Premiere des Lustspiels »Die Jungfern vom Bischofsberg« nach dem Beifall von Göring mit dem Hitler-Gruß bedankte. Siehe Reich-Ranicki, *Meine Schulzeit*, a. a. O., S. 66.
223 Ortmeyer (Hg.), *Berichte gegen Vergessen und Verdrängen*, a. a. O., S. 39.
224 Reich-Ranicki (Hg.), *Meine Schulzeit*, a. a. O., S. 110.
225 Ortmeyer (Hg.), *Berichte gegen Vergessen und Verdrängen*, a. a. O., S. 109 f.
226 Ebd., S. 115.
227 Ebd., S. 114.
228 Ebd., S. 114.
229 Zitiert nach W. Keim, *Erziehung im Nationalsozialismus. Ein Forschungsbericht*, Beiheft zur »Erwachsenenbildung in Österreich«, 1990, S. 20.
230 Siehe Ortmeyer (Hg.), *Berichte gegen Vergessen und Verdrängen*, 1990, a. a. O., S. 77.
231 Ebd., S. 103.
232 Ebd., S. 120.
233 Ebd., S. 97.
234 Ebd., S. 97.
235 Ebd., S. 98 f.
236 Ebd., S. 37.
237 Siehe hierzu das ausgezeichnete Kapitel »Die vergessenen Juden in Frankfurt«, in: Valentin Senger, *Das Frauenbad*, München 1994.
238 Kommission zur Erforschung der Geschichte der Frankfurter Juden (Hg.), *Dokumente zur Geschichte der Frankfurter Juden 1933–1945*, Frankfurt/Main 1963, S. 422 f.
239 I. Deutschkron, *Ich trug den gelben Stern*, Köln 1978, S. 25. Zitiert nach P.

Rath (Redaktion), *Schüleralltag im Nationalsozialismus*, Dortmund 1984, S. 58 ff.
240 Siehe Ortmeyer (Hg.), *Berichte gegen Vergessen und Verdrängen*, a.a.O., S. 162.
241 Ebd., S. 139 ff.
242 Ebd., S. 141 ff.
243 Ähnliches berichtet Esther Clifford, geb. Ebe. Während der Abschiebung am 28. Oktober gelang ihr bei einem Zwischenaufenthalt in Beuthen in einer leergeräumten Synagoge durch die Hilfe deutscher Juden, die von draußen Essen und Trinken brachten, mit fünf anderen polnischen Juden die Flucht. 1939 konnte sie aus Deutschland fliehen und ihr Leben retten. Siehe F. Gürsching u. a. (Hg.), *...daß wir nicht erwünscht waren*, Frankfurt/Main 1993, S. 110.
244 Ortmeyer (Hg.), *Berichte gegen Vergessen und Verdrängen*, a.a.O., S. 144.
245 Ebd., S. 117 f.
246 Ebd., S. 161.
247 Ebd., S. 162.
248 Ebd., S. 120 f.
249 Ebd., S. 129 f.
250 Ebd., S. 105.
251 Ebd., S. 154.
252 Ebd., S. 147 f.
253 Siehe Ginzel, *Jüdischer Alltag*, a.a.O., S. 234. Das Pogrom vom November 1938 bestand nicht allein aus Mord und Verschleppung, sondern beinhaltete auch eine systematische Bereicherung: durch die Vertreibungspolitik kassierte die Staatskasse von den in die Emigration getriebenen Juden 900 Millionen RM als sogenannte Fluchtsteuer. Nach der Pogromnacht wurden eine Milliarde RM als »Sühneleistung« eingezogen. Auch die Zwangsverkäufe jüdischen Besitzes waren für die Staatskasse profitabel, denn durchschnittlich 30 Prozent des Verkaufspreises wurden als »Entjudungsgewinn« einbehalten. Der ohnehin viel zu niedrig angesetzte Verkaufspreis wurde noch einmal zu 20 Prozent versteuert, wiederum als »Sühneleistung«. »Allein an Betriebs- und Grundstücksvermögen wurden von 1938 an Werte von rund 4 Milliarden RM in ›deutschen‹ privaten Besitz überführt oder liquidiert.« (Ginzel, *Jüdischer Alltag*, a.a.O., S. 238) Nach dem Tod der Verschleppten im KZ ging das Geld, das oft genug auf ein Sperrkonto überwiesen werden mußte, in den Besitz der Staatskasse über.
254 Auch wenn in den letzten Jahren immer häufiger damit begonnen wird, den Alltag an den Schulen während der NS-Zeit zu erforschen, so enden die Untersuchungen allzuoft mit dem Jahr 1938. Zu diesem Zeitpunkt waren die letzten jüdischen Schülerinnen und Schüler von den allgemeinen Schulen in jüdische Schulen vertrieben worden. Was danach geschah, kann anhand der »Schulakten« nicht mehr erforscht werden. Die Dimension des in der Schule zur NS-Zeit gelehrten rassenkundlichen Unterrichts, des systematisch gepredigten, in den Vernichtungslagern endenden Antisemitismus wurde ausgeklammert.
255 Kommission zur Erforschung der Geschichte der Frankfurter Juden (Hg.), *Dokumente zur Geschichte*, a.a.O., S. 524.

256 Ebd., S. 525.
257 Ortmeyer (Hg.), *Berichte gegen Vergessen und Verdrängen*, a.a.O., S. 151.
258 Ebd., S. 151.
259 Ebd., S. 152.
260 Mit dem Autor durchgesehene Abschrift des Videofilms der AG gegen den Antisemitismus/Holbeinschule, *Der Bericht des Sinto Herbert (Ricky) Adler* vom 17.2.1993.
261 J. Kleinmann, »Zeugenaussagen im Eichmann-Prozeß. Dr. Mengele selektiert«, in: GEW (Hg.), *Gegen Antisemitismus und Rassenwahn*, Frankfurt/Main 1989, S. 51f.
262 Zitiert nach E. v. Hase-Mihalik/D. Kreuzkamp, *Du kriegst auch einen schönen Wohnwagen*, Frankfurt/Main 1990, S. 56. Diejenigen Kinder der Sinti und Roma, die staatenlos waren oder keinen deutschen Paß hatten, wurden schon länger nicht beschult.
263 Stadtarchiv Frankfurt/Main, Mag.-Akte 2203. Zitiert nach Hase-Mihalik/Kreuzkamp, *Du kriegst auch einen schönen Wohnwagen*, a.a.O., S. 56.
264 Ebd., S. 60.
265 Ebd., S. 61. Der Ratsherr Dr. Korten tat sich mit unzähligen Eingaben an die Behörden als Scharfmacher hervor. Nur am Rande sei angemerkt, daß der Name Korten in der Studie von Wolfgang Wippermann, *Das Leben in Frankfurt zur NS-Zeit*, Band 2; Die nationalsozialistische Zigeunerverfolgung, Frankfurt/Main 1986, durch Abkürzungen unkenntlich gemacht wurde.
266 Ebd., S. 61f.
267 Ebd., S. 63.
268 Ebd., S. 62.
269 Zitiert nach Wippermann, *Das Leben in Frankfurt*, a.a.O., S. 96f.
270 Stadtarchiv Frankfurt a.M., Mag.-Akte 2203, Bd. 1. Zitiert nach Wippermann, *Das Leben in Frankfurt*, a.a.O., S. 101.
271 Ebd., S. 96ff.
272 Abschrift des Videofilms der AG gegen den Antisemitismus/Holbeinschule, *Der Bericht des Sinto Herbert (Ricky) Adler* vom 17.2.1993.
273 E. Mann, *10 Millionen Kinder*, München 1986.
274 Ebd., S. 18.
275 Ein ausgesprochen beeindruckender, mit Dokumenten belegter Bericht zeigt den Widerstand eines Schülers der 6. Klasse namens Otto May aus dem Jahre 1943. Er beweist, daß sich auch in dieser finsteren Zeit einzelne sehr massiv und aus innerer Überzeugung dem System von NS-Schule und HJ-Demütigung entzogen und sich gewehrt haben. Otto May, der nicht in die Partei eintreten wollte, wurde mehrfach verhört, zunächst vom Ortsgruppenleiter. In einem Auszug aus einem Protokoll heißt es: »May blieb stehen und erklärte auf meine Frage: ›Ich gehe nicht zur Partei.‹ – ›Warum nicht?‹ – Nach längerem Schweigen: ›Ich habe meine Gründe.‹ – ›Dürfen wir die auch wissen?‹ – Auf weitere Versuche, solche zu erfahren, schwieg May. – ›Na, deine beiden Schwestern sind doch auch in der Partei.‹ – ›Ich bin keine Schwester.‹ – ›Du warst doch auch HJ-Führer.‹ – ›Jawohl, das war ich.‹ […] ›Na, willst du denn am Ende gar später Kommunist werden?‹ (Diese Frage war veranlaßt durch die äußerst herausfordernde und starrköpfige Haltung des Jungen und

wirklich nicht ernst gemeint. Um so mehr verblüffte die Antwort.) ›Das werden wir ja sehen, was ich später werde.‹« (Hier zitiert nach M. v. Hellfeld/ A. Klönne [Hg.], *Die betrogene Generation – Jugend im Faschismus*, Köln 1987, S. 320 ff.)
276 Mann, *10 Millionen Kinder*, a.a.O., S. 20 f.
277 Seit langem ist Erika Manns Einschätzung Gegenstand einer heftigen Polemik. Sie scheint bei einigen »Zeitverleugnern« genau ins Schwarze getroffen zu haben. So schreibt das SPD-Mitglied Dietrich Strothmann in dem von Helmut Schmidt herausgegebenen Sammelband *Kindheit und Jugend unter Hitler* (Berlin 1994, S. 170 ff.): »Erika Mann hat bereits 1938 in ihrer Untersuchung über die ›Erziehung der Jugend im Dritten Reich‹ behauptet, diese Jugend sei mit dem Hitler-Gruß aufgestanden und mit ihm schlafengegangen, das ganze Leben sei für sie eine einzige Indoktrination gewesen. Ich habe meine Jugend anders erlebt.« Obwohl er gleichzeitig sehr ehrlich zugibt, daß er »mit Leib und Seele ein Jung-Nazi« gewesen sei, schreibt er: »Dennoch war meine Welt, mein Alltag anders, als es zur selben Zeit Erika Mann in der Emigration über Hitlers Jugend dokumentierte: Da war nichts von ›Nazi-Straße, durch die das Kind als Nazi-Kind geht‹, keine ›Zersetzung der Familie‹ durch das Gift der neuen Machthaber, kein ›deutsches Kind, das besinnungslos das Nazileben akzeptiert‹ [...].« Schließlich kommt er zu dem Schluß: »Nachträglich betrachtet, bin ich überhaupt unpolitisch aufgewachsen. Zu Hause an der Wand im Eßzimmer hing eine Kohlezeichnung von Hitlers Kopf, im Bücherschrank stand ›Mein Kampf‹, für die Festtage kam die rote Fahne mit dem Hakenkreuz im weißen Rund aus dem Fenster [...].« Aus der gesamten Schilderung geht hervor, daß er Erika Mann nicht verstanden und sein eigenes Leben in der NS-Zeit nicht reflektiert hat. Genau das, was Erika Mann beschrieb, nämlich, daß die Kinder die NS-Zeit als vollkommen normal empfanden und überhaupt nichts als politische Indoktrinierung begriffen, obwohl sie ständig politisch indoktriniert wurden, wird hier deutlich sichtbar.
278 Mann, *10 Millionen Kinder*, a.a.O., S. 23.
279 *Sopade 1939*, Nachdruck Frankfurt 1980, S. 314. Zitiert nach D. Rossmeissl, *Ganz Deutschland wird zum Führer halten... Zur politischen Erziehung in den Schulen des Dritten Reiches*, Frankfurt/Main 1985, S. 121.
280 I. Scholl, *Die Weiße Rose*, Frankfurt/Main 1985, S. 114.
281 L. van Dick, *Lehreropposition im NS-Staat*, Frankfurt/Main 1990, S. 13. Über die Organisierung der Lehrerschaft in der NSDAP heißt es bei Kurt-Ingo Flessau in seinem Artikel »Schulen der Partei(lichkeit)?«. »Schon im Mai 1933 waren ungefähr ein Viertel aller Lehrer der NSDAP beigetreten. 1935 war es dann schon ein rundes Drittel, und gegen Ende des Tausendjährigen Reiches trugen annähernd 75 % der Lehrer ein Parteiabzeichen.« (K.-I. Flessau/ E. Nyssen/G. Pätzold, *Erziehung im Nationalsozialismus. »Und sie werden nicht mehr frei ihr ganzes Leben!«*, Köln 1987, S. 79) Zusammenfassend erläutert Flessau eine Reihe von Aspekten der Erziehung im Nationalsozialismus. Hervorzuheben ist seine Einschätzung der Lehrerschaft: »Doch die meisten Lehrer an den meisten Schulen haben, als Parteimitglieder oder -mitläufer, die Ein- und Übergriffe der Partei und der Politiker in den Schulbereich so gut wie

widerspruchslos hingenommen. Sie haben damit die ohnehin immer gefährdete pädagogische Autonomie verraten und ihre Fürsorgepflicht gegenüber ihren Schutzbefohlenen, den Schülern, verletzt und sich so, teils nolens, teils volens, der Parteilichkeit schuldig gemacht« (ebd., S. 82.)

282 Auch zur angeblichen obligatorischen Mitgliedschaft im NS-Lehrerbund liefert das Buch von van Dick anschauliche Gegenbeispiele. So heißt es über die Lehrerin Therese Kurka aus Düsseldorf: »Im gleichen Jahr 1933 wurden wir dann natürlich mehrfach aufgefordert, dem NSLB beizutreten. In unserem Kollegium von etwa 30 Personen waren es nur drei bis vier Frauen, die nicht eintraten.« (van Dick, *Lehreropposition im NS-Staat*, a.a.O., S. 115) Ein ähnlicher Fall wird über den Lehrer Ludwig de Pellegrini aus München geschildert: »[...] ich blieb bei meiner Haltung, war auch der einzige Lehrer, der nicht im NSLB war« (Ebd., S. 186).

283 Genaue Zahlen über die Entlassung von Lehrerinnen und Lehrern sowie ihre Wiedereinstellung nach einigen Jahren gibt es in bezug auf die westlichen Besatzungszonen bzw. die spätere Bundesrepublik Deutschland nicht. Einen Eindruck vermitteln jedoch folgende Fakten: »In Hessen waren 1945 im Zuge der amerikanischen Entlassungspraxis 34 Prozent der Mitarbeiter des öffentlichen Dienstes entlassen worden. Mitte 1949 befanden sich alle – bis auf 2 Prozent – wieder in Amt und Würden.« (C. Vollnhals [Hg.], *Entnazifizierung*, München 1991, S. 62) Im Artikel 131 des Grundgesetzes wurde dann ausdrücklich die Versorgung der aus dem öffentlichen Dienst »entnazifizierten« Beamten geregelt. In der »Frankfurter Rundschau« vom 6.10.1945 war eine interessante Unterredung mit Stadtrat Dr. Keller über die Entnazifizierung der Lehrerschaft zu lesen. Zunächst erklärte er: »Durch Einsichtnahme in die unversehrt erhaltenen Personalakten ist es ohne die geringsten Schwierigkeiten möglich gewesen, die Tatsache der Parteizugehörigkeit, und die evtl. ausgeführten Funktionen des betreffenden Lehrers festzustellen. Außerdem mußten selbstverständlich von sämtlichen Lehrern die Fragebogen ausgefüllt werden. Von den Lehrern der Höheren Schule sind 49 %, von denen der Mittelschule sind 55 und bei den Volksschulen 54 % entlassen worden.« Dieser Dr. Rudolf Keller ist derselbe Stadtrat, der in der Nazi-Zeit in seiner Eigenschaft als Stadtrat vorschlug, »sämtliche Zigeuner nach dem Osten zu überweisen« (siehe Fußnote 263).

284 Arbeitsgruppe Pädagogisches Museum (Hg.), *Heil Hitler, Herr Lehrer. Volksschule 1933–1945. Das Beispiel Berlin*, Reinbek 1983, S. 235.

285 Die systematische Verdrängung und Verfälschung der pronazistischen Ausrichtung der Erziehungswissenschaftler in der NS-Zeit ist bereits 1970 von Lingelbach, später insbesondere von Keim u. a. aufgedeckt und kritisiert worden. Aber hier handelt es sich keinesfalls um ein »geklärtes« Aufgabengebiet. Heute noch sind z. B. in Frankfurt am Main Schulen nach Eduard Spranger und Peter Petersen benannt, deren Rolle in der NS-Zeit keinesfalls so unklar ist, wie viele heute sagen. In Wirklichkeit kollaborierten sie mit dem Nazi-Regime und bekannten sich seit 1933 öffentlich zu diesem Regime. (Siehe dazu K.-C. Lingelbach, *Erziehung und Erziehungstheorien im nationalsozialistischen Deutschland*, Frankfurt 1987 sowie W. Keim [Hg.], *Erziehungswissenschaft und Nationalsozialismus. Eine kritische Positionsbestim-*

mung, Forum Wissenschaft Studienhefte 9. Die aktuellste Zusammenfassung der Debatte über die Erziehungswissenschaftler in der NS-Zeit findet sich bei W. Keim, *Erziehung unter der Nazi-Diktatur*, Darmstadt 1995.) Recht unverfroren wird – durchaus im zeitlichen Zusammenhang mit dem »Historikerstreit« – die scheinbar unschuldige Frage aufgeworfen, ob es in der Nazi-Zeit nicht doch auch »Positives« gegeben hätte: »Offenbar wirkte der Nationalsozialismus keineswegs nur destruktiv und ist in dieser seiner Wirksamkeit nicht mit Dämonisierungen zu erfassen. Andere Wissenschaften haben längst die Frage gestellt, was der Nationalsozialismus positiv zur Konstituierung oder gesellschaftlichen Etablierung ihres Faches beigetragen hat, ohne daß damit in jedem Fall eine nationalsozialistische Gesinnung verbunden gewesen sein mußte.« (U. Herrmann/J. Oelkers, *Pädagogik und Nationalsozialismus*, Weinheim–Basel 1989, S. 10) In einem Beitrag mit dem Titel »Unkritische Bildungshistorie als sozialwissenschaftlicher Fortschritt«, in: W. Keim (Hg.), *Erziehungswissenschaft und Nationalsozialismus. Eine kritische Positionsbestimmung*, Forum Wissenschaft Studienhefte 9, S. 125, setzt sich Karl-Christoph Lingelbach – von einem emanzipatorischen Erziehungsbegriff ausgehend – mit einer These des Erziehungswissenschaftlers H.-E. Tenorth auseinander. Tenorth schrieb 1985 in seinem Buch *Zur Deutschen Bildungsgeschichte 1918–1945* (Frankfurt/Main 1985, S. 121): »Die ersten KZs müssen daher auch als neuartige Teile des gesellschaftlichen Erziehungssystems interpretiert werden, sie verleugnen auch nicht dessen Zwangscharakter.«

286 Auszug aus dem Lebenslauf des Mittelschullehrers Dr. Wilhelm Bardorff. Zitiert aus: AG gegen den Antisemitismus/Holbeinschule (Hg.), *Wegscheide: »Zweite Schuld« nach 1945*, Frankfurt/Main 1994, S. 17.

287 Im Jahre 1953 wurde das Bundesentschädigungsgesetz verabschiedet, erhebliche Modifizierungen folgten 1956 und 1964. Damit erhielten auch die jüdischen Schülerinnen und Schüler sowie die Schülerinnen und Schüler der Sinti und Roma die Möglichkeit, Wiedergutmachungsleistungen zu beziehen. Siehe hierzu den Artikel von K. Brozik, »Einmalig und voller Lücken. Entschädigung und Rückerstattung«, erschienen in: *Tribüne*, Heft 134, 2/1995, S. 180 ff.

288 B. Ortmeyer (Hg.), *Berichte gegen das Vergessen und Verdrängen – Von 100 überlebenden jüdischen Schülerinnen und Schülern über die NS-Zeit in Frankfurt am Main. »Der Weg zur Schule war eine tägliche Qual«*, Alfter 1995[3], S. 63.

289 Die AG gegen den Antisemitismus/Holbeinschule hat eine 725seitige Dokumentation aus den Entschädigungsakten unter dem Titel *Dokumente der »zweiten Schuld«. Aus den Entschädigungsakten der jüdischen Schülerinnen und Schüler und der Schülerinnen und Schüler der Sinti und Roma der Stadt Frankfurt am Main* zusammengestellt. In einer weiteren Broschüre mit dem Titel *Dokumente der »zweiten Schuld«. Aus den Entschädigungsakten der jüdischen Schülerinnen und Schüler und der Schüler der Sinti und Roma der Stadt Frankfurt am Main – 12 ausgewählte Fälle*, die über GEW-Bezirksverband Ffm, Bleichstr. 38a, 60313 Frankfurt, zu beziehen ist, wurden »12 Fälle« herausgegriffen und publiziert.

290 J. Walk, *Jüdische Schule und Erziehung im Dritten Reich*, Frankfurt/Main 1991, S. 80.
291 AG gegen den Antisemitismus/Holbeinschule (Hg.), *Dokumente der »zweiten Schuld«*, a.a.O., S. 528.
292 In der Broschüre *Der Krieg frißt eine Schule. Die Geschichte der Oberschule für Jungen am Wasserturm in Münster 1938–1945*, Münster 1990, wird auf S. 216 der Fall berichtet, daß die Amerikaner nach 1945 die Verbrennung der Nazi-Schulbücher anordneten. Vier Schüler wurden mit der Durchführung beauftragt: »Die Sekretärin übergab den Jungen die Bücher, die sie ins Feuer werfen sollten. Dann kam sie noch einmal mit einem Bündel Akten zurück und sagte, das seien Papiere, die jetzt nicht mehr gebraucht würden und deshalb auch verbrannt werden könnten. Unser Interviewpartner sah sich eine Akte genauer an. Es handelte sich um die Personalakte eines Lehrers. So wurden ›in einem Abwasch‹ nicht nur die alten Schulbücher vernichtet, sondern auch amtliche Unterlagen, die sicher belastendes Material über manche Lehrer bzw. die Schulleitung enthielten.«
293 AG gegen den Antisemitismus/Holbeinschule (Hg.), *Dokumente der »zweiten Schuld«*, a.a.O., S. 477.
294 Ebd., S. 605.
295 Ebd., S. 616.
296 Ebd., S. 652.
297 Ebd., S. 318.
298 Ebd., S. 170.
299 Ebd., S. 141.
300 Ebd., S. 143.
301 Ortmeyer (Hg.), *Berichte gegen das Vergessen und Verdrängen*, a.a.O., S. 171.
302 AG gegen den Antisemitismus/Holbeinschule (Hg.), *12 Fälle*, S. 7b.
303 AG gegen den Antisemitismus/Holbeinschule (Hg.), *Dokumente der »zweiten Schuld«*, a.a.O., S. 146.
304 Ebd., S. 147.
305 Ebd., S. 148.
306 Ebd., S. 415f.
307 Ebd., S. 192.
308 Ebd., S. 193.
309 Ebd., S. 193.
310 Ebd., S. 647.
311 Ebd., S. 648.
312 Ebd., S. 313. Siehe auch S. 386 und 242.
313 Ebd., S. 527.
314 So war in *päd.extra* 12/86, S. 3 zu lesen: »Der Frankfurter Schulleiter Tschampa äußert gegenüber einer über neonazistische Umtriebe besorgten Mutter: ›Was gehen mich Ihre Rassenprobleme an, ich habe jetzt Unterricht.‹ Diese Frau hat als Sintezza im KZ gesessen.«
315 AG gegen den Antisemitismus/Holbeinschule (Hg.), *Dokumente der »zweiten Schuld«*, a.a.O., S. 20.
316 Ebd., S. 26.

317 Ebd., S. 27.
318 Ebd., S. 40.
319 Ebd., S. 47.
320 Ebd., S. 51.
321 Ebd., S. 66.
322 Ebd., S. 67.
323 R. Rose, *Bürgerrechte für Sinti und Roma. Das Buch zum Rassismus in Deutschland*, Heidelberg 1980, S. 49.
324 Ebd., S. 53.
325 Ebd., S. 59.
326 K. Brozik, »Einmalig und voller Lücken. Entschädigung und Rückerstattung«, a. a. O., S. 184.
327 R. Giordano, *Die zweite Schuld*, Hamburg 1987, S. 10.
328 Ebd., S. 12: »Bei uns hat sich eingebürgert, jede Thematisierung von Schuld im Zusammenhang mit der Nazizeit als Selbstanmaßung, als politisches Pharisäertum zu verdächtigen. Hinter dieser bezeichnenden Allergie gegen Anklage steckt die Absicht, publizistische Bearbeitung der Schuldfrage überhaupt zu verunglimpfen. Die Schuldangst, die das öffentliche Bewußtsein der bundesrepublikanischen Gesellschaft so lange panisch bestimmt hat und, wenn auch abgeschwächt, heute noch bestimmt, hat damit ein sehr erfolgreiches Abschreckungsrezept gefunden.«
329 Einen Überblick über den Verlauf und das Interesse am Schülerwettbewerb um den Preis des Bundespräsidenten »Deutsche Geschichte« gibt Prof. Dr. Bodo von Borries, *Deutsche Geschichte. Spuren suchen vor Ort im Schülerwettbewerb um den Preis des Bundespräsidenten*, Frankfurt/Main 1990. Generell wurde bei diesem Wettbewerb die Methode der Befragung von Zeitzeugen, die Methode der »oral history«, angewendet. Herodot gilt als »Vater« der »oral history«, einer Geschichtsschreibung, die nicht nur offizielle staatliche Dokumente als »Quelle« verwendet, sondern großes Gewicht auf zeitgenössische Dokumente »von unten« legt. Er benutzte diese Methode zur Beschreibung der »Perserkriege«. In der Neuzeit war es Professor Allan Nevis, der 1938 die Idee hatte, berühmte amerikanische Persönlichkeiten systematisch zu befragen. 1948 gründete er das Oral-History-Institut an der Columbia-Universität und etablierte damit »oral history« als wissenschaftlich anerkannte Methode. Als Vorläufer dieser Methodik, die in der BRD Ende der 70er, Anfang der 80er Jahre insbesondere im Zusammenhang mit dem Schülerwettbewerb »Deutsche Geschichte des Bundespräsidenten« Anwendung fand, galt die schwedische »Grabe-wo-du-stehst«-Bewegung, gegründet und forciert von Sven Lindquist, der es schaffte, 100 Gruppen unter Industriearbeitern zur Erforschung »ihrer« Geschichte zu aktivieren. Diese Bewegung ihrerseits bezog sich auf die in China Anfang der 60er Jahre von sogenannten Barfußhistorikern initiierte Bewegung »Grabe die bitteren Wurzeln aus«.
330 D. Rebentisch, *Neu-Isenburg zwischen Anpassung und Widerstand*, Neu-Isenburg 1978, S. 10. Zitiert nach Hessisches Institut für Bildungsplanung und Schulentwicklung (Hg.), *Nationalsozialismus in Hessen. Eine Bibliographie der Literatur nach 1945*, Wiesbaden 1983, S. 7.

331 Aus einem Brief von Anna Rosmus an den Autor (April 1989).
332 Ebd.
333 Brief des Bayerischen Staatsministeriums für Unterricht und Kultus vom 10.2.1984, unterzeichnet von Ministerialdirigent Herrn D. Kitzinger an Anna Rosmus-Wenniger.
334 Anna Rosmus veröffentlichte u. a. die Bücher *Widerstand und Verfolgung am Beispiel Passaus 1933 bis 1939* (Passau 1983) und *Wintergrün. Verdrängte Morde* (Konstanz 1993).
335 O. Geudtner/H. Hengsbach/S. Westerkamp, *Ich bin katholisch getauft und Arier*, Köln 1985.
336 Ebd., S. 7.
337 »Frankfurter Rundschau« vom 8. November 1986.
338 W. Keim, *Erziehung im Nationalsozialismus*, Beiheft zur »Erwachsenenbildung in Österreich«, 1990, S. 8.
339 W. Keim, *Erziehungswissenschaft und Nationalsozialismus. Eine kritische Positionsbestimmung*, Forum Wissenschaft, Studienhefte 9, S. 16.
340 Brief von Ursel Ertel-Hochmuth an den Autor vom 19.1.1989.
341 Siehe G. Platner, *Schule im Dritten Reich. Erziehung zum Tod*, Köln 1988.
342 Eine der in verschiedenen politischen Lagern beliebtesten Methoden ist es, feststehende, wissenschaftlich bewiesene und mit Dokumenten belegte Tatsachen in Form scheinbar unschuldiger Fragen als »noch nicht geklärt« darzustellen. Aus einer Analyse der Schlagzeilen der »Deutschen Nationalzeitung« ergibt sich, daß dies eine von dieser Zeitung vorrangig angewandte Methode ist, um nicht juristisch belangt werden zu können. So wird indirekt vor allem die Ermordung der sechs Millionen europäischen Juden und der 500 000 Sinti und Roma auf scheinbar »wissenschaftlicher« Grundlage angezweifelt. Bei der Einschätzung der »Schulzeit unterm Hitlerbild« geht es um die Realität eines anderen Verbrechens, das man heute als »Volksverhetzung«, »Erziehung zum Angriffskrieg« oder ähnlich bezeichnen würde. Auch wenn dies eine andere Dimension von Verbrechen ist, so sind bestimmte Mechanismen der Verharmlosung und der Verdrehung der Wahrheit dieselben oder zumindest ähnliche.
343 Hessisches Institut für Bildungsplanung und Schulentwicklung (Hg.), *Erziehung zu nationalsozialistischer Weltanschauung und Staatsgesinnung? Höhere Schulen im Nationalsozialismus*, Sekundarstufe I 108, Wiesbaden 1991, S. 6.
344 Platner, *Schule im Dritten Reich*, a. a. O., S. 23.
345 K.-I. Flessau, *Schule der Diktatur. Lehrpläne und Schulbücher des Nationalsozialismus*, Frankfurt/Main 1979, S. 14.
346 Hessisches Institut für Bildungsplanung und Schulentwicklung (Hg.), *Erziehung zu nationalsozialistischer Weltanschauung*, a. a. O., S. 18.
347 Ebd., S. 19.
348 Magistrat der Stadt Darmstadt (Hg.), *Juden-Deportationen aus Darmstadt 1942/43 – Die damalige Liebig-Schule als Sammellager 1942*, Darmstadt 1992, S. 48.
349 Ebd., S. 51.
350 Ebd., S. 54 f.

351 Die 1982/83 gegründete Arbeitsgemeinschaft gegen den Antisemitismus/ Holbeinschule stellte sich der Auseinandersetzung mit Neonazis an der eigenen Schule. Daraus entstand 1983 die Broschüre *Neonazis an Frankfurter Schulen*. Im Jahre 1986 folgte die Broschüre mit dem Titel *Würden heute Flüchtlinge wie Anne Frank politisches Asyl erhalten?* (Alle zu beziehen bei der Frankfurter Gewerkschaft Erziehung und Wissenschaft [GEW], 60313 Frankfurt, Bleichstraße 38 a.) 1990 gab die Arbeitsgemeinschaft schließlich im Fischer Taschenbuch Verlag das Buch *Arbeit macht tot* des jüdischen Auschwitz-Monowitz-Häftlings Tibor Wohl heraus.
352 GEW Hessen (Hg.), *Die Auseinandersetzung um das Konzept »Die Nazizeit an den Schulen erforschen«*, Frankfurt/Main 1990, S. 43.
353 Siehe »Frankfurter Rundschau« vom 23.11.88.
354 Siehe »Frankfurter Allgemeine Zeitung« vom 21.11.88.
355 GEW Hessen (Hg.), *Die Auseinandersetzung*, a.a.O., S. 43 sowie S. 48f.
356 Bericht des Hessischen Datenschutzbeauftragten Rydzy vom 2. Mai 1990, zitiert aus ebd., S. 61: »Soweit es sich allerdings um Daten handelt, die sich auf Lehrer *in Ausübung ihrer amtlichen Tätigkeit* [Hervorhebung im Original] beziehen, also z.B. die Anordnung eines Schulleiters, jüdische Schüler aus dem Unterricht zu entfernen, sehe ich kein Schutzbedürfnis. Die Person des Amtsträgers tritt hinter seiner Tätigkeit (Ausübung staatlicher Gewalt oder der Erbringung staatlicher Leistung) zurück.«
357 Ebd., S. 68.
358 Ebd., S. 51.
359 Ebd., S. 8.
360 Ebd., S. 26.
361 AG gegen den Antisemitismus/Holbeinschule (Hg.), *Briefwechsel mit dem Hessischen Kultusministerium (Minister Wagner und Minister Holzapfel)*, Frankfurt/Main 1993, S. 17.
362 Ebd., S. 40.
363 AG gegen den Antisemitismus/Holbeinschule (Hg.), *Die Erforschung der Nazi-Zeit an der Holbeinschule in Frankfurt am Main*, Frankfurt/Main 1994.
364 Brief des Hessischen Kultusministers vom 22. April 1993. Zitiert aus: AG gegen den Antisemitismus/Holbeinschule (Hg.), *Briefwechsel zwischen dem Hessischen Kultusministerium, Herrn Holzapfel, und Herrn Goldsmith, Florida/USA*, Frankfurt/Main 1993, S. 17.
365 Ebd., S. 17.
366 Brief des Herrn Stillemunkes im Auftrag des Hessischen Kultusministeriums vom 7.11.1994, Gutachten A, S. 5.
367 Gutachten B, ebd., S. 5.
368 B. Ortmeyer, *Schülerinnen und Schüler erforschen die Nazi-Zeit an der Holbeinschule/Frankfurt Main. Arbeitsergebnisse, Erfahrungen, Hilfen. Entwurf für das Hessische Kultusministerium*, Frankfurt/Main 1994, S. 47.
369 Auf den Brief des Autors vom 12. Februar 1995 schrieb der persönliche Referent des Ministerpräsidenten am 10. März 1995, daß der »Herr Ministerpräsident sehr herzlich dankt«. Weiter heißt es: »Wie Sie sicher nachvollziehen werden, bedarf es einer Sichtung des Materials und zudem der Nachfrage an

das in Ihrer Angelegenheit zuständige Ministerium. Deshalb bitte ich Sie im Namen des Ministerpräsidenten um etwas Geduld wegen der Beantwortung Ihres Schreibens.« Die Geduld wurde nicht belohnt. Drei Monate später, am 21. Juni 1995, wurde mitgeteilt, daß eine Antwort »in eigener Zuständigkeit vom Hessischen Kultusministerium behandelt werden« könnte. Abschließend heißt es: »Sie erhalten von dort umgehend Nachricht.« Das war alles. Der gesamte Konflikt von 1988 bis 1995 wurde in der Dokumentation »Zur Auseinandersetzung mit dem Hessischen Kultusministerium um das Konzept ›Die Nazi-Zeit an den Schulen erforschen‹« sowie in einer »Ergänzenden Dokumentation« von insgesamt 400 Seiten von der GEW Hessen, Zimmerweg 12, 60325 Frankfurt am Main, herausgegeben.

370 Der Leiter der Holbeinschule in Frankfurt am Main zeigte keinerlei Interesse an der Förderung der Arbeit der Erforschung der Nazi-Zeit an der Holbeinschule. Vehement wehrte er sich dagegen, daß eine zweistündige Arbeitsgemeinschaft offiziell anerkannt wurde. Anträge, das Thema in einer Gesamtkonferenz zu behandeln, wurden entweder gar nicht erst zur Abstimmung gebracht, oder ein Teil des Kollegiums verließ die Konferenz aus »Protest«. In einem Brief vom 24.8.1992 an den Leiter des staatlichen Schulamtes in Frankfurt, der das Projekt der AG unterstützte, schrieb der Schulleiter: »Mit Befremden haben das Kollegium und ich zur Kenntnis genommen, daß Sie Herrn Ortmeyer in einem Gespräch am 25.7.1992 zugesichert haben, in diesem Schuljahr das Projekt ›Die NS-Zeit an der Holbeinschule‹ in Form einer zweistündigen Arbeitsgemeinschaft durchzuführen.« Abgesehen davon, daß der Leiter des staatlichen Schulamtes eine zweistündige Arbeitsgemeinschaft lediglich angeregt hatte und die Mehrheit des Kollegiums von ihrem Befremden gar nichts wußte, zeigt dieses Schreiben, auf welchem Niveau die Auseinandersetzungen an der Holbeinschule geführt wurden. Dabei spielte die Tatsache eine nicht unerhebliche Rolle, daß bei der Sichtung der Schulchronik der Nazi-Zeit ans Licht kam, daß der Schulleiter 1983 im Zusammenhang mit der Auseinandersetzung um am Neonazismus orientierten Schülern der Holbeinschule schriftlich eine negative Bemerkung über den Autor gemacht hatte. Dem Autor wurde vom Schulleiter vorgeworfen, er habe die Auseinandersetzung um neonazistisch orientierte Schüler »zu einem Politikum hochstilisiert«. Außerdem war aus den Reihen der Elternschaft, dann auch hinter dem Rücken des Autors in der Schule und bei der Schulleitung die Frage aufgeworfen worden, ob »Ortmeyer Jude« sei. Als schließlich mehrfach in der Öffentlichkeit kritisiert wurde, daß der Schulleiter sich viel Zeit gelassen hatte, die nachts an die Schule gemalten Nazi-Parolen zu entfernen, daß er gar Schülern die Übermalung der Nazi-Parolen mit dem Argument untersagte, »daß die Farben sich nicht vertragen«, spitzte sich der Konflikt zu. Als das zu einer Veranstaltung geladene Fernsehen Jahre später, 1992, über immer noch nicht entfernte SS-Runen berichtete, reagierte der Schulleiter auf einer Dienstbesprechung mit der Aufforderung, Ortmeyer solle doch »seine Versetzung einreichen«, was er später schriftlich bestätigte und begründete. Der Grund für diese Auseinandersetzungen waren allerdings nicht nur die Aktivitäten zur Analyse der Nazi-Zeit an der Holbeinschule, sondern auch langjährige Kritiken des Autors an der Haltung des Schulleiters gegenüber ausländischen

Schülerinnen und Schülern. So hieß es im SV-Protokoll vom 17.3.1988, daß die Schulsprecher mit dem Schulleiter klären sollten, ob und warum er »ausländerfeindliche Sprüche« verbreitet. Es ging um seine Äußerungen gegenüber einer türkischen Schülerin »Das kannst du im Balkan machen« und einer marokkanischen Schülerin, die doch »die Moschee im Dorf lassen sollte« (siehe ebenfalls SV-Protokoll der Holbeinschule vom 17.3.1988). Die Dienstaufsichtsbeschwerde des Autors gegen diesen Schulleiter wurde am 13. Oktober 1995 abgeschlossen. Der Schulleiter erklärte sich nach Aufforderung des Leiters des Staatlichen Schulamtes bereit, die herabsetzende Bemerkung in der Schulchronik mit einem Hinweis auf die Dienstaufsichtsbeschwerde zu ergänzen. Er erklärte sein Bedauern über seine Äußerungen, die »Gegenstand der Dienstaufsichtsbeschwerde waren«, da sie »mißverständliche Tragweite erlangt haben«. (Az.: 2.1.-DAB – 35/94-205)

371 B. Ortmeyer (Hg.), *Berichte gegen das Vergessen und Verdrängen*, a.a.O., S. 155.

Literaturempfehlungen

Eine umfangreiche Literaturliste auf dem neuesten Stand erschien 1995 im Buch von Wolfgang Keim »Erziehung unter der Nazi-Diktatur«. Ein ausführlicher Forschungsbericht mit vielen Anregungen zum Studium erschien 1990 als Broschüre desselben Autors mit dem Titel *Erziehung im Nationalsozialismus*, Wien 1990, als Beiheft zur »Erwachsenenbildung in Österreich«.

Grundsätzliches

van Dick, Lutz (Hg.): *Lehreropposition im NS-Staat*, Frankfurt/Main 1990.
Eilers, R.: *Die nationalsozialistische Schulpolitik. Eine Studie zur Funktion der Erziehung im totalitären Staat* (= Staat und Politik, Bd. 4), Köln/Opladen 1963.
Flessau, Kurt-Ingo: *Schule der Diktatur. Lehrpläne und Schulbücher des Nationalsozialismus*, Frankfurt/Main 1979.
Ginzel, Günther-Bernd: *Jüdischer Alltag in Deutschland 1933–1945*, Düsseldorf 1984.
Keim, Wolfgang: *Erziehung unter der Nazi-Diktatur. Antidemokratische Potentiale, Machtantritt und Machtdurchsetzung*, Darmstadt 1995.
Lingelbach, C.: *Erziehung und Erziehungstheorien im nationalsozialistischen Deutschland*, Weinheim/Berlin/Basel 1970 (Frankfurt/Main 1987).
Mann, Erika: *Zehn Millionen Kinder. Die Erziehung der Jugend im Dritten Reich*, München 1986.
Nyssen, Elke: *Schule im Nationalsozialismus*, Heidelberg 1979.
Rose, Romani: *Bürgerrechte für Sinti und Roma*, Heidelberg 1987.
Walk, Joseph: *Jüdische Schule und Erziehung im Dritten Reich*, Frankfurt/Main 1991.

NS-Erlasse und NS-Dokumente

Gamm, Hans-Jochen: *Führung und Verführung*, München 1964.
Fricke-Finkelnburg, Renate (Hg.): *Nationalsozialismus und Schule: amtliche Erlasse und Richtlinien 1933–1945*, Opladen 1989.

Ergebnisse lokaler Forschungsprojekte und Berichte

Arbeitsgruppe Pädagogisches Museum (Hg.): *Heil Hitler, Herr Lehrer. Volksschule 1933–1945. Das Beispiel Berlin*, Reinbek 1983.
Hochmuth, Ursel/Hans-Peter de Lorent (Hg.): *Hamburg – Schule unterm Hakenkreuz*, Hamburg 1985.
Lehberg, Reiner/Hans-Peter de Lorent: *Die Fahne hoch. Schulpolitik und Schulalltag in Hamburg unterm Hakenkreuz*, Hamburg 1986.
Ortmeyer, Benjamin (Hg.): *Berichte gegen Vergessen und Verdrängen*, Alfter 1994.
Platner, Geert (Hg.): *Schule im Dritten Reich. Erziehung zum Tod*, Köln 1988.
Reich-Ranicki, Marcel (Hg.): *Meine Schulzeit im Dritten Reich – Erinnerungen deutscher Schriftsteller*, Köln 1982.

Verzeichnis der verwendeten Literatur

AG gegen den Antisemitismus/Holbeinschule Frankfurt/Main (Hg.): *Verschüttet – Verdrängt – Vergessen? / Schüler und Lehrer erforschen die NS-Vergangenheit.* Eine Sendung des Hessischen Rundfunks. Manfred Köhler, 1933.

Dies.: *Dokumente der »zweiten Schuld«! Aus den Entschädigungsakten der jüdischen Schülerinnen und Schüler und der Schülerinnen und Schüler der Sinti und Roma der Stadt Frankfurt am Main.*

Dies.: *Dokumente der »zweiten Schuld«! Aus den Entschädigungsakten der jüdischen Schülerinnen und Schüler und der Schüler der Sinti und Roma der Stadt Frankfurt am Main – 12 ausgewählte Fälle.*

Dies.: *Neonazis an Frankfurter Schulen,* Frankfurt/Main 1983.

Dies.: *Würden heute Flüchtlinge wie Anne Frank politisches Asyl erhalten?,* Frankfurt/Main 1986.

Dies.: *Briefwechsel mit dem Hessischen Kultusministerium (Minister Wagner und Minister Holzapfel),* Frankfurt/Main 1993.

Dies.: *Briefwechsel zwischen dem Hessischen Kultusministerium, Herrn Holzapfel, Herrn Goldsmith, Florida/USA,* Frankfurt/Main 1993.

Dies.: *Der Bericht des Sinto Herbert (Ricky) Adler vom 17.2.1993* (Abschrift des Videofilms).

Dies.: *Wegscheide: »Zweite Schuld« nach 1945,* Frankfurt/Main 1994.

Dies.: *Die Erforschung der Nazi-Zeit an der Holbeinschule in Frankfurt am Main,* Frankfurt/Main 1994.

Andrich, Matthias/Guido Martin: *Schule im 3. Reich. Die Musterschule. Ein Frankfurter Gymnasium 1933–39,* Frankfurt/Main 1983.

Angress, Werner T.: *Generation zwischen Furcht und Hoffnung. Jüdische Jugend im Dritten Reich,* Hamburg 1985.

Arbeitsgruppe Pädagogisches Museum (Hg.): *Heil Hitler, Herr Lehrer. Volksschule 1933–1945. Das Beispiel Berlin,* Reinbek 1983.

Assel, H. G.: *Die Perversion der politischen Pädagogik im Nationalsozialismus,* München 1969.

Bauer, Fritz: *Die Wurzeln faschistischen und nationalsozialistischen Handelns,* Frankfurt/Main 1965.

Beez, Gisela/Brigitte Fischer (Hg.): *Spurensuche – NS-Zeit in Heusenstamm,* Heusenstamm 1990.

Berliner Geschichtswerkstatt (Hg.): *Projekt: Spurensicherung. Alltag und Widerstand im Berlin der 30er Jahre*, Berlin 1983.

Blankertz, H.: *Die Geschichte der Pädagogik. Von der Aufklärung bis zur Gegenwart*, Wetzlar 1982.

Boberach, Heinz: *Jugend unter Hitler*, Düsseldorf 1982.

von Borries, Bodo: *Deutsche Geschichte. Spuren suchen vor Ort im Schülerwettbewerb um den Preis des Bundespräsidenten*, Frankfurt/Main 1990.

Breyvogel, Wilfried/Thomas Lohmann: »*Schulalltag im Nationalsozialismus*«, in: Herrmann, U.: *Die Formung des Volksgenossen – Der Erziehungsstaat des Dritten Reiches*, Weinheim/Basel 1985.

Brodersen, I./K. Humann/S. v. Paczensky: *1933: Wie die Deutschen Hitler zur Macht verhalfen. Ein Lesebuch für Demokraten*, Reinbek 1983.

Bromberger, Barbara/Hans Mausbach: *Feinde des Lebens. NS-Verbrechen an Kindern*, Köln 1987.

Brumlik, Micha: »Entwurf einer didaktischen Konzeption zum Thema ›9. November 1938‹«, in: Pädagogisches Zentrum des Landes Rheinland-Pfalz (Hg.): *Der Pogrom der »Reichskristallnacht«*, Bad Kreuznach 1988.

Bundeszentrale für politische Bildung (Hg.): *Jugend im Dritten Reich*, (Zeitlupe Nr. 13) Bonn 1982.

van Dick, Lutz (Hg.): *Lehreropposition im NS-Staat*, Frankfurt/Main 1990.

Dithmar, Reinhard (Hg.): *Schule und Unterricht im Dritten Reich*, Neuwied 1989.

Eggert, Heinz-Ulrich (Hg.): *Der Krieg frißt eine Schule. Die Geschichte der Oberschule für Jungen am Wasserturm in Münster 1935–1945*, Münster 1990.

van Eickels, Klaus: *Das Collegium Augustinum Gaesdonck in der NS-Zeit 1933–1942*, Kleve 1982.

Eilers, R.: *Die nationalsozialistische Schulpolitik. Eine Studie zur Funktion der Erziehung im totalitären Staat* (= Staat und Politik, Bd. 4), Köln/Opladen 1963.

Feidel-Mertz, Hildegard (Hg.): *Schulen im Exil – Die verdrängte Pädagogik nach 1933*, Reinbek 1983.

Feidel-Mertz, Hildegard/Herrmann Schnorbach: *Lehrer in der Emigration*, Weinheim/Basel 1981.

Flessau, Kurt-Ingo/Elke Nyssen/Günter Pätzold: *Erziehung im Nationalsozialismus*, Köln/Wien 1987.

Flessau, Kurt-Ingo: *Schule der Diktatur. Lehrpläne und Schulbücher des Nationalsozialismus*, Frankfurt/Main 1979.

Flitner, A. (Hg.): *Deutsches Geistesleben und Nationalsozialismus. Eine Vortragsreihe der Universität Tübingen*, Tübingen 1965.

Focke, Harald/Uwe Reimer: *Alltag unterm Hakenkreuz* (Band 1), Reinbek 1984.

Frankfurter Historische Kommission (Hg.): *Frankfurt am Main. Die Geschichte der Stadt in neun Beiträgen*, Sigmaringen 1991.

Fricke-Finkelnburg, Renate (Hg.): *Nationalsozialismus und Schule: amtliche Erlasse und Richtlinien 1933–1945*, Opladen 1989.

Friedrich Jahresheft X 1992: *Verantwortung*.

Galinski, Dieter/Ulrich Herbert/Ulla Lachauer (Hg.): *Nazis und Nachbarn. Schüler erforschen den Alltag im NS*, Reinbek 1982.

Gamm, Hans-Jochen: *Führung und Verführung*, München 1964.

Geudtner, O./H. Hengsbach/S. Westerkamp: *Ich bin katholisch getauft und Arier. Aus der Geschichte eines Kölner Gymnasiums*, Köln 1985.

GEW Berlin: *Wider das Vergessen – Antifaschistische Erziehung in der Schule. Erfahrungen/Projekte/Anregungen*, Frankfurt/Main 1981.

GEW Hauptvorstand: *Gegen Antisemitismus und Rassenwahn*, Frankfurt/Main 1989.

GEW Hessen: *Sinti und Roma. Mit Auszügen aus einer Ausstellung des Zentralrates Deutscher Sinti und Roma*, Frankfurt/Main 1992.

Ginzel, Günther-Bernd: *Jüdischer Alltag in Deutschland 1933–1945*, Düsseldorf 1984.

Ginzel, Günther-Bernd, u. a. (Hg.): *Mit Hängemaul und Nasenzinken... Erziehung zur Unmenschlichkeit*, Düsseldorf 1984.

Giordano, Ralph: *Die zweite Schuld oder Von der Last Deutscher zu sein*, Hamburg 1987.

Gürsching, Feli, u. a. (Hg.): *...daß wir nicht erwünscht waren. Novemberpogrom 1938 in Frankfurt am Main. Berichte und Dokumente*, Frankfurt/Main 1993.

Hafenegger, Benno/Paul Gerhard/Bernhard Schoßig (Hg.): *Dem Faschismus das Wasser abgraben*, München 1981.

von Hase-Mihalik, Eva/Doris Kreuzkamp: *Du kriegst auch einen schönen Wohnwagen. Zwangslager für Sinti und Roma während des Nationalsozialismus in Frankfurt am Main*, Frankfurt/Main 1990.

Heinemann, Manfred (Hg.): *Erziehung und Schulung im Dritten Reich*, (2 Bde., Teil 1: Kindergarten, Schule, Jugend, Berufserziehung; Teil 2: Hochschule, Erwachsenenbildung), Stuttgart 1980.

Heither, Dietrich/Wolfgang Matthäus/Bernd Pieper: *Als jüdische Schülerin entlassen. Erinnerungen und Dokumente zur Geschichte der Heinrich-Schütz-Schule in Kassel*, Kassel 1984.
von Hellfeld, Matthias/Arno Klönne: *Die betrogene Generation – Jugend im Faschismus*, Köln 1987.
Hering, Jochen u. a.: *Schüleralltag im Nationalsozialismus. Ein Lesebuch*, Dortmund 1984.
Herrmann, U. (Hg.): *Die Formung des Volksgenossen*, Weinheim/Basel 1985.
Herrmann, U./J. Oelkers (Hg.): *Pädagogik und Nationalsozialismus*, Weinheim/Basel 1989.
Hessisches Institut für Lehrerfortbildung: *Spuren des Faschismus in Frankfurt. Das Alltagsleben der Frankfurter Juden 1933–1945*, Kassel 1985.
Hessisches Institut für Bildungsplanung und Schulentwicklung: *Nationalsozialismus in Hessen. Eine Bibliographie der Literatur nach 1945*, Frankfurt/Main 1983.
Hessisches Institut für Bildungsplanung und Schulentwicklung: *Projekt »Hessen im Nationalsozialismus«. Erziehung zu nationalsozialistischer Weltanschauung und Staatsgesinnung? Höhere Schulen im Nationalsozialismus – Sekundarstufe I 108*, Wiesbaden 1991.
Historisches Museum Frankfurt: *Anne aus Frankfurt. Leben und Lebenswelt Anne Franks*, Frankfurt/Main 1990.
Hochhuth, Maili: *Schulzeit auf dem Lande 1933–1945*, Kassel 1985.
Hochmuth, Ursel/Hans-Peter de Lorent (Hg.): *Hamburg – Schule unterm Hakenkreuz*, Hamburg 1985.
Hofer, Walter: *Der Nationalsozialismus: Dokumente 1933–1945*, Frankfurt/Main 1957.

Jäckel, Eberhard: *Hitlers Weltanschauung. Entwurf einer Herrschaft*, Stuttgart 1986.

Katalog zur Ausstellung anläßlich des 80jährigen Bestehens der Brüder-Grimm-Schule in Frankfurt am Main, Frankfurt/Main 1990.
Keim, Wolfgang (Hg.): *Pädagogen und Pädagogik im Nationalsozialismus – Ein unerledigtes Problem der Erziehungswissenschaft*, Frankfurt a. M./Bern/New York/Paris 1988.
Keim, Wolfgang: *Erziehung im Nationalsozialismus*. (Beiheft zur Erwachsenenbildung in Österreich«, Wien 1990.
Keim, Wolfgang: *Erziehungswissenschaft und Nationalsozialismus – Eine kritische Positionsbestimmung*, Marburg 1990.
Keim, Wolfgang: *Erziehung unter der Nazi-Diktatur. Antidemokrati-*

sche Potentiale, Machtantritt und Machtdurchsetzung, Darmstadt 1995.

Keim, H./D. Urbach (Hg.): *Volksbildung in Deutschland 1933–1945. Einführung und Dokumente*, Braunschweig 1976.

Keval, Susanna: *Widerstand und Selbstbehauptung in Frankfurt am Main 1933–1945*, Frankfurt/New York 1988.

Klee, Ernst: *»Euthanasie« im NS-Staat. Die »Vernichtung lebensunwerten Lebens«*, Frankfurt/Main 1991.

Klewitz, Marion: *Lehrersein im Dritten Reich*, Weinheim/München 1987.

König, H.: *Imperialistische und militaristische Erziehung in den Hörsälen und Schulstuben Deutschlands. 1870–1960*, Berlin (DDR) 1962.

Kommission für die Geschichte der Juden in Hessen: *Neunhundert Jahre Geschichte der Juden in Hessen*, Wiesbaden 1983.

Kommission zur Erforschung der Geschichte der Frankfurter Juden (Hg.): *Dokumente zur Geschichte der Frankfurter Juden 1933–1945*, Frankfurt/Main 1963.

Dies.: *Das Philanthropin zu Frankfurt am Main*, Frankfurt/Main 1964.

Kupffer, Heinrich: *Der Faschismus und das Menschenbild der deutschen Pädagogik*, Frankfurt/Main 1984.

Lehberger, Reiner/Hans-Peter de Lorent: *Die Fahne hoch. Schulpolitik und Schulalltag in Hamburg unterm Hakenkreuz*, Hamburg 1986.

Lingelbach, C.: *Erziehung und Erziehungstheorien im nationalsozialistischen Deutschland*, Weinheim/Berlin/Basel 1970 (Frankfurt 1987).

Link, Helmut/Ferdinand Scherf (Hg.): *Begegnungen. Broschüre des Rabanus-Maurus-Gymnasiums Mainz*, Mainz 1988.

Magistrat der Stadt Darmstadt: *Juden-Deportationen aus Darmstadt 1942/43. Die damalige Liebig-Schule als Sammellager 1942*, Darmstadt 1992.

Mann, Erika: *Zehn Millionen Kinder. Die Erziehung der Jugend im Dritten Reich*, München 1989.

Meyer, Alwin: *Die Kinder von Auschwitz*, Göttingen 1995.

Mosse, George L.: *Der nationalsozialistische Alltag*, Frankfurt/Main 1993.

Museum Auschwitz-Birkenau (Hg.): *Auschwitz*, Warschau 1990.

Nath, Axel: *Die Studienratskarriere im Dritten Reich*, Frankfurt/Main 1988.

Nyssen, Elke: *Schule im Nationalsozialismus*, Heidelberg 1979.

Ortmeyer, Benjamin (Hg.): *Berichte gegen Vergessen und Verdrängen*, Alfter 1994.

Ortmeyer, Benjamin: *Argumente gegen das Deutschlandlied. Geschichte und Gegenwart eines Lobliedes auf die deutsche Nation*, Köln 1991.

Ottweiler, O.: *Die Volksschule im Nationalsozialismus*, Weinheim 1979.

Pädagogisches Zentrum Rheinland-Pfalz (Hg.): *Der Pogrom der »Reichskristallnacht«. Ablauf – Ursachen – Folgen*, Bad Kreuznach 1988.

Peukert, Detlev: »Alltag unterm Nationalsozialismus«, in: Herrmann 1985 (1981).

Platner, Geert (Hg.): *Schule im Dritten Reich. Erziehung zum Tod*, Köln 1988.

Rath, Peter: *Schüleralltag im Nationalsozialismus*, Dortmund 1984.

Reich-Ranicki, Marcel (Hg.): *Meine Schulzeit im Dritten Reich – Erinnerungen deutscher Schriftsteller*, Köln 1982.

Ringer, Fritz K.: *Die Gelehrten. Der Niedergang der deutschen Mandarine 1890–1933*, Stuttgart 1983.

Rose, Romani: *Bürgerrechte für Sinti und Roma*, Heidelberg 1987.

Rossmeissl, Dieter: *Ganz Deutschland wird zum Führer halten... Zur politischen Erziehung in den Schulen des Dritten Reiches*, Frankfurt/Main 1985.

Roth, Harald: *Es tat weh, nicht mehr dazu zu gehören*, Ravensburg 1989.

Schäfer, Kurt: *Studien zur Frankfurter Geschichte. Schulen und Schulpolitik in Frankfurt am Main 1900–1945*, Frankfurt/Main 1994.

Schmidt, Helmut, u. a.: *Kindheit und Jugend unter Hitler*, Berlin 1994.

Schlotzhauer, Inge: *Das Philantrophin 1804–1942*, Frankfurt/Main 1990.

Schnorbach, Hermann (Hg.): *Lehrer und Schule unterm Hakenkreuz. Dokumente des Widerstandes von 1930 bis 1945*, Königstein/Taunus 1983.

Schoenberner, Gerhard: *Der gelbe Stern*, Hamburg 1960.

Scholl, Inge: *Die weiße Rose*, Frankfurt/Main 1985.

Scholtz, Harald: *Erziehung und Unterricht unterm Hakenkreuz*, Göttingen 1985.

Senger, Valentin: *Das Frauenbad und andere jüdische Geschichten*, München 1994.

Stippel, F.: *Die Zerstörung der Person. Kritische Studien zur nationalsozialistischen Pädagogik*, Donauwörth 1957.

Tennorth, H. E.: *Zur deutschen Bildungsgeschichte 1918–1945. Probleme, Analysen und politisch-pädagogische Perspektiven*, Köln/Wien 1985.

Thiel, Hans: *Die jüdischen Lehrer und Schüler der Frankfurter Helmholtzschule 1912–1936*, Frankfurt/Main 1994.

Verband Deutscher Sinti und Roma, Landesverband Hessen, u. a. (Hg.): *Der Schrecken aber endete nicht. Reden gegen das Vergessen. Sinti und Roma in Frankfurt am Main. Deportation im Nationalsozialismus. Diskriminierung heute*, Frankfurt/Main 1993.

Verband Deutscher Sinti und Roma, Landesverband Rheinland-Pfalz (Hg.): *Katalog zur Ausstellung »Die Überlebenden sind die Ausnahme«. Der Völkermord an Sinti und Roma*, Landau 1992.

Vollnhals, Clemens: *Entnazifizierung. Politische Säuberung und Rehabilitierung in den vier Besatzungszonen*, München 1991.

Walk, Joseph: *Das Sonderrecht für die Juden im NS-Staat*, Heidelberg/Karlsruhe 1981.

Walk, Joseph: *Ausführungen und Zitate aus der Erlaß-Sammlung der in Hebräisch erschienenen Dissertation »Die Erziehung des jüdischen Kindes in Nazi-Deutschland, das Gesetz und seine Ausführungen« (Chinucho Schel Hajeled Hajehudi Begermania Hanazith Hachok Ibizuo)*, Band III (Dokumente), Jerusalem 1971.

Walk, Joseph: *Jüdische Schule und Erziehung im Dritten Reich*, Frankfurt/Main 1991.

Weyers, Stefan: *»Auslese«, totale Verfügungsgewalt und »Typenzucht« – Zur Theorie und Praxis nationalsozialistischer Pädagogik*, unveröffentlichte Magisterarbeit, Heidelberg 1992.

Wippermann, Wolfgang: *Das Leben in Frankfurt zur NS-Zeit, Bd. II. Die nationalsozialistische Zigeunerverfolgung. Darstellung, Dokumente und didaktische Hinweise*, Frankfurt/Main 1986.

Eine Veröffentlichung der Arbeitsgemeinschaft gegen den
Antisemitismus (Holbeinschule) in Kooperation mit der Gesellschaft für
Christlich-Jüdische Zusammenarbeit Frankfurt am Main.
179 Seiten, 22 Abbildungen, 24,80 DM. ISBN 3-925267-85-9
Verlag Marg. Wehle, Hauptstraße 240, 53347 Alfter

Dokumentation

zur Auseinandersetzung mit dem Hessischen Kultusministerium um das Konzept „Die Nazi-Zeit an den Schulen erforschen"

- Mit Stellungnahmen von:
  Gonhild Gerecht, Vorsitzende der GEW – Hessen, und
  Prof. Dr. Wolfgang Keim, Universität Paderborn

- Zweiter Entwurf der Broschüre „Schülerinnen und Schüler erforschen die Nazi-Zeit an der Holbeinschule/Frankfurt Main" von Benjamin Ortmeyer

- Briefwechsel mit dem Hessischen Kultusministerium

Gewerkschaft Erziehung und Wissenschaft • Landesverband Hessen

156 Seiten, DIN-A4, 15,– DM
Zu bestellen bei : GEW Hessen, Zimmerweg 12, 60325 Frankfurt am Main

Die Zeit des Nationalsozialismus
Eine Buchreihe
Herausgegeben von Walter H. Pehle

A. von Borries (Hg.)
Selbstzeugnisse des deutschen Judentums 1861-1945
Band 4357

Detlev Claussen
Grenzen der Aufklärung
Die gesellschaftliche Genese des modernen Antisemitismus
Band 12238

Ute Deichmann
Biologen unter Hitler
Porträt einer Wissenschaft im NS-Staat
Band 12597

Wilhelm Deist/
M. Messerschmidt/
Hans E. Volkmann/
Wolfram Wette
Ursachen und Voraussetzungen des Zweiten Weltkrieges
Band 4432

Georg Denzler/
Volker Fabrizius
Christen und Nationalsozialisten
Darstellung und Dokumente
Band 11871

Dan Diner (Hg.)
Ist der Nationalsozialismus Geschichte?
Zu Historisierung und Historikerstreit
Band 4391

Anne Frank
Das Tagebuch der Anne Frank
Band 11377

Varian Fry
Auslieferung auf Verlangen
Die Rettung deutscher Emigranten in Marseille 1940-1941
Band 11893

Gustave M. Gilbert
Nürnberger Tagebuch
Band 1885

Willi Graf
Briefe und Aufzeichnungen
A. Knoop-Graf/
Inge Jens (Hg.)
Band 12367

Fischer Taschenbuch Verlag

Die Zeit des Nationalsozialismus
Eine Buchreihe
Herausgegeben von Walter H. Pehle

H. Graml (Hg.)
Widerstand im Dritten Reich
Probleme, Ereignisse, Gestalten
Band 12236

Günter Grau (Hg.)
Homosexualität in der NS-Zeit
Band 11254

Norbert Haase/
Gerhard Paul (Hg.)
Die anderen Soldaten
Wehrkraftzersetzung, Gehorsamsverweigerung und Fahnenflucht im Zweiten Weltkrieg
Band 12769

Sebastian Haffner
Anmerkungen zu Hitler
Band 3489

Jost Hermand
Als Pimpf in Polen
Erweiterte Kinderlandverschickung 1940-1945
Band 11321

Raul Hilberg
Die Vernichtung der europäischen Juden
Drei Bände in Kass.
Band 4417

Wieslaw Kielar
Anus Mundi
Fünf Jahre Auschwitz
Band 3469

Ernst Klee
Persilscheine und falsche Pässe
Wie die Kirchen den Nazis halfen
Band 10956

Ernst Klee
Was sie taten – Was sie wurden
Ärzte, Juristen und andere Beteiligte am Kranken- oder Judenmord
Band 4364

»Euthanasie« im NS-Staat
Band 4326

Dokumente zur »Euthanasie« im NS-Staat
Band 4327

A. Königseder/
Juliane Wetzel
Lebensmut im Wartesaal
Die jüdischen Displaced Persons im Nachkriegsdeutschland
Band 10761

Fischer Taschenbuch Verlag

Die Zeit des Nationalsozialismus
Eine Buchreihe
Herausgegeben von Walter H. Pehle

(Hg) Eugen Kogon/
Hermann Langbein/
A. Rückerl u. a.
Nationalsozialistische Massentötungen durch Giftgas
Dokumentation
Band 4353

Paul Kohl
Der Krieg der deutschen Wehrmacht und der Polizei 1941-1944
Sowjetische Überlebende berichten
Band 12306

Helmut Krausnick
Hitlers Einsatzgruppen
Die Truppe des Weltanschauungskrieges 1938-1942
Band 4344

Hermann Langbein
...nicht wie die Schafe zur Schlachtbank
Band 3486

Georg Lilienthal
Der »Lebensborn e. V.«
Ein Instrument nationalsozialistischer Rassenpolitik
Band 11061

Marianne Loring
Flucht aus Frankreich 1940
Die Vertreibung deutscher Sozialdemokraten aus dem Exil
Wolfg. Benz (Hg.)
Band 12822

A. Mitscherlich/
Fred Mielke (Hg.)
Medizin ohne Menschlichkeit
Dokumente der Nürnberger Ärzteprozesse
Band 2003

George L. Mosse
Die Geschichte des Rassismus in Europa
Band 10237

Rolf-Dieter Müller/
Gerd R. Ueberschär
Kriegsende 1945
Die Zerstörung des deutschen Nationalstaates
Band 10837

Fischer Taschenbuch Verlag

fi 1710 / 9 d